谷海慧 刘江平 陈东 / 著

蓝天忠魂

刘善本将军传奇

团结出版社

图书在版编目（ＣＩＰ）数据

蓝天忠魂 / 古海慧，刘江平，陈东著. -- 北京：
团结出版社，2016.9
ISBN 978-7-5126-4156-3

Ⅰ．①蓝… Ⅱ．①古… ②刘… ③陈… Ⅲ．①刘善本
（1915-1968）－传记 Ⅳ．①K825.2

中国版本图书馆 CIP 数据核字(2016)第 127564 号

出　版：团结出版社
　　　　（北京市东城区东皇城根南街 84 号　邮编：100006）
电　话：(010) 65228880　65244790
网　址：http://www.tjpress.com
E-mail：zb65244790@vip.163.com
经　销：全国新华书店
印　装：北京艺堂印刷有限公司

开　本：170mm×240mm　　1/16
印　张：18.5
字　数：241 千字
版　次：2016 年 9 月　第 1 版
印　次：2016 年 9 月　第 1 次印刷

书　号：978-7-5126-4156-3
定　价：36.00 元

"对一切为国家、为民族、为和平付出宝贵生命的人们，不管时代怎样变化，我们都要永远铭记他们的牺牲和奉献。"

——习近平

纪念刘善本将军百年诞辰，纪念驾机起义 70 周年

刘善本将军：1915 年 1 月—1968 年 3 月

山东省昌乐县泊庄人。1935 年，刘善本高中毕业于北平大学附中，"航空救国"投笔从戎，考入国民党空军航空学校，成为第八期学员。1943 年留美学习驾驶 B-24 型远程轰炸机，1945 年 10 月回国，1946 年 6 月 26 日因反对内战，退出内战漩涡，架机起义飞抵延安投身革命。先后任延安总部航空教员、东北老航校副校长、第一航空学校校长、华东空军混成四旅副旅长、航空某师师长、空军军训部副部长、空军学院领航系主任、空军学院副教育长等职，对新中国人民空军的创建、成长和壮大做出了一定的贡献，获一级解放勋章。1955 年授大校军衔。1964 年 2 月，被授予中国人民解放军空军少将军衔。是第一、二、三届国防委员委员，中国人民政治协商会议第一届全体会议代表，第二、三届全国委员会委员，第一、二、三届全国人民代表大会代表。"文化大革命"中受到残酷迫害，1968 年 3 月 10 日被迫害致死，终年 53 岁。1975 年 10 月，中共中央、中央军委批准为他平反昭雪追认烈士，其骨灰安放在八宝山革命公墓一室。

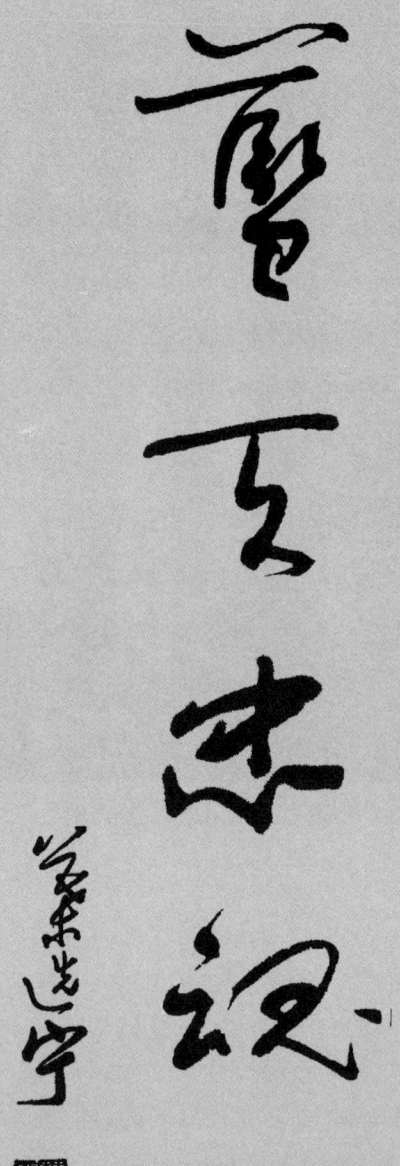

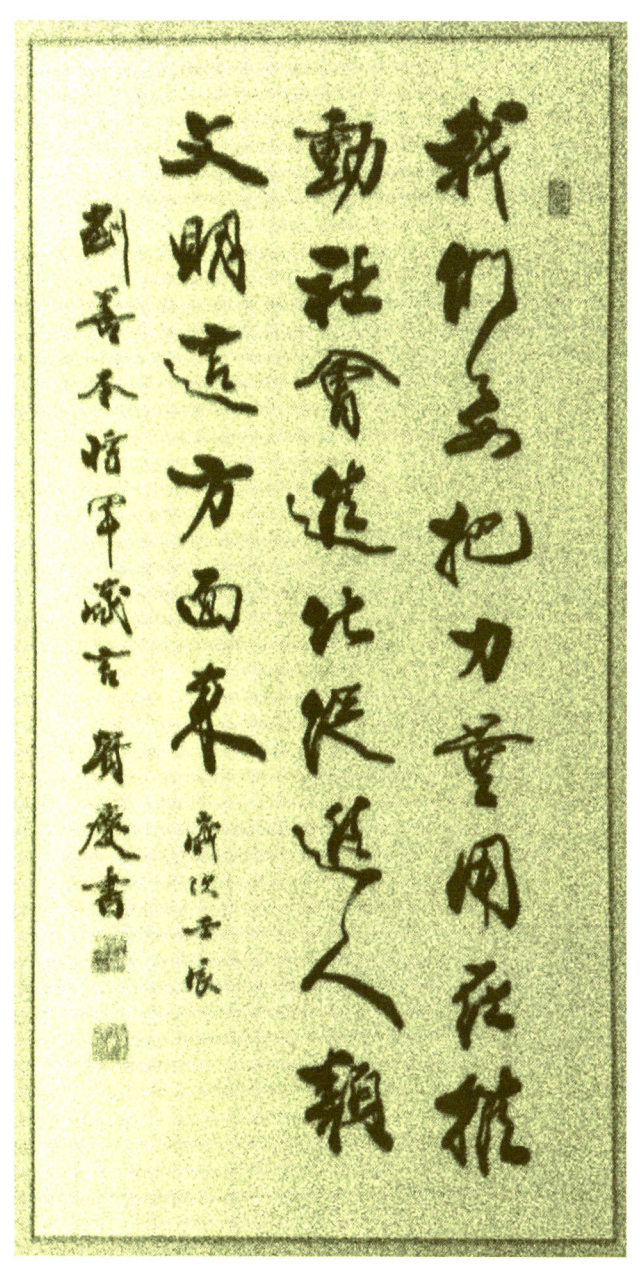

"我们要把力量用在，推动社会进化，促进人类文明这方面来。"

——刘善本

　　刘善本将军，人若其名，从善、向本。他一生向往光明，追求真理，孜孜以求，上下求索。他于1944年在美国学习期间写给家人的信中说过这句话。这句话也成为他一生追求的目标，让他坚持不懈、矢志不移，以致付出了生命。

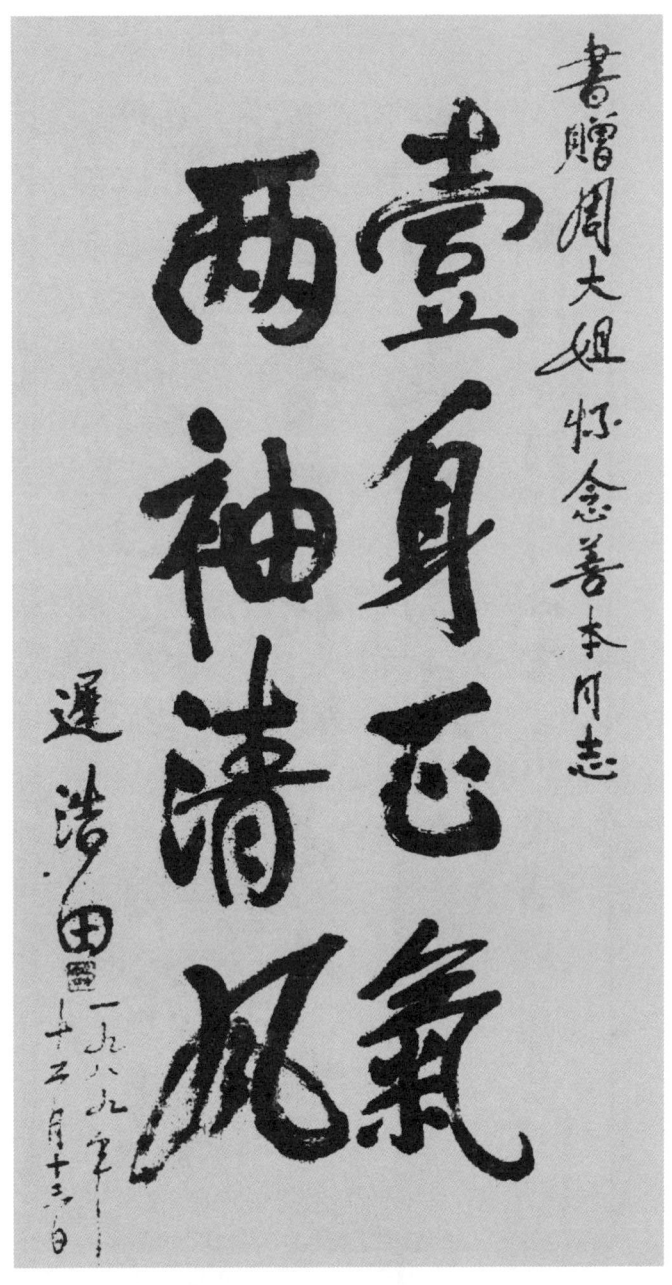

壹身正氣
兩袖清風

書贈周大姐
懷念善本同志
遲浩田
一九八九年十二月十三日

前军委副主席迟浩田将军，来家中看望其夫人周叔瑛时，
为刘善本将军题词。

　　刘善本将军一生喜爱花，对荷花更是情有独钟。他生前在家中手植荷花，花开时节总要欣赏。荷花素有"花中君子"美誉，因其出污泥而不染，始终保持独有的清新、淡雅、脱俗；尤其荷茎，挺拔高傲、宁折不弯。这正是刘善本将军喜爱荷花的原因，也是其人格写照。为纪念刘善本将军百年诞辰，军旅画家刘明海特画《风雪残荷》图，表达对将军正直高尚人品的敬重。刘善本将军虽然过早离开了人世，但是他的人格光芒却照耀着后人，正如他喜爱的荷花一样——"留得残荷听雨声"。

刘亚洲上将和刘善本将军之女刘江平

刘亚洲上将和刘善本之女刘江平夫妇及空军联络部老部长黄雄平之子黄术海

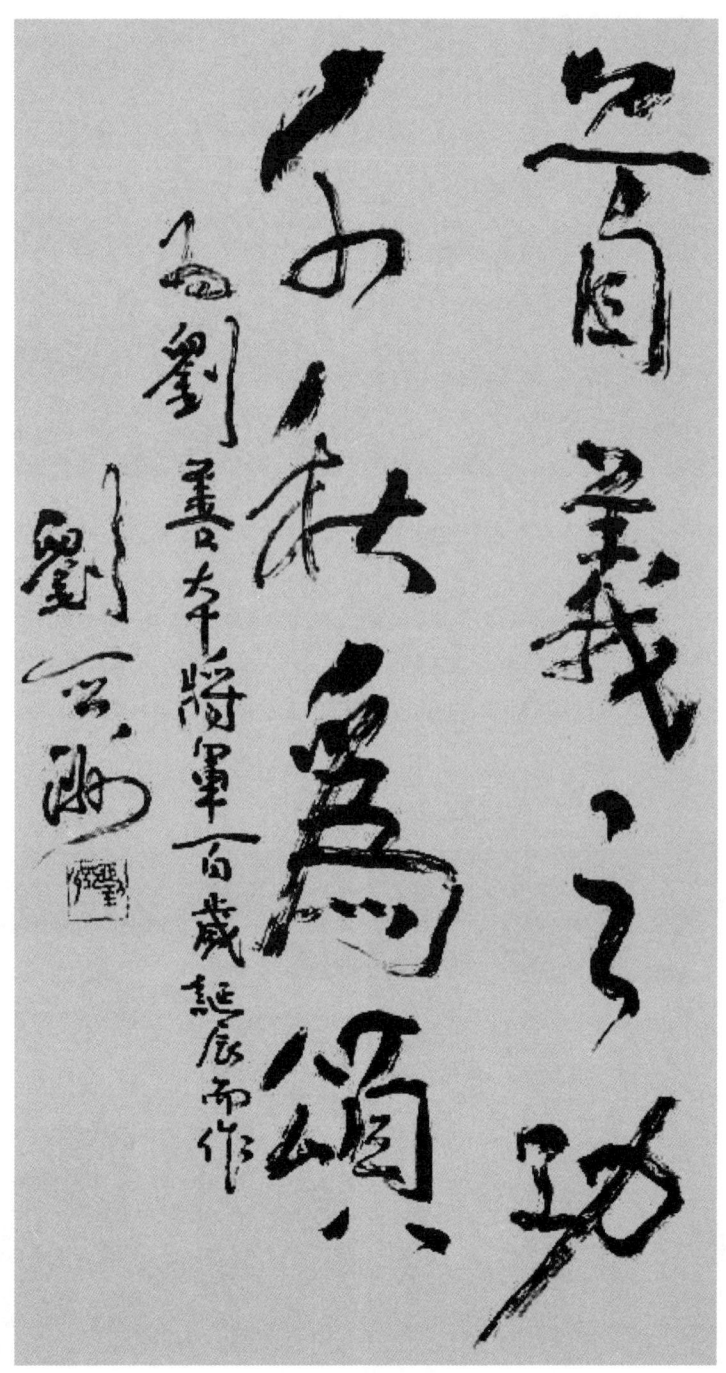

国防大学政委刘亚洲上将，为刘善本将军百年和
架机起义 70 周年题词。

序
向往光明的扑焰者
——纪念和学习刘善本将军

　　《蓝天忠魂——刘善本将军传奇》即将出版，刘善本将军的子女嘱托我为该书作序。实在不敢当，刘善本将军是我心目中的大英雄，他一生追求真理，向往光明，刚正不阿，大义凛然。他是国民党飞行员中的翘楚，还是国民党飞行员中弃暗投明的"领头雁"，更是解放军空军的奠基者之一。刘善本将军的道德文章，品行操守值得后人敬仰、感佩、学习。下面把我所知道的刘善本将军的一些事迹做一简要介绍，虽然肯定挂一漏万，但即便是一滴露水也可折射出阳光的灿烂。

　　刘善本将军最大的特点就是向往光明，追求真理，孜孜以求，上下求索。1935年，年轻的刘善本满怀"航空救国"的一腔热血，考入了杭州笕桥航空学校，开始了他的空军生涯。抗战期间，他一心想杀敌立功。无奈，国民党政府为保存空军实力，将其所在的空军八大队撤至河西走廊、兰州一线，使其空有报国之志，高超技艺无以施展。但他勤学苦练飞行技术，坚信有一天会报效祖国。后经赴美学习，以优异成绩结业。本想可以回国参加对日最后一战，但又被上峰以"就地待命"为由，将他和所驾美制B-24型轰炸机搁置在境外。抗战胜利以后，刘善本看到中国陷入内战，痛心疾首。1946年6月22日，毛泽东发表严正声明，反对美国政府军事援蒋，挑起中国内战。第二天，在南京发生了十万群众向国民党政府请愿，要求停止内战、民主建国，却遭到残酷镇压，时称"下关惨案"。刘善本义愤填膺，他曾阅读过《新民主主义论》，毛泽东在该书中开宗明义的第一句话"中国向何处去"启发着刘善本思考过许多问题。现在，他又亲眼目睹了在中国这片土地上，光明与黑暗、正义与反动两种命运、两条道路的殊死搏斗。他再也不能迟疑了，绝不能用自己的手，屠杀骨肉同胞！出于对全国人民正义愿望的支持和对国民党政府倒行逆施的抗议，6月26日，刘善本利用由昆明飞往成都运送军火的机会，巧妙地摆脱了地面控制，在同机组人员张受益、唐世耀、唐玉文等的配合下，冒着生命危险，驾驶530号B-24型轰炸机飞抵延安。参加了革命队伍，完成了"标志着全国人民争取和平、民主、独立的新高潮"（朱德总司令语）的伟大义举。

毛泽东、朱德亲临欢迎大会，朱总司令还把他请到自己窑洞里做客，一住一个多月。党的关怀和延安如火如荼的火热生活，使刘善本的心如久旱遇甘霖的禾苗焕发了生机。1946年8月14日，他以《这里的人情充满了温暖》为题，在新华广播电台发表了纪念"八·一四"（国民党空军节）的广播讲话，表明了他决心同党和人民一道战胜困难、迎向更加美好未来的坚定信念。正如当时一位诗人所写："这是一声响亮的信号"，它宣告"人民不朽，正义不朽，在黎明的号角里，一切魔怪要退掉！"在刘善本的影响下，国民党空军先后有100余人驾驶42架飞机起义。周恩来总理多次称，"刘善本同志是国民党空军起义的带头人"。当时国民党空军人员被称为"天之骄子"，刘善本又是其中的佼佼者，生活优裕、仕途通达。但刘善本，人若其名，从善、向本，毅然投身人民解放事业，宁肯同当时还处于弱小一方的解放区军民一道，钻山沟、住窑洞，而义无反顾，无怨无悔。

1946年9月22日，毛泽东主席在其办公室接见了刘善本，让他到东北筹建第一所航空学校，并与他合影留念。1946年9月，他赴东北参加创办全国第一所航空学校（老航校）的工作，被任命为副校长。参与开创了中国人民解放军空军事业，并为空军培养了第一批飞行员，这些飞行员以后都成为人民空军的高级将领和飞行骨干。

1949 年 10 月 1 日开国大典，刘善本驾机领航，接受检阅，第一次向世人展示我人民空军的雄姿。建国后，我国空军共编队参加 15 次国庆阅兵，而刘善本将军就有 5 次作为空中总领队率队飞跃天安门上空。特别是 1954 年那次阅兵，我空军刚完成新机种换装，天气情况不佳，能见度差，但刘善本将军胆大心细，亲自测试气象参数，并派飞行骨干先期试航，保证了参阅编队万无一失。当飞行编队与地面坦克方队同步通过天安门广场时，前来参加中国国庆活动的苏共总书记赫鲁晓夫对毛主席翘起了大拇指说："你们的空军真厉害！刚改装机型，又是这样的天气还能参加检阅，了不起！如果是同样的天气，我们的飞机就不参加红场阅兵了。"毛主席听后非常高兴，在天安门城楼上通令嘉奖。那次，刘善本将军所在部队荣立集体三等功。

在抗美援朝战争中，刘善本作为中国人民志愿军航空兵某师师长率部参战，曾经组织过人民空军的首例夜袭作战，并首次使用了电子对抗和照明轰炸的战法，给我空军留下了难能可贵的实战经验。

刘善本于 1949 年 2 月加入中国共产党。同年 9 月 24 日，毛泽东主席宴请傅作义、刘善本、邓兆祥等国民党起义人员时指出："由于国民党军中一部分爱国军人举行起义，不但加速了国民党残余军事力量的瓦解，而且使我们有了实力迅速增强的空军和海军。"建国以后，刘善本一直在空军作战部队、训练部门和院校工作。1955 年，他被授予大校军衔，并荣获一级解放勋章。1964 年，毛泽东主席特意向空军领导申请要一个指标，授予刘善本空军少将军衔。刘善本曾当选第一、二、三届全国人民代表大会代表，第一届中国人民政治协商会议委员，第一、二、三届的国防委员会委员。

可以说，刘善本将军是一位具有传奇色彩的将军，他的一生中创造了许多个第一：1943 年第一个开辟高原青海玉树航线，作为战胜国的一名飞行员第一次载中国军事代表团飞越日本领空，国民党飞行员中第一个驾机起义者，参与创办了人民空军第一所航校，第一次指挥人民空军夜袭作战，第一次实施了电子对抗和照明轰炸的战法，第一次参与撰写了我空军教材和作战条令，率飞行编队参加了第一次国庆阅兵……

就是这么一位功勋卓著、向善、向本的"飞将军"，"文革"中却被残酷迫害致死，这是多么令人扼腕痛惜之事！"文革"中，刘善本按照中央关于"领导干部不介入派性斗争"要求，没有参加任何派系。但他看到空军学院部系领导都被打倒，有些人受到残酷迫害，一生"向善"的刘善本将军，忍无可忍，以"我不下地狱，谁下地狱"的党性担当，主动向当时的中央写信反映情况，没想到此信落到"四人帮"手里，他们将信转交叶群、吴法宪后又到"造反派"手中。于是，刘善本将军受到变本加厉的残酷迫害，直到身亡。许多当事人都提供了证据和线索，证明刘善本将军是被迫害致死。而"造反派"竟给刘善本将军扣上了"畏罪自杀"的污名，企图掩盖、逃脱罪责。

对于刘善本冤案，党中央高度重视，毛泽东指示要一查到底，周恩来一直督办为刘善本昭雪平反，邓小平主持军委工作后，于改组空军党委的当月，即下达给刘善本平反的决定。公审林彪、"四人帮"反党集团时，其主犯也对迫害刘善本将军的罪行供认不讳。

是金子终究会发光。刘善本将军一生崇尚光明，向善、向本，他曾经以飞蛾扑火的勇气，飞向光明；最终，又以飞蛾扑火的决绝，投身于光明。其生，光明正大，无愧天地；其死，正大光明，虽死犹荣！

我们应该向刘善本将军学习、致敬！

罗　援

contents · 目 录

第一章

天　成

第二章

拔　萃

第三章

投　明

第七章

玉　碎

尾　声

代后记

附　录

蓝天忠魂

——刘善本将军传奇

第一章

天　成

一、小荷尖角

一百年前。让我们把时间倒推一百年。

一百年前一个静谧、清冽的深夜，山东省安丘县结了冰的汶河隐隐闪着光。河边一座名为"小泊庄"的庄园里，乡绅刘星桥的家热闹异常。不时有女人出入星桥的屋里，出出进进的人脸上都挂着喜气。原来，一个小生命刚刚呱呱坠地，星桥家又添了一个男丁。这一天，是1915年1月25日。这个小生命，就是后来在第三次国内战争中的风云人物——率先飞向延安的国民党飞行员，人称飞将军的刘善本。

善本出生在一个比较富裕的家庭，7岁之前，一直过着衣食无忧的生活。"小泊庄"也被称为"南泊庄"，是刘善本的曾祖父一手创建的。这个"刘家大院"离安丘县城90里地，占地约四万平方米，方方正正，四围土墙，颇有世外桃源之感。曾祖父去世时，有地千余亩。后代分家，善本父亲刘星桥得土地三四百亩，每年的收益足以供应家用。刘星桥名刘浔源，字星桥，他勤勉踏实，不爱多言，因信奉天主教，不但为本村建教堂捐款，并让子女都接受教会洗礼，皈依教会参加礼拜。善本从小就常跟着家人去教堂玩儿，12岁那年接受了洗礼。母亲钟兰芬是本县郚部乡孙庄人氏，虽然不识字，但聪颖灵秀，温柔敦厚。夫妇二人都以良善为本，为人和善，待人宽厚。这可能是他们给二儿子取名"善本"的原因。善本果然不负父母希望，从小就显示出良善天性和过人禀赋。

善本6岁入本家学堂。这个眉清目秀的孩子是学堂中年纪最小的一个，却是最有好奇心、最爱提问、也最认真听课的一个。他师从晚清秀才李品仙，深得先生喜爱。一次课上，先生引用一副对子，刚说出上联"司马懿出师北魏"，他马上接口："诸葛亮隐居南阳。"老先生惊喜不已，对这个小小年纪、颖悟过人的孩子赞不绝口。他喜欢观察喜欢提问，冬天河水结冰，他会问老先生，"为什么河水要结冰？"先生说："天冷就要结冰。""为什么天冷就要结冰呢？"先生被问得目瞪口呆地看着他，无法回答。因为聪颖好学、善本的成绩总是第一名。小学五年级的时候，他已经开始读《西游记》、《水浒传》、《三国演义》、《红楼梦》等古典名著，并且常常因为读书而废寝忘食。读书开阔了小善本的视野，丰富了他的感情。他开始懂得人人平等、同情底层，并有了天下大同的理想。冬天农闲时，他爱到自家长工住的屋里，给他们讲自己看过的《水浒传》、《三国演义》。家里做活的长工们，都很喜欢这位主人家的小少爷。一天，小善本放学回家，在家门口碰到一对要饭的母女。这在以往或许不足为奇，可是这天他刚刚学过"锄禾日当午，汗滴禾下土"和"四海无闲田，农夫犹饿死"等短诗，他突然感到人间的不平，突然特别想尽一己之力帮助这对母女。趁家人不注意，他盛了一大碗饭，把两盘自己正在吃的菜扣在饭上，悄悄送到娘俩的手上。他的这个举动一方面让父母欣慰，一方面又让父母担心，担心他作为一个男孩子心肠太软、难成大事。但不久之后，他们就知道了自己的担心是多余的，知道了自己的儿子虽然心肠软但极富决断力。

安丘高小时的善本

1928 年，善本 13 岁，去县城读高小，第二年便以优异成绩考入安丘县立初级中学。

安丘县立初级中学校长是思想进步、善于管理、颇有声望的老学者娄连伍先生。上初中后，善本接受进步思想，越来越关心国家大事。他知道了各国列强如何侵略中国，强迫中国签订不平等条约，这在他的心灵埋下了对列强的痛恨和爱国主义的种子。

1930 年 4 月，品学兼优的刘善本被选为学生代表，参加了在南京举行的第一次全国童子军总检阅和大露营活动。这是善本第一次出门远行。这次交流活动让他进一步看到世界之广阔，了解思想之力量。待回到学校，娄校长让他向全体师生做汇报讲演时，这个在老师和同学眼中文静内秀的小小少年，一反平日的寡言少语，站在大操场上，挥舞着拳头慷慨陈词："老师们，同学们！我看到全国童子军雄赳赳、气昂昂的魄力，真是吓惊鬼神。日本人说咱中国是一头睡狮，我认为，睡得再沉的雄狮，也比那醒着的到处乱窜、偷吃东西的小猫强一百倍！愿中国这头睡狮早一天猛醒吧！"这一番话，声情并茂，赢得全场师生雷鸣般的掌声。他们不禁诧异：这个文静瘦弱的少年，满脸红云目光炯炯，心中竟澎湃着火样的激情。

从南京回来后，刘善本比过去更喜欢凝神沉思了。他对中国历史，尤其近代史产生了更浓厚的兴趣，比以往更想了解、追问中国被列强侵略的缘由。一天，父亲要他做礼拜。他突然问父亲："洋人侵略我们，欺负我们，我为什么还要信他们的洋教？"并且宣布："从今以后，我再也不信教了！"他言必出，行必果，从此再不参加教会的活动。可以说，这是善本以自己的坚决让父母吃惊的第一件事。

如果说善本不肯再信教的决定，让父母在喜忧参半中看到了儿子的思想能力和决断力的话，他接下来又一次决绝行为则让父母头疼了。善本是个孝顺孩子，认识他的人没有人不这样想。可是，他却做出了一件在老辈看来是大逆不道的事。

1931 年 4 月，南泊庄地皮墙头泛出了新绿，空气中满是涌动的春意。清明节这天，善本家里人来人往，笑语不绝。缠在门梁上的红绸在春风中一张一收，如欲语还休的少女的红唇；灶房里的炉火噼里啪啦，上面架着的大锅白汽蒸腾，几个女人切菜的切菜、蒸馍的蒸馍、煮肉的煮肉。门窗上醒目的大红双喜字告诉人们，这是办喜事呢。而男主角新郎，就是刘善本。虽然善本刚刚 16 岁，但按照乡土中国的风俗已经可以顶门立户了。重要的是，新娘大他六七岁，不能再等了。这门亲事是善本 11 岁时父母给订下的娃娃亲。姑娘家在汶河对岸肖家河，离善本家两里多路，算近邻了。家庭条件也与善本家相当，可谓门当户对。山东当地的风俗，就是大媳妇小丈夫。女方年龄虽大，但在老辈人观念里，女方年龄大才能主事儿、当家，嫁过来后才能里里外外一把手。中国式传统婚姻结构中，新媳妇过门后，是要当半个管家、半个仆人用的，所以民间有"女大三，抱金砖"的说法。虽然长辈们觉得这门亲事天造地设，善本却不愿意。当年年纪小，敢怒不敢言，现在读书多了，道理懂得多了，善本便开始公然反抗、据理力争。可是，父母自有父母的办法，除了软磨硬泡，后来干脆把善本关在家里"软禁"起来，不让他去县城上学。他们想：行过婚礼，入了洞房，生米煮成熟饭，善本也就接受现实了。以后，日子过起来，孩子生出来，一切就顺溜了。大门外，锣鼓唢呐一声高似一声，随之是一阵急切、热烈的鞭炮脆响。善本父母相视一笑，妥了，新娘子到了。果然，一顶花轿被抬到善本家门前，一双穿着红色绣花鞋的小脚探出了轿帘。女主角登场了。宾客们齐齐睁大眼睛，等着看一对新人拜天地。可是，这时候，善本却躲了起来。于是，正戏开始前，多了一个全家找新郎的序幕。不用说在南泊庄，就是在安丘县，这么个婚礼也够新鲜的了。好容易找到善本，善本又不肯拜天地，父母的为难、尴尬可想而知，真是费尽了口舌。亲朋们打着哈哈，全当没看见善本阴沉的脸，他们推杯换盏，笑语喧哗，淡定地见证了这场婚礼。白天的婚礼总算混过去了。天黑下来，父亲星桥又犯愁了，他想：这第一晚还是个难题。只要顺利过了这一晚，接下来就好办了。可是，怕的是善本再找个地方躲起来。怎么办呢？有了！父亲三步并作两步，走到仓房门口，摘下门上的大铁锁，又疾速爬上自己小楼房的三楼，"咣当！"

铁锁落在了三楼卧室木门上。这间卧室，就是善本的洞房。星桥暗暗一笑：小子，这回可跑不了你了！但是，父亲没有料到，儿子的反抗彻底而又坚决。出不了卧室的门，善本干脆爬到三楼阁楼上，和衣而眠。第二晚，父亲没再来锁门，他满以为一切按既定计划发展了，不知道善本又在阁楼上独睡一夜。第三天，是新娘回门的日子，按说，小两口要双双到岳父母家去拜望。然而，天还没亮，善本就背上书包，跑回县城上学去了。

纸包不住火，善本抗婚的事儿很快传遍了十里八乡。星桥这颗悬着的心始终难以落地。尤其发现在后来的一年多里，儿子假期回家也不理媳妇，日日夜夜用功准备考高中，星桥终于发作了："不准再念书！不孝有三，无后为大，我要抱孙子！"眼看着父亲不能理解自己的志向和情感，考期又越来越近，善本只剩下了一条路：走。

这是一次地地道道的离家出走。两个多月后，父母才得到他的消息。原来，他只身奔北平，考高中去了。可是，还没有赚钱的学生娃，哪来的钱走那么远的路呢？这事儿还得从善本被逼成亲的苦闷说起。对老辈人来说，包办婚姻天经地义，年轻人可不这样看。善本家里，有一个人格外同情他，一直想帮助他却苦于无计可施。这个人就是善本的二妹瑞兰。眼看着三哥一年多不肯接受三嫂，初中毕业后想升高中的愿望就要破灭，瑞兰也替哥哥着急。1932年夏日的一天，晚饭后，她一边陪哥哥聊天排解苦闷，一边忧心自己的未来。她问哥哥："真的没有办法吗？"善本叹息："除非走！可是我身上没有钱啊。"瑞兰眨了眨大眼睛，突然有了一个办法。她只说："三哥，你在这里别动，等我一下。"转身出了屋，扑嗒扑嗒，脚步声消失在楼梯上。没多久，瑞兰的脚步声又在楼梯上响起，门再开时，瑞兰脸色酡红、鼻尖上微微细汗、眼睛奇亮。善本感到奇怪，正待善本开口，妹妹已经从口袋里掏出大把白花花的东西塞过来。是银元！善本看呆了，急问："哪儿来的？这么多？"妹妹压低声音："偷的。"善本明白了，妹妹是去动了娘的银匣子。这也是无计之计，好在肥水未流外人田。善本要用它干正事，娘也不会怪罪。就这样，第二天天还没亮，善本远走高飞了。

二、少年英雄

胆大心细的善本，离家前带上了表叔陶砚龙家的地址。到了北平，他就投奔了表叔。一见到高大英挺、又有志向又有礼貌的善本，表叔就喜欢的不得了。他推荐善本报考新创办的被称为"平大附中"的国立北平大学（现北京大学）附属高级中学。这所学校创办于 1931 年 2 月 9 日，座落在中南海西南角，校董事长由北平大学校长沈尹默兼任。这所新型中学不但师资力量雄厚，而且以培养兼通中西的人才为目标。在表叔鼓励善本报考的 1932 年，平大附中预计招收 150 人。善本心中打鼓：北平人才荟萃，家乡的教学水平又不知比北平差多少，我能考上吗？可是，我千里迢迢来到北平，为的是什么呢？考！管他考得上考不上，不能先输了气势！于是，他勇敢报名，踏入了考场。机会真是留给有准备的人的。善本多年潜心读书、思考探究的积累在这次考试中得到了回报，他收到了一纸推他走向人生新台阶的录取通知书。一入平大附中，他即修家书，报上喜讯。担心了两个多月，父母的心终于放了下来。这个儿子做事还是靠谱的。

1931 北平高中学生

进入平大附中，善本首先遇到的困难就是这里使用的数、理、化课本都是英文版的。虽然为了照顾那些读英文版吃力的同学，学校同时备有油墨印的这些课本的翻译版，但是中文译本要花钱买。

前面说过，善本 7 岁之前过的是衣食无忧的生活，7 岁之后家里的钱就不那么充裕了。这是因为，他 7 岁那年家里遭过劫匪。上世纪 20 年代初，整个中国都处于军阀混战时期，山东昌乐、安丘一带土匪蜂起，土匪团伙多则数百人，少则几十人。他们有人、有枪、有蛮力，或入室抢劫，或绑票勒索，目标自然在大户人家。1922年，也就是善本7岁那年，5月末的一个下午，刘家大院的灾难来了。这天，一个衣衫褴褛的老头挨到小泊庄门楼里，恳求看门人给口水喝。然而，好心的看门人刚刚转身舀水，一支枪便硬硬地抵住了他的腰。原来，这个老头居然是伪装了的土匪头子！土匪头子制住看门人，十几个土匪便冲进小泊庄。他们深知绑人要诀，直奔私塾学堂，绑走了刘姓5个孩子和1个长工。临走留下话来：十天之内拿3万块银元来赎人！善本这天没上学，躲过了这一劫，但刘家却因此损失3万银元，从此就元气大伤了。

现在，善本家只剩一个大架子，何况养育6个儿子3个女儿的开支也不是一笔小费用，所以善本手上并没有什么零花钱。为了给家里省钱，善本没有去买翻译版教材。他去学校图书馆借来英文字典，自己一边读一边查一边翻译，不但形成了良好的学习习惯，而且在不知不觉中提高了英语水平。多少年后，他到美国学习飞行技术时能顺利适应语言环境，并成为同学中的佼佼者，还要拜少年时代的学习基础所赐。

平大附中学术气氛浓厚，爱读书的善本在这里如鱼得水。除了课堂上认真学习，图书馆是他每天必访之地。一来二去，他主动做了图书管理员的助手，图书管理员也成了他的朋友。

入学后的当年寒假，为了给家里省钱，加之逃避包办婚姻，他没回山东老家，就在图书馆协助管理员整理书籍。后来，他干脆让图书管理员回家休假，一切剩余工作他来替办。这样，他天天吃住在图书馆里，不仅尽情博览群书，而且还把下学期要学的课程提前自学了。他重点自学之前较为薄弱的数学、物理，把不懂的内容标识出来，留待上课时重点听；而那些能弄懂的内容，他便尝试运用不同方法解习题，以寻找出最简之法。这种自学方法效果明显，不但在开学后的学习中立竿见影，而且在几十年后，他仍然能够为自己孩子和航校学员讲解中学数学和物理习题。

在平大附中学习期间，平日里刘善本从不浪费时间，除了吃饭睡觉，就是上课、看书、打球。周末的时候，他时常到学校门外金鱼胡同口的书店去。因为没钱买不起书，他就在书店里站着看书，一直看到书店下班闭店才离去。饿了一天了，他就到书店对面的"馄饨候"，花一个铜板买一大碗馄饨吃。后来他当了师长，师部执行检阅任务获得嘉奖后，他专门请大家到王府井金鱼胡同的"馄饨候"，边吃边给大家讲当年站着读书和吃馄饨的往事。（师机务主任吕廷浩回忆）正是这种苦读精神，为他打下了坚实的底子和坚韧的品格。

三、报国有志

平大附中进步师生很多，私下里有不少进步的学生团体，共产党的宣传品也较为常见。善本耳濡目染，心底充满了对真理的渴求，他觉得实现自我价值是万事之首，而实现自我价值之途就在于努力学习，日后找到好的职业，成为独立的、有专长的社会人。1933年，花色正浓、暖意融融的北平春天，因一件丑闻丑行而黯淡下来。4月23日，共产党创始人之一李大钊出殡，群众自发组成的送行队伍浩浩荡荡，形成了一场大游行。这是李大钊英勇就义6年后的安葬活动。1926年3月，李大钊领导并亲自参加了北京人民反对日、英帝国主义和反对军阀张作霖、吴佩孚的斗争。北洋军阀段祺瑞执政府制造了"三·一八"惨案，北京一片白色恐怖。李大钊在极端危险和困难的情况下，继续领导党的北方组织坚持革命斗争。1927年4月6日，奉系军阀张作霖勾结帝国主义，闯进苏联大使馆驻地，逮捕了李大钊等80余人。李大钊备受酷刑，在监狱中，在法庭上，始终大义凛然，坚贞不屈。4月28日，军阀不顾广大人民群众和社会舆论的强烈反对和谴责，悍然将李大钊等20位革命者绞杀在西交民巷京师看守所内。李大钊第一个走上绞架，从容就义，时年38岁。6年之后，他的灵柩终于被送往香山万国公墓，所有敬佩、景仰、热爱李大钊精神的进步人士都汇集到了送行队伍中，表达自己的缅怀与哀思，平大附中就去了不少师生。令人震惊的是，居然有大批警察出动，开枪镇压群众。事后，有30多名师生被捕，平大附中陷入了白色恐怖。宪兵队为了对学校加强控制，不让放暑假，集中学生在校搞军训。一天晚上，学生训练回来后竟然没有饭吃，大家聚在饭堂里群情激奋。善本趁着天黑人多，顺势推翻了摆着学生饭碗的桌子，碗都摔碎了，没法吃饭，军训进行不下去，只好草草了事。后来他称这是自己的第一次革命行动。但是，宪兵队不肯吃这个哑巴亏。蒋介石的侄子蒋孝先是当时北平宪兵队队长，为了示威，他带人入校肆意抓捕进步师生。而教育部则想要强行查封平大附中。眼见这一切，善本心中不平之意云涌，对当局产生了巨大怀疑。所幸后来，校董事长沈尹默发起北平各界人士抗议，几所中学、大学的师生都来声援，在社会舆论强烈谴责下，平大附中才得以保全，不过只被允许再办一年。善本这届毕业后，平大附中即被查封取缔。

1935年高中毕业照

1935年夏，刘善本以各科优异的成绩毕业于平大附中。由于三年来善本一直保持突出的成绩，校长以他为骄傲，毕业时对他说："希望你能上大学继续深造，成为国家的栋梁。"

善本何尝不想继续上大学深造？但是，屋漏偏逢连夜雨，早年被劫匪伤过元气、本就不富裕的刘家，在善本读中学期间又遭了一次劫难。这次劫难起因于国民党伪政府的"连坐"法，1家犯法4家同坐。因为一个亲戚被捕，善本的父亲刘星桥也被"连"进牢里。这次，家里凑了6000块银元才把星桥换了出来。星桥白获一个多月的牢狱之灾，家庭经济也又一次受到震荡。这种情况下，懂事的善本不能再要求家里供自己读大学了。他含着泪告诉校长，他是一个农民的儿子，家里已没有能力再送他念大学了。

而当毕业后回到家里，善本是多么伤心啊。在这段赋闲在家思考下一步人生方向的日子里，他发现邻居家也有一个伤心人。每到晚上，他常常听到邻居家有女孩的哭叫声。起初，善本以为只是一些家庭矛盾引起的寻常哭闹，后来觉得这哭叫声太经常了，不大正常。一打听，原来是邻家新买了个丫头，本着"人是懒虫，不打不行"的信条，主人要在新丫头面前立规矩、扬威风，让丫头彻底臣服。得知是这种情况，善本不禁怒火中烧，经过新式教育洗礼，人人平等的思想已经在他心里扎根。一天，他又听到小女孩哭叫，便抓起家里的土枪，循声冲进邻居家，对正在打人的主人大声喝道："她是人不是你家的牲口，不能任你随意打骂，下次我再听到她哭叫的声音，我就拿枪崩了你！"邻居顿时停了手，傻呆呆不敢直视善本。这是那个寡言少语的邻家男孩吗？是那个温文尔雅的学生倌吗？这算得上是善本第二次有革命意图的行动。

不能读大学的苦闷缠绕着善本。老师、同学、校园、教室、图书馆、书店、篮球场都离他远去了，接下来，他要做什么呢？当跟母亲说起不能上大学了，善本竟忍不住痛哭。他最热爱的读书生活，如今似乎已经阴阳两隔，他已照不到尘世欢乐的阳光。而他的救国理想，又如何实现呢？做些什么，才能让自己学以致用，最大实现自我价值和社会价值呢？真的不能继续读书了吗？泉有地势方可涓流，云有风助始能飘飞，善本需要一个新的机会。

这个机会来了，就是投笔从戎——"航空救国"。

"航空救国"是孙中山先生提倡的。孙先生以敏锐卓越的见识，看到空军的作用。早在1915年，中华侨胞革命党航空学校就在日本滋贺县八日市琵琶湖成立，当时有学生30名。孙中山非常重视航校的建设和发展，经常到学校视察，并以"航空救国"的道理激励学生，多次讲到"飞机将是未来战争决胜的武器。"1924年大革命时期，孙中山又在广州大沙头创办了航空学校。

对于孙中山先生"航空救国"的理念，善本是信服的。既然不能去考理想的大学，报考航校就是最好的选择。做一名飞行员，既能维护祖国的领空实现救国理想，又能不花家里一分钱早早自立，善本终于找到了自己的方向。在《自传》中，他这样写到："当时，我对日本帝国主义的仇恨是很深的，爱国热情也是有的。对国民党'航空救国'的宣传也有些相信（抗日救国和寻找个人出路交织在一起），不过，我投考国民党航校的主要动机还是为了寻找个人出路。由于家庭经济没落，不可能供给我上大学，又不愿回家呆着。为了个人能够经济独立，摆脱家庭包办婚姻，听说航校很快就毕业，待遇优厚，又能'救国'（由于 1935 年日本霸占我东北三省，又在窥视华北五省，曾幻想国民党下令抗日），就考入了国民党航校。"对很多男孩子来说，做飞行员是他们的梦想。蓝天骄子不仅可以"航空救国"，单是那身行头，就帅得一塌糊涂。当时，仅北平这个城市就有 2000 多人报考航校。但是，飞行员的选拔非常严格，考航校要过文化、外语、体格、心理四关。最终，2000 多人只录取 40 余人。凭着扎实的学习基础和良好的体魄，刘善本被录取了。从此，他与蓝天结下不解之缘。

第二章

拔　萃

一、航空救国

1935 年 9 月，是刘善本学业的新开始，也是决定他一生命运、方向的开始。

9 月初，刘善本和一批同学来到南京市小营"中央陆军军官学校空军入伍生营"受训。该营附属于国民党中央军事政治学校，其前身是孙中山根据苏联和中国共产党的建议，于 1924 年在广州创办的"中国国民党陆军军官学校"，即俗称的黄埔军校。1927 年，黄埔军校附设航空队，设正副队长各一名，下设编辑员及飞行观察、机械各班，开始了国民党航空队员的培训。1931 年，国民党成立了航空委员会，由朱培德任主任，会址设在南昌。1932 年，航空委员会决定在杭州笕桥筹建"国民党中央空军军官学校"。1933 年，国民党中央航空学校成立，由蒋介石兼任校长，周至柔任教育长。而国民党航空队是在 1935 年正式成立的。为了以更短的时间培养飞行人员，1933 年，国民党在南京市小营筹建了空军入伍生营，算是航校的预备学校。善本来到这个营受训时，这个营刚刚成立两年，他属于这个营的第 3 批学员。空军入伍生营的干部大多是黄埔军校前几期的毕业生。中国教官是黄埔二期的，外国教官是意大利军官。这个预备学校学制一年，学员在这里主要进行陆军基本知识学习和军人素质训练。刘善本这期新学员被编为两个连，每个连约 120 人。因为是准空军培养，营里的日常管理非常严格，操课训练也异常艰苦。学员但凡动作不规范，就会挨几脚大皮靴。骄阳下罚站、操场上跑圈也是家常便饭。在严苛的环境中，打篮球成了善本放松的最好方式。让他感到安慰的是，球友杜道时、李鑫淼不但跟他配合打的好，而且很谈得来。

　　入学三个月后的一个下午，举行了新学员集体入党宣誓仪式。"忠勇为爱国之本，孝顺为齐家之本，仁爱为接物之本，信义为立业之本，和平为处世之本，礼节为治事之本，服从为负责之本，勤俭为服务之本，整洁为强身之本，助人为快乐之本，学问为济世之本，有恒为成功之本……"善本听着台上宣读的《国民党党员守则》，跟随领誓者宣誓："我陆军军官学校全体党员敬遵总理遗嘱，继承总理之志，实行国民革命至死不渝。"从此，善本成为了国民党党员。然而，国民党并不相信自己的党员。在航校训练中，善本同宿舍的同学飞机失事摔死了。大家在整理他的遗物时，发现他的记事本中大量记录周围同学的言谈，才知道同学中有被发展成特务的，专门负责暗中监督其他同学的思想。这使得本来就不爱说话的善本说话时更加小心了，也让他感到一种烦闷窒息和了无生趣。

　　难熬的第一年终于结束了。一年后的毕业典礼，蒋介石亲临现场讲话，但讲话中充满了"攘外必先安内"的论调。这让善本在心底画上了个问号。

　　预备学校——入伍营毕业后，1936 年 9 月，善本顺理成章成为中央航空学校学员。不过，善本这批学员分到了洛阳分校进行初级飞行训练。而杭州笕桥的中央航空学校之所以设立了洛阳、广州、南昌等 3 个分校，是因为蒋介石请来的美国、意大利航空顾问在训练方法上存在分歧，为了缓和矛盾，蒋介石将美国方法作为高级训练方法留在杭州，让意大利方法行使初级训练职责扎根洛阳。于是，善本最初接受的，是意大利式的训练，飞的是意大利的初级教练机。

国民党航空学校

15

洛阳航校的课程很紧。3 个月的飞行知识、航空理论学习后，善本开始了第一次空中飞行训练。先是教官坐前舱、学员坐后舱的带飞起落，然后是着陆换飞。当自己坐在前舱驾机飞上蓝天的瞬间，那种不寻常的腾空体验，那种驾驭与把握的责任，那种穿行于白云间的惬意，让善本真真爱上了自己的职业。航校规定：每个学员被带飞时间不少于 10 小时，起落练习不少于 100 次，才准许放单飞。因为注意力集中，动作到位，技术可靠，善本提前第一个被放了单飞。这个蓝天骄子，终于独自亲近了蓝天，他离"航空救国"的理想越来越近了。

比起南京入伍营，洛阳航校的生活条件好得多了。每天 8 块钱的伙食标准，吃的是相当好。适应训练节奏后，学员们心理上也比较放松了。但是，善本总是感到精神饥渴。在洛阳航校，善本既是个活跃的人，又是个沉静的人。他的活跃表现要在篮球场上。一米八的身高、灵活的身手、敏锐的判断，让善本成为篮球场上的明星。可是，训练和运动不能满足他的精神饥渴。于是，洛阳航校的图书馆里，人们总会看到一个高个子青年的身影，他眼睛亮亮的，态度温和，举止沉稳，图书馆的工作人员都很喜欢他。他，就是刘善本。除了打篮球，善本业余时间几乎都泡在图书馆里。在这里，他与球场上那个勇猛、矫健的青年宛若两人，他那么沉静、那么专注，完全进入了另一个世界。

一天，善本在洛阳图书馆里翻看上海出版的英文杂志 1936 年 11 月《密勒氏评论》，偶然看到美国记者斯诺写的《中国共产党领导人毛泽东访问记》。文章从江西的几次"围剿"与反"围剿"开始，一直叙述到陕北保安时期。通过斯诺的描述，善本看到：共产党领袖毛泽东不仅表示了坚定的抗日决心，并且明确的指出，不论目前这场抗日战争要进行多长时间，最终的胜利是属于中国军民的，因为中国军民进行的是保卫国家保卫民族的正义战争。毛泽东提出的组织抗日的统一战线、动员全民抗战等一系列抗日的方针和策略，与蒋介石散布的"失败论"、"亡国论"形成了鲜明对比。刘善本一口气把这篇文章看完，心潮激荡。仿佛茫茫迷雾中突来一缕清风、一道阳光，善本穿透了眼前氤氲着的单调、笼统的白色，置身于五彩斑斓中。他干了一件很胆大而危险的事——

把斯诺的文章偷偷翻译出来，用化名寄往天津《大公报》。虽然没有下文，但这算得上是善本第三次自发的革命行动了。

1937 年 3 月，善本完成了洛阳航校为时半年的初级飞行训练，和同学们一起转入杭州笕桥"中央航空学校"航空队，开始接受中、高级飞行训练。来到总校，经过一段时间的理论学习，善本登上了美国"道格拉斯"教练机练习飞行。飞行中，善本格外重视"安全第一！胆大心细！"的飞行信念，从不冒失马虎。业余时间，他还保持了得空就去图书馆的好习惯，尤其会自觉借阅航空专业书

1936 年至 1937 年笕桥航校学员的善本

籍。因此，善本在理论与实践上进步都非常快。不久，他又成为同期学员中第一个被批准放单飞的人。

如同一只刚刚学会飞翔的雏鹰，振翅高飞是它最大的理想。善本已经准备好了，就盼着早一天飞上蓝天、保家卫国了。就在这个时候，"七七"卢沟桥事变爆发。1937 年 7 月 7 日，这个中国近现代历史上的黑色日子，深深印在了善本心上。是年 8 月 13 日，日军进犯上海，抗日战争史上著名的"淞沪会战"拉开了序幕。1937 年 8 月 13 日下午，中国空军发布对日作战第一号命令。急调驻河南信阳、周家口和许昌的第二、第四和第九飞行大队至安徽广德、浙江笕桥和曹娥三机场投入淞沪会战。在这场中日双方共投入约 80 万兵力、持续了近三个月的战役中，杭州——这个美丽的人间天堂也受到波及，转眼间变成了硝烟弥漫的战场。

就在"八·一三"战事开始的第二天，即 1937 年 8 月 14 日凌晨，最早出现在上海上空的中国战机突击队——由笕桥航校飞行教官组成的中国空军暂编大队 35 中队，从杭州笕桥起飞，袭击了设在上海日商公大纱厂内的日军军械库。

日本方面在当天就展开了疯狂报复，木更津及鹿屋两海军航空队飞机，袭击了我杭州、广德两机场。1937 年 8 月 14 日早 8 点杭州笕桥机场也接到了敌机来袭的警报。

"警报！警报！敌机 20 分钟就到！"笕桥机场停机坪上，站长尹铲非大声的通报，让航校教官、飞行学员和机场勤杂人员瞬间忙乱了起来。怎么办？眼见祖国大好河山惨遭蹂躏，热血男儿如何按捺得住？四大队大队长高志航少校刚刚率队转场到笕桥，他刚降落就鸣起了警报。"跟鬼子拼了！"高志航大喊一声，随即命令还在空中没有降落的航空队员立刻准备战斗！四大队是国民党空军的一支主力部队，配备的是先进的美制"霍克3"式飞机。高志航前一天夜里还在南昌，因为接到参加上海保卫战、驻防杭州笕桥机场的命令，他今天刚刚率四大队分批次赶到杭州。多亏四大队在日军来犯前赶到了，只见一架架飞机迅速上天，对准敌机、集中火力反击！

来犯的 13 架敌机，是日本号称"精锐无敌"的木更津航空轰炸队的 96 式重型轰炸机机群。自从进犯中国领空以来，日军飞机从未遭到过中国空军的打击，因此十分猖狂。这一次，他们的目标就是笕桥"中央航空学校"。他们妄图摧毁中国航空学校，从源头上打击中国空中作战力量，将中国自己培养的飞行员扼杀在摇篮里。此时的笕桥机场，空袭警报长鸣不止。由于刚刚从南昌飞来落地不久，四大队飞机油箱储油量不足，很多架飞机刚上天不久就又回落到地面加油。地面上无比忙碌，加油的、起飞的、降落的，顷刻间成为了火线。偏偏此时，大雨如注，平添了战斗的紧张性与危险性。

而空中，有一架敌机正对准笕桥机场准备投弹。它被密切巡视的高志航发现，愤怒的枪弹雨点般地向它射去。敌机虽然也在组织火力网，但由于他们的机关炮是小口径的，有效射程只有 300 米；而高志航飞机上的机关炮是大口径的，有效射程是 800 米。因此，在敌机射击不到的范围内，高志航发挥了自己的火力优势。他紧追不舍，又是一阵急射。只见一股黑烟，敌机成了遇到危险的乌贼，拖着自己的烟雾直直向地面坠去。

啊！高志航首开纪录，打下了第一架敌机！太提气了！虽然气象状况不好，四大队的飞行员却愈战愈勇。紧接着，一架又一架的敌机被高志航和队友们打得空中开花。短短30分钟，日本偷袭性空战以我方胜利宣告结束。13架敌机被击落6架，剩下的落荒而逃。高志航领导的四大队无一损失。这一天，历来不可一世的日本空军，第一次遭到了中国空军的迎头痛击，被打得落花流水后，尝到了中国空军的厉害。

这次重大胜利，是中国空军反击日本侵略者的第一场空战，极大提高了中国部队的士气，增强了他们抗战必胜的信心。这一天，后来被定为国民党"空军节"。

虽然年轻的飞行员们不知道，前面还有漫长而艰难的八年等待着他们。但首战告捷，足以让他们扬眉吐气。刘善本和同学们无比激动、兴奋，高志航落地后，他们纷纷涌向这位空战英雄，争先恐后地把他高高地举起来，一路欢笑着抬向宿舍。善本心中，有了一个楷模。事后，他专程登门拜望高志航，表达自己的敬意和"航空救国"的决心。笕桥机场的空战，让善本"航空救国"的理想越来越明确，现在，他所缺的只是迎击敌人的机会。

然而，就在整个航校翻滚着欢庆的热浪，师生们决心誓死保卫上海和杭州时，航空委员会转达了蒋介石的密电：命令中央航空学校火速撤退！这次撤退是出于战略上的考虑，担心日本人疯狂报复杀个回马枪。航校先是仓促搬到江西南昌，之后转移到湖北孝感。不久，又向南撤退到广西柳州，蒋介石还不放心，最后决定把航校迁到越南。第二年才转回国，搬到云南昆明，改组为空军军官学校。

当时，中国空军顾问是美国人陈纳德。他是一位优秀的空军将领，曾编写过《战斗机飞行技巧手册》。1936年1月，中国国民党空军毛邦初上校邀请他到杭州笕桥的中央航空学校担任飞行教官，1937年6月3日，宋美龄任命他为中国国民党空军顾问，帮助建立中国国民党空军。在洛阳考察航空学校时，卢沟桥事变发生，抗日战争爆发，陈纳德当即表示："如有需要，愿意尽力为中国服务。"后来，随着航校迁移，他又奔赴南昌、昆明等地，被指派给高级班授课，指导战斗机队的最后作战训练。

航校转回昆明巫家坝机场和祥云机场后，过去在笕桥、洛阳、南昌各分校的7、8、9期学员都汇集到昆明。善本和南京入伍生营时期的老友杜道时等人在国难当头之际重逢，时时在一起倾诉战场杀敌的渴望。

抗战时期，背靠驼峰航线和滇缅公路的昆明，是国民党的大后方。南京重庆的政府大员、北平的学者、上海的银行家、广东香港的商人、武汉的企业家、各路大军、普通百姓，以及金发碧眼的西方人，都汇集到昆明。因此，昆明也成为日本飞机常常来轰炸、骚扰的城市。"跑警报"——听到警报后跑到郊外躲轰炸，成了昆明人日常生活经验。警报分三种。第一种是预行警报，标志为五华山上挂三个红球。第二种是空袭警报，警报一声长一声短。第三种是紧急警报，连续短音。预行警报大概是表示日本飞机已经起飞。当代著名作家、当年在西南联大读书的汪曾祺先生解释说："拉空袭警报大概是表示日本飞机进入云南省境了，但是进云南省不一定到昆明来。等到汽笛拉了紧急警报：连续短音，这才可以肯定是朝昆明来的。"

一天，紧急警报一声紧似一声。人们迅速四散躲藏。刘善本却向停机坪飞跑过去，机会来了！他要像高志航那样飞上蓝天，痛歼日本侵略者！他不顾学员期间不得擅自起飞的戒律，跳上一架侦察机，飞快地发动。只见飞机腾空而起，单枪匹马冲向敌机群方向。可惜，到空中善本才发现：这架飞机根本就没装子弹。他又急又气，却也只好返回地面。他的英勇行为赢得了同学们的喝彩，但校方知道后，不但没有嘉奖他，反而严厉批评他，理由是：私自开飞机，违反了总统手令。具体惩罚措施是：勒令善本不准再上飞机，关禁闭。

善本表面认错，心里却在暗想：我学了这么多本领，为的是什么？只是隐蔽吗？不！我要像高志航一样，给小日本点儿颜色看看！于是，第二次紧急警报响起时，善本趁乱又迅速跨上了一架新出厂的美制AT-6型飞机。操纵这种新型飞机，对他来说是个冒险。因为他从来没接触过这个机型。怎么办？换架飞机？自己可能被校方发现扣留。不行，只能自己想办法。他迅速找到英文说明书，匆匆浏览一下，就大胆地启动，冲上蓝天，再次去迎击敌机。他刚刚起飞，停机坪就被日机炸毁，如果再晚起飞，就会被炸得机毁人亡。但是，又一次遗憾，到空中他想组织火力时才发现：这架新飞机还没有装上机枪！此时的善本，只能满怀失望和愤恨，重返地面。堂堂男儿，一身戎装，空有优秀的飞行技术，枉驾最好的新式飞机，却不能杀敌御辱、报效祖国！善本不禁悲愤交加，喉头一哽，流下滚滚热泪。

因为两次抗命自行起飞，校方要对他军法处置。刘善本不服，据理力争。其他同学和部分教官也都表示支持刘善本的正义举动，并提出要惩办擅离职守的驾驶员，同时指出刘善本挽救了这架新飞机，理应奖赏。众怒难犯，校方怕事情闹大了不好收场，更怕上峰追究责任牵连到自己，只好大事化小，罚善本多干半年地勤，进行飞机机械维修。国民党航校规定：学员飞行训练结束后，要干半年的地勤机械。现在，善本要再多干半年，不能飞。对一般飞行员来说，不能飞的确是件痛苦的事儿。但善本不这样认为，他觉得干机械对一个飞行员很有用，可以加深对飞机机械构造的熟悉和理解。在多干半年的飞机机械中，善本虚心向地勤机械师学习，并积极倡导和他们一起，研究改装把运输机的油箱改装到轰炸机上，解决轰炸机油箱小不能远距离航行问题。他满怀热情，把改装报告呈报，并要求试飞，希望能用改装后的轰炸机轰炸日本。但是，报告却石沉大海，无人理睬。

国民党空军时期

在航校，刘善本起初是学歼击机的，后来他被从飞歼击机的优秀学员中选拔出来，进行轰炸机的学习和训练。1938年12月，刘善本在国民党空军军官学校第8期轰炸科毕业，被分配到驻成都凤凰山轰炸总队六中队，任准尉见习员。1939年1月，他随队到新津机场接受苏制伊尔型攻击机训练。杀敌报国心切的善本，在训练中格外认真刻苦。

6月的一天上午，刘善本进行空中编队的轰炸科目。那一天，阴霾满天，空中和地面的能见度都不好。编队机组需要凭借知识和经验来判断方位、距离等。这对善本来说，不算难题。他双目炯炯，抿紧嘴唇，认真操作。可是，正当他接近"目标"上空，准备瞄准投弹时，机身猛然间颤动起来。紧接着，飞机就不受他控制了，无论他怎么操作，飞机都如同一匹脱缰野马向地面俯冲下去。刘善本立刻意识到，这是编队中的僚机偏离了规定位置，不慎撞上了自己的座机，导致操纵系统彻底失灵。怎么办？机毁人亡可能就在瞬间。时间就是生命！刘善本果断组织机组成员跳伞。舱门洞开，机组成员有序地一个个跳下去，飞机越来越低，留给善本的时间越来越少。"6、5、4、3、2、1！"善本在心中倒计时。当最后一名机组成员跳下去后，地面上的一切都清清楚楚了，他看到

1939年飞机失事

飞机正俯冲向一座山！没时间了！善本抓紧降落伞带，直奔地面跳下去，同时迅速拉开降落伞开关。大地扑面而来，善本几乎还没听到耳边的风声，就失去了知觉。

当他醒来时，发现自己躺在一条沙河滩上，周围空无一人。他挣扎着想爬起来，却只感到阵阵剧痛从脚底直冲脑门。尤其是腰部不能动，一动，钻心的疼痛就四散开来弥漫全身。善本知道，因为跳伞高度太低，自己受伤了，而且伤势不轻，这种疼痛绝非来自筋肉。于是，他放弃挣扎，静静躺在河滩上等救援人员到来。仰望暗沉沉的天空，回想刚才惊险的

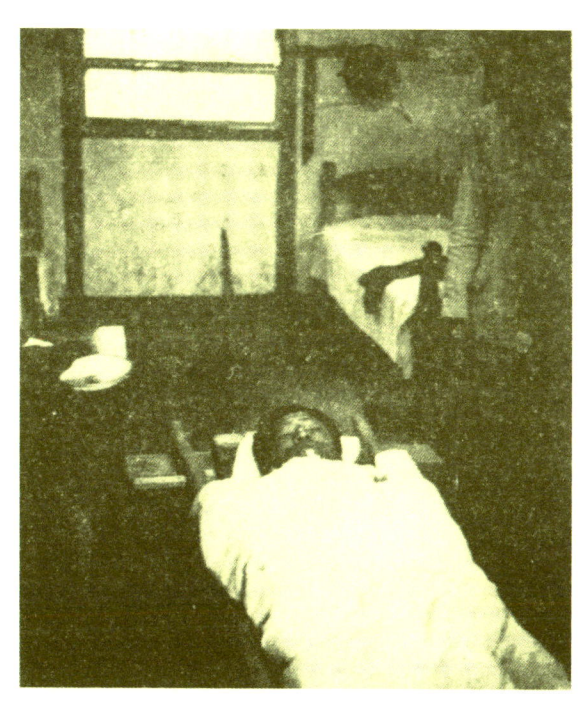

1939 年飞机失事，负伤腰椎骨折。

一幕，自己最后一个跳伞，也能够死里逃生，从时间和高度上判断，机组其他同伴一定能够脱险！这时，善本多么庆幸自己的决定，他没有后怕，只有安心的等待。这时他听到有脚步声，他用力喊："救人啊！"一个农民模样的男人走到他身边，非但没有扶他，反而去掏他的上衣兜，拽出他的钢笔，然后又伸手捋走他腕上的手表。接着，这个男人又要拔他的飞行靴，剧痛让善本大叫一声，昏死过去。当他醒来时，已在救护车里的担架上。他急切地追问其他人怎么样，得到的回答是："机组其他人员均安全落地，只有你受了重伤。"于是，重伤的善本笑了。救护人员把他抬上车时，看到他一会儿呲牙咧嘴忍着疼痛一会儿嘴角又忍不住笑意，也都被他感染了，一次救护倒像是一场欢庆。

善本被送到成都华西坝空军医院后，诊断为右踝骨及腰椎骨折，需要打石

膏、躺石膏床治疗三个月。三个月，听起来多么漫长，多么难熬！但是这三个月，他饱读了大量的书籍，阅览了与航空有关的各种知识，并积极配合治疗。能下地后他又迅速加强了肢体的训练，使他的伤势恢复的很快。养病的三个月里，他一直是关注着国内反日本侵略的战况。

即便经历伤痛，住院的三个月却成为了善本最美好，最温柔的回忆。因为就在他卧床疗养期间，一个美丽的姑娘走进了他的生活。

二、众里寻她

医院生活颇为单调、枯寂。每天读读书、睡睡觉，按时用药、吃饭，一日如千日，千日亦同于一日。只有朋友来探视时，善本才感到活力和欢乐。

有一个年龄小他几岁的叫周叔瑜男孩，常来看他。别看这个男孩还是中学生，跟善本聊起天来可是海阔天空、非常投机。论起来，善本跟叔瑜的关系颇转折。善本是在轰炸队同事的朋友张呈文家里认识的叔瑜，因叔瑜的父亲和张呈文的姐夫一起做生意，是拜把兄弟，所以叔瑜叫张呈文"叔叔"，自然对善本也以叔叔相称。叔瑜相貌俊美，温文尔雅，善本从心眼里喜欢这位小朋友，而叔瑜也对这位从不打牌，总是喜欢看书，为人宽厚谦和的瘦高个刘善本很是有好感。他们经常在一起畅谈，交换对一些书籍的看法，善本也向叔瑜了解他们中学的情况。这次住院，叔瑜常来看他，他就总是托叔瑜帮他借些书来，叔瑜呢，又常常拜托自己的表哥从成都大学为他借书。一来二去，叔瑜和他带来的书，成了善本静养中的盼望。

一次，叔瑜又来到善本床前。善本端详详他，说："你长得这么漂亮，你们家的女孩该长得多么漂亮啊！"叔瑜说："我们家就是女孩多！"善本好奇心起："下次来，你能带来你家照片给我看看吗？"于是，下一次，叔瑜就带了家里的相册来。

周叔瑛中学时期

　　翻开相册，叔瑜家的每个人都那么可亲。叔瑜告诉他：这是自己的父亲周洪模，从小由河南逃荒到四川丰都白手起家；这是自己的母亲杨惠极，是当地县衙门里先生的女儿，能做一手好榨菜，她的蜀绣手艺在方圆百里都很出名，家境好的人家，婚嫁前都来请她刺绣嫁妆。一页一页翻过去，突然，一个短发女子的侧面照映入善本眼帘，这个姑娘与众不同，沉静中充满了朝气。不待叔瑜开口，善本已经着急地追问："这是谁？""这是我的四姐。我是老五，我们俩挨着，关系是最好的。她在重庆上高中。"照片上四姐的脸微微扬起，一双充满憧憬的大眼睛看着看不见的远方，浅浅笑着。善本直觉，这是一个充满活力、充满希望、充满梦想的姑娘。只看了这一眼，善本就放不下她了。为了多看看她，善本想了个理由，没有让叔瑜把相册拿回去。他说："我一个人躺在石膏床上，也不让下地，很无聊。你的相册我慢慢地看，消磨一下时间。要不，你下次来再拿走吧。"叔瑜欣然应允。但是，下一次，当叔瑜把相册取回家时，发现四姐的照片没有了。再见到善本，叔瑜问起这张照片的下落，善本红着脸撒了半个谎，他说这张照片被他掉到床上了，现在就奉还。说完马上从枕头底下抽出了这张照片。叔瑜倒大方，他哈哈一笑，接过照片，在背面写道：刘叔叔这张就送给你了，下次不用再"偷"啦。两个人不禁相视而笑。

照片上的姑娘叫周叔璜。她被善本珍藏起来，已经成为善本心头的牵挂。出院后，善本总是鼓动叔瑜，快让他四姐叔璜转学到成都，因为重庆总是空袭和轰炸，停课、跑警报是家常便饭。善本的劝说有理有据，暑假开学前，叔瑜就去重庆帮姐姐搬行李了。从重庆回成都，姐弟俩第一次坐了水上飞机。他们到达成都，正是星期天下午。下了水上飞机，姐弟俩就直奔张呈文家。虽然还没见过善本，但在弟弟的描述中，善本对于叔璜来说已经毫不陌生。进了张家，一个高高瘦瘦、书卷气颇浓的青年礼貌地迎上前来问候，叔璜知道，他就是善本。为这一刻，善本已经等待很久了，照片上那个姑娘活泼泼地就站在自己面前了。对叔璜，他觉得自己熟识已久。和照片上一样，叔璜有一双极美的大眼睛。见了真人，善本更被那双大眼睛吸引——白眼仁鸭蛋青，黑眼仁棋子黑，温柔时如雾，智慧时如电。这双大眼睛嵌在叔璜光嫩、白皙、洁净的小圆脸上，让她看上去像一尊乖巧、美丽的瓷娃娃。善本一看到她，内心就泛起一股怜爱，同时感到无比沉静，一颗心仿佛被一双温暖的手捧住了，那么安稳，那么踏实。叔璜呢？她看到善本果然名不虚传，高高帅帅的，眉宇间都是英气，说话温和诚恳，举止稳重得体。跟善本在一起，哪怕沉默不语，内心都如沐春风。

聊天中，善本知道叔璜她要参加美华女中的转学考试。美华女中放榜那天，没等叔璜去看榜，善本就汗涔涔、兴冲冲地跑来告诉叔璜：她被录取了。原来，他一早就跑到美华女中，专等贴榜的人开工，好第一个看到。叔璜暗暗甜蜜：善本心真细，真把我放在心上。美华是教会女中，叔璜平时住校，每周日上午还要做礼拜，时间安排的很满。有时，叔璜的数理化题弄不懂，善本就利用周日下午的时间给她讲题。

叔璜爱好广泛，特长也多。作为美华篮球队的左边锋，在各校打联赛过程中，她被蜀华女中的体育老师青老师发现了。青老师找机会就动员叔璜到蜀华女中来，叔璜心动了，她不信洋教，不愿每周日做礼拜。这个想法她告诉了善本，善本立刻支持她去蜀华女中。于是，叔璜她又转学去蜀华，转学考试放榜的那天，青老师和善本都来通知她已考入蜀华女中。因为两个人都爱打篮球，善本还专门把轰炸队的篮球爱好者组织起来，跟蜀华女中队结成同盟，一起参加业余比赛，对抗其他男女校队。打篮球时，叔璜速度快、满场飞、投篮命中率高，长得又漂亮，同学们就送她一个绰号"飞燕"，既形容她的灵巧又暗喻她貌美如古代美女赵飞燕。除了打篮球，叔璜在田径上也有专长。早在初中时代，她的跨栏跑在学校里就独拔头筹，还参加过全国比赛，为母校适存中学拿过名次得过奖。

同时，叔璜还是个活跃的文艺人才，她的满怀救国理想就是通过参加文艺活动获得表达的。她告诉善本，自己参加过抗日剧《放下你的鞭子》的演出。那是叔璜在适存中学读书的时候，一天放学，她看到学校门口围了很多人，原来是两个四川籍大学生在进行抗日宣传演讲。这两个人一个叫张西洛（后为光明日报主编、政协报社长），另外一个叫罗凡（后为全国总工会副书记），原本都在北平上学，因宣传抗日被学校开除了。两人在回四川家乡的路上，一路继续进行宣传抗日，现在走到了丰都，就把适存中学校门选作自己的演讲台。演讲完，他们问："你们愿意和我们一起演宣传抗日的戏吗？"围观的中学生中没有人答话。这时，站在最前面的叔璜说："好啊！我和你们演！"于是，三个人赶着排练了半天，就在丰都县城正中的戏台上演了《放下你的鞭子》，张西洛演父亲，罗凡演工人，周叔璜演卖唱的女儿。围看的人很多，他们演得也很成功。演出结束，张西洛、罗凡带头高呼抗日的口号，群众也跟随着高喊，全场抗日的激情高涨。因为有周会长的女儿演出，流氓地痞也不敢来闹事。善本用无比赞许、钦慕的眼光看着叔璜，听她讲参加抗日宣传的这些故事。谈起抗日救国，两个人有无数共同语言。这个充满活力、热力的姑娘彻底占领了善本的心。因为叔瑜先认识善本，称善本为"叔叔"，叔璜最初也这样称呼善本。善本一再要求叔璜不要叫他叔叔，直呼自己名字就好，叔璜也就调笑着改了口。一天又一天，两颗年轻的心如磁石般相互吸引，再也没有什么力量能把他们分开。

遇到叔璜后，善本的天是晴朗的，空气是明亮的，日子是值得慢慢品味、点点期盼的。善本深深的爱上了叔璜。但是，还有两件事让善本担忧。一件是自己的"婚史"。善本很担心叔璜知道自己有过包办婚姻后责怪自己，可是他又不能瞒着这个可爱的姑娘。思前想后，善本觉得还是要早些告诉叔璜。一天，他终于鼓足勇气，低着头忐忑地对叔璜说："有件事儿我必须告诉你，但不知道你能不能原谅我？"叔璜微微侧头，大眼睛里流露出三分疑问七分鼓励。于是，善本讲了自己被迫做"小丈夫"的经历。他本以为叔璜会愠怒或沉默片刻，没想到叔璜听完善本的故事，竟笑个不停。在叔璜看来，这实在是好笑的"拉郎配"，而最好笑的是：男主角居然就站在她面前，而且是她心中的白马王子。她知道，善本不爱赵氏，两人也没有婚姻之实。这段"婚史"只增添了她对善本勇敢抗婚的钦佩。叔璜的态度让善本放宽了心。

善本的第二个担忧是：自己家庭不富有。他想让叔璜知道这点，也想试探叔璜是否在意这一点。聪明的善本想了个小计策。他以父亲患病需钱医治和妹妹瑞兰在青岛读中学需学费为由，向叔璜借钱。叔璜爽快地一一答应下来，并且以最快的速度给善本拿来了钱。

善本多么感激这位善良、纯洁、爽朗、大度的姑娘啊。他暗暗想：没有什么能够成为我们相爱的障碍了。于是，他找到张呈文夫人，对她讲了自己对叔璜的感情，希望他们夫妇能跟叔璜的父亲转达自己的想法。他希望得到叔璜父母的祝福。叔璜的父亲周洪模是开明绅士。他是苦出身，7岁卖身为徒葬父，出师后自己经营酱园店，脑筋活经商有道，娶了勤劳持家的叔璜母亲杨惠极，生意越做越大。他创办了丰都商会，任会长，发起并主要投资建设了一所前卫小学和适存女子中学。他积极参与卢作孚的民生救国，在民生航运和重庆的煤矿都有股份。就经济条件来说，周家显然强于刘家。不过，周会长也不是嫌贫爱富之辈。当他得知有这样一个青年跟自己的女儿相爱后，趁到成都做生意的机会，特地见了善本。对这个瘦高身量，纯朴、忠厚、有教养的小伙子，他满意。尤其赞赏他不抽烟不喝酒不赌博的好习惯。对子女的婚姻大事，周洪模基本采取尊重子女自己的意见，不搞父母包办的态度。他同意这门婚事，允诺善本：叔璜中学毕业后即可成婚。

善本在爱情上的所有担忧如气泡消散，但消散不了的还有他心头另一隐忧。

这个隐忧仿佛慢性疾病，即便爱情也不能立即根治。善良美丽的叔璜能给善本带来无法比拟的快乐，但是，她抚慰不了善本血液里、骨髓里的另一块疼痛。那就是：国难当头，如何报效祖国？

善本读航校的理想是"航空救国"。可是，眼见山河破碎、顽敌气盛，他们这些蓝天骄子却一直在隐蔽、躲避。他多渴望早日奔赴战场，把小日本的飞机驱逐出祖国的领空啊！每念及此，善本都不由眉头微蹙、忍声轻叹。这些，叔璜都看在眼里。心是一样的心呀，同样爱国的姑娘，也一筹莫展。即便热恋中，两人也都为祖国命运担忧、渴望奉献一己之力。

怀揣忧愁和热望，痊愈出院后的善本返回六中队。这时，部队驻扎在成都西温江机场，正在进行苏式SB轰炸机训练。善本积极参加飞行训练，为想象中与日本交战的那一天积蓄力量。年底，善本晋升少尉飞行员。

1940年1月，刘善本以优良的成绩考入成都空军机械学校第五高级仪表员训练班，接受专业训练4个月。对熟练掌握飞行技术、熟悉地面机械的善本来说，这4个月的仪表训练更让他如虎添翼。他已经具备了一个优秀飞行员所应该具备的所有素质。5月，空军在成都太平寺机场成立航空第八大队，善本所在的第六中队编入八大队。所以，善本从仪表员班一毕业，就被编入八大队。八大队在国民党空军中地位很特殊。它是国民党唯一的远程轰炸机大队，下辖第六、第十、第十四三个飞行队。徐焕升任大队长。刘善本在六中队任中尉飞行员，接受苏制"特勃"型轰炸机训练。在这里，他和入伍营时同学李鑫森重逢，与杜道时也再次聚首。他们不但是篮球场上的"三剑客"，也成为日常生活中能交心的朋友。而他们最爱谈论的，就是何时能上战场。

就在善本盼望一纸军令、效力沙场时，一纸军令倒是来了，可军令要求八大队撤退到兰州掩蔽训练。于是，1941年5月，八大队又奉命转移了。这次转移是为了防止敌机轰炸，因为蒋介石在重庆深觉日本飞机狂轰滥炸能力之强，在他看来八大队还羽翼未丰，为保存实力，他不断命令八大队撤退和隐蔽。但是，在八大队转往兰州后，蒋介石还是不放心，他又命令八大队火速把飞机送往嘉峪关。没多久，大队长又宣布："蒋委员长对我们的飞机藏在这里还不放心，又十万火急地命令我队再向西转移，到达指定地点后把飞机都分散隐藏起来。这样，日本飞机是找不到的！"于是，第二天全队飞到甘肃省最西部靠近新疆的一个小地方安西，在人烟稀少的大漠上把飞机分散隐藏起来，而后，航空队员们赤手空拳地返回兰州机场待命。一路撤退转移，已经让善本和其他同学心生反感。除了离开心爱的姑娘的忧伤，更让善本痛苦的是报国无门。现在，回到兰州后没有了飞机的飞行员，如同断了翅的鸟、伤了鳍的鱼。他们成了一群没有武器的战士。

离开了飞机的飞行员们能干什么呢？比起繁华的昆明和成都，兰州生活显得沉闷。地处大西北的兰州风沙大，降水少，日照强，多数飞行员们不免感到寂寞、空洞。飞行员津贴高，兰州物价低，大多数人整天无所事事，发了津贴便去寻欢作乐，眼看着这些精兵强将日日虚度时光，善本的心如被针刺，*丝丝疼痛*。他没有放松对自己的要求，每天都和李鑫森、杜道时等几个志同道合的同事坚持跑步、打篮球，保持住充沛的体能、强健的体魄。这几个人都是爱国青年，对日本侵略中国不断地制造残害同胞的惨案暴行异常愤慨。堂堂的七尺男儿，国难当头却不能报效祖国，使他们很痛苦。他们经常在一起悄悄议论时政、讨论民族命运。他们交流的内容非常广泛，从蒋介石前些年奉行的"攘外必先安内"政策到"皖南事变"令人痛心的状况，从英文杂志里斯诺的《采访共产党领袖毛泽东》中毛泽东形象到延安的艰苦奋斗精神，善本心中对国民党越来越不满，对共产党则越来越向往。尤其他接到家信，得知胞妹瑞兰和堂姐妹兄弟都参加了八路军，开始打鬼子，更是坚定了他对共产党、毛泽东的热爱。

1942年，同事王毓兴执行了一次特殊任务。为苏联飞往延安的运输机领航。按照中苏之间的协议，苏联飞机不能直接飞往延安，必须经国统区，由蒋空军人员协助领航、陪同前往。王毓兴在延安见到了毛泽东、周恩来、朱德等中共领导，并获得了延安军民亲手制作的羊皮上衣、毛毯等礼物。他回到兰州后，八大队的同事们围着他问东问西，一方面出自对延安的好奇，另一方面也为看看他获得的优厚礼物。趁这个机会，善本也探问了延安的精神面貌、生活状况等，并且拐弯抹角地了解了延安机场跑道状况和保障能力。了解到的一切坚定了善本的认识：只有延安才是中国的希望！与其躲在安全的地方混混度日，如蝙蝠不敢见光，不如直奔光明的地方，图一次热烈的燃烧！日复一日，"延安"这两个热辣辣的字更深地印在善本心头。延安，成了他默默念想的地方，成了他挥之不去的梦想。他暗下决心：我一定要飞到延安去！

当善本把自己的想法告诉好友李鑫淼后，李鑫淼拍双手赞成。于是，他们开始悄悄商量，打算寻找机会投奔延安。一天，李鑫淼专程来到八路军驻兰州办事处，找到处长伍修权，谈了他们准备起义的想法。本以为伍修权会给他们出主意、想办法，不想伍修权却给他泼了冷水。伍修权说："现在是国共合作。你们起义，国民党跟共产党要人，不给，影响合作；给了，你们生命安全不能保证。只要真心抗日，在哪边都一样。"李鑫淼想想，觉得有道理。回到八大队，把伍修权的话转达给善本和杜道时，两人也不禁点头称是。李鑫淼还告诉两位朋友，八路军办事处外面的小商贩都是特务，他从办事处出来，甩了半天才甩掉。可见，现在时机还不合适，不能轻举妄动。

不能起义，也不能抗战。善本苦闷难言。排解苦闷的办法，只有保持良好的状态，一旦机会来了，随时可以上战场。善本想：为了这个目标，除了要有好的身体，还要有过硬的技术。所以他提高了对自己的要求。没有飞机，他就如饥似渴地学习英文原版航空理论书籍，如《飞行学》、《领航学》、《飞机构造》、《飞机发动机原理》、《气象学》、《天文学》等。他手不释卷，认真做笔记，算习题，经常向专业人员讨教。不论蚊叮虫咬的夏夜，还是酷寒难耐的冬宵，人们都会经常看到这样一幅画面：一个一手持六分仪，一手握天文航行图的瘦高身影，不断低头对照图纸再仰望天际，接连四五小时仔细地观测星河的移动。这个身影成为八大队在兰州基地的一景。这就是刘善本！他潜心钻研，立志填补我国天文航行学这一空白。在大多数人在兰州浑噩度日、随波逐流的时候，1941 年，他完成了《天体航行与夜间轰炸》《航空发动机混合气浓度表》、《战时机场起机着陆夜间设备及其使用法详解》等论文，分别发表在航空专业性期刊《航空杂志》1941年第10卷第7期、第8期上。这些专业技术研究成果，其中一篇获国家金奖，同时受到国民党空军八大队传令嘉奖。

除了做一个优秀的飞行员，善本同时还成为了飞行理论研究者。由于对飞行知识的钻研和飞行技术的超群，善本应对飞行事故的能力明显高于一般同行。很多次，在空中作业极度危险的情况下，他都能化险为夷。因此，八大队同僚送他个绰号——"太平"。这是对他飞行技术的赞誉——空中永远太平。后来，在他飞到延安投入革命阵营后，每次对国民党空军同仁讲话的起首语都是"我是太平"，因为"太平"已经取代了他的本名，成为一个神话人物的代号。当然，这是后话。

因为自觉进行理论研究，善本在航空学术方面逐步出名，越发显现出他是

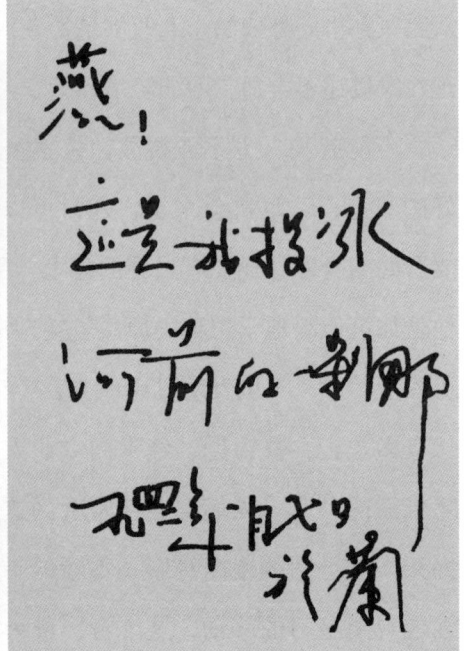

难得文武双全的航空人才。当时，飞机问世不过短短三十多年，如果从 1911 年意大利皮亚扎上尉驾机首次对土耳其作战算起，飞机的军事应用时间还更加短暂。航空学及其军事应用是太年轻的学科，广阔天地亟待有识之士开拓。正是从那时开始，刘善本始终保持刻苦学习钻研航空理论的习惯，一辈子笔耕在理论前沿，他把理论和飞行实践紧密的联系在一起，积累下一生宝贵的经验。善本始终认为中国文字的笔画太多、太繁琐，他积极倡导推崇中国文字的改革，在这一段时间里，有时间就继续研究新文字改革。这是他从青年时期就开始感兴趣，且终生兴趣不减的事情。

虽然没有飞机，但对新知识领域的探求和强身健体的锻炼让善本在兰州的生活保持了充实。如果说有缺憾，就是他心爱的叔璜远隔千里。这一年多的时间，两人鸿雁传书，思念日切。叔璜迷人的大眼睛、善解人意的微笑、开朗坚韧的性格、对善本的鼓励支持，都是善本每日温习的功课。夜深人静的时候，他总是默默对叔璜讲自己一天的生活，想象着叔璜这一天过的怎么样。他寄给叔璜自己坐在河边岩石上低头看着河流的近照，照片背后写道："燕，这是我跳水的瞬间。"以此来表达对她的思念。他多希望早一天迎娶叔璜呀。一天，他收到叔璜的信，得知她的父亲周老会长因脑溢血仙逝，而她大哥不想再供她们女孩子读大学了。叔璜很悲痛、忧愁。善本多想飞到她身边，给她勇气、力量和欢乐，但却只能用文字宽慰她。他唯一盼望的是，叔璜高中毕业就来兰州。

1942 年 4 月，春回兰州，鸟儿又开始婉转地歌唱了，小草转着弯儿钻出地面，风里云里都是暖洋洋的气息，让人只想在太阳下打盹、做梦。叔璜踏着春风来到了善本身边。因为善本多次随队转移，叔璜接到善本的信再回信时，善本往往就换了地方。加上战乱时期通信受到影响，有时候一封信要迟到很多天，即便相互报声平安都是滞后的。前些天，叔璜收到善本的信，得知善本可能要在兰州停留一段时间，因为没有飞机了，一时不会出去执行任务。这个勇敢可爱的四川姑娘，瞬间做出了一个大胆的决定：去兰州找善本！于是，善本安排最近的飞兰州送给养和文件的飞机，让叔璜搭乘飞机来兰州。叔璜孤身一人，辗转千里，来到了日思夜念的人儿面前。幸福的波浪滚滚而来，善本和叔璜在兰州拥有了自己的家。

1942 年 4 月在兰州善本与叔璜结婚照。

　　善本待人宽厚谦和，因此人缘极好。这次要结婚，原本他只想婚礼简单些，但是八大队的弟兄们不答应。这下，八大队可热闹了。乌铖是善本同期同学、好朋友，他的女友国防部长黄杰的女儿黄丽蓉，是叔璜美华女中的同学，因为这两层关系，乌铖成为挑头者。他发起大家为太平结婚凑份子，还选定几个人专门筹备婚礼。礼婚当天，善本和叔璜的证婚人是兰州银行行长，主婚人是八大队队长蔡锡昌，司仪是乌铖，女伴娘是行长的千金，男伴郎是八大队的同僚。结婚证书上有证婚人、主婚人的签字盖章。乌铖知道善本不会喝酒，因敬酒的宾客多，特别准备了醒酒的药茶，假充作酒给他斟上。婚礼后，乌铖把办婚礼结余的份子钱交给善本，祝福一对新人过日子用。善本和叔璜在兰州近郊刘富庄租了两间民房，生活也很简朴，但对于这对有情人来说，人间还有什么更甜蜜、更美好呢？有了叔璜，善本的生活无比的舒适、快乐。每天，他离开家，叔璜都在门口相送，一双温柔的大眼睛满含关切。而当他回到家，永远是窗明几净，菜香四溢。他的叔璜，总是含笑从厨房迎出来，在围裙上擦擦手，接过他的背包，让他先喝杯水。无论善本怎样心疼她，让她少做家务，她都不肯让善本分心。

成家了，对善本来说，没有多操一份心，反而更加放松和安心。每天晚上，他都能更专心地研究航空问题，自学领航知识。在家里天棚上，善本用图钉按天文的经纬度依次标出各个星座位置。他时常坐在屋里，一会儿仰头看看天棚，一会儿低头默记默诵。他是在背天文星座的方位和经纬度，这是他打算用来导航的知识。其实，叔璜从心底里并不是很理解善本为什么还要学习领航知识，在她看来，善本已经是一位非常成熟、非常优秀、全天候飞行员——即复杂气象、不受气候条件限制的飞行员，既然不要改做领航员，其实没必要给自己加担子了。但是，对于善本的选择，叔璜历来是支持的，尤其善本告诉她自己学习领航是为了防止空中迷航，万一碰上没有经验的领航员自己也能不出事故，叔璜更是全力支持善本的学习。她默默打理好家里的一切，好为善本省下更多的时间、创造更好的条

1942 年在兰州自己的家门口
合影，是苏联志愿者拍照的。

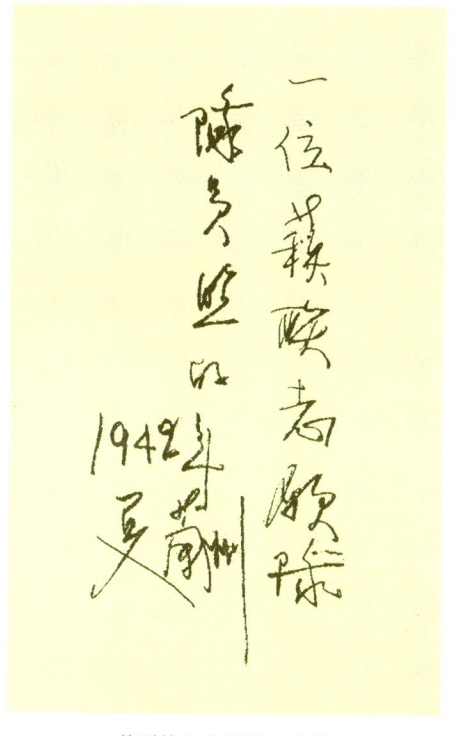

苏联航空志愿队员拍摄

35

件。小两口就这样你恩我爱，心心相印。日子平静安宁地流逝。叔璜已有身孕，他们在静静地等待第一个宝宝的降临。两人厮守在一起自然是幸福的，不过，没有任务的善本依然常常为英雄无用武之地而觉苦闷。

终于，任务来了。

1942年底，为抗战物资运输需要，航委会命令八大队开辟新疆、青海、康藏等地高原空军基地的新航线。谁都知道，这是个危险的任务。高原气候恶劣，人烟稀少，一旦出了事故，即使是迫降或跳伞成功，也难活着回来。八大队大队长蔡锡昌两次率人去侦察，都因气候恶劣而发生事故，一直未能完成任务。可是，军令如山！即便是不可能的任务，也必须完成。八大队只能重新组织力量人员配备调整，但很难找到既有胆量又有能力的领航员。

就在蔡大队长一筹莫展之时，刘善本挺身而出，主动请缨领受侦察开辟高原基地新航线任务。大队长高兴地说："你不要求也要挑上你，任务艰巨非你莫属。不过，你只能做飞行员，领航员我们暂时还没找到人选。"善本微微一笑，回答说："请队长放心！我自学了领航知识。虽然有些冒险，但养兵千日用兵一时，就算不能成功我也死而无憾！何况，我很可能成功呢？"凭着对善本的了解，蔡锡昌点了头。他知道，善本不是爱出风头的人，也不是冒进的人，如果没有底气，他不会毛遂自荐的。但是，这是一次谁也没有百分之百把握的实验，实验的用品是每个人只有一次的生命。看着这个沉稳、刚毅的小伙子，蔡大队长的眼眶微微红了。这是一个多么有责任心、使命感的军人！他总是把天职放在第一位，尤其此时，他家里还有实际的困难。

这时候，叔璜即将生产，需要人照顾，怎么办？犹豫再三，善本还是要把自己准备去开辟新航线的决定告诉了叔璜。叔璜怔住了，眼泪不禁簌簌而下。前面两次机毁人亡的尝试，让叔璜对这项艰巨的任务不能不担忧。善本不断劝慰她："放心吧，你相信我。没有金刚钻，怎么揽瓷器活？我的领航知识会派上用场的。你想想，不能去杀小日本，我能为国家开辟一条新航线也好啊。"叔璜深知家庭不是善本的全部，因为善本志存高远，自己无法阻拦他。她只能收起泪水，默默祈祷善本平安。

经过三个星期紧张充分的准备，1943年1月14日被确定为善本出任务的日子。这一天，注定是个难忘的日子。因为就在善本出任务的当天，像是要急着见到爸爸或者让爸爸赶快见到自己，他们的第一个女儿来到了这个世界上。这天，善本在医院匆忙地看了女儿一眼，并为她取名"兰平"，就去执行任务了。善本之所以给女儿取名"兰平"，是为了让孩子能记住自己的出生地，同时也表达出自己和全国人民一样，希望早日结束战争、迎来和平的愿望。看着产后疲惫的叔璜，他有千言万语要说，但只安慰了几句，就毅然决然地走了。

1月的冬天，正是西北最寒冷的季节。善本走后几天，乌钺就让勤务兵在善本家里升上炉子，把屋子烘得暖暖的，再把买好的老母鸡炖上一锅浓汤。他自己呢？开车直奔医院，去接叔璜和兰平回家。乌钺告诉叔璜："小燕，太平走时特别托付我照顾好你，你有什么事、需要什么尽管说，我让勤务兵小孙来帮你，我也会常来。你放心，用不了几天，太平就回来了！你好好的养着身体。"叔璜感激地点点头。因为天气冷，出外买东西的事都由勤务兵小孙代办了。叔璜一个人带着女儿，整天待在家里，她看着女儿想着善本，把对善本思念都寄托在女儿身上。她常常对女儿念叨着："你爸爸也不知道到哪里了？他现在怎么样？吃的住的行吗？冷不冷呢？"在期盼等待中，日子一天天地过着。

3月初的一个雨天，暗沉，阴冷。突然接到报告，有土匪要袭击机场！八大队紧急行动，马上把家属集中在一起，以便有情况时迅速转移。在队的家属都到了，乌钺发现，唯独没有叔璜和兰平。他马上问勤务兵小孙，小孙方拍着脑袋说：糟了！要通知的人太多，我把叔璜母女给落下了。乌钺顿时急了，他这边还有很多事情要处理，只能命令小孙马上跑步去把她们接来。小孙一路狂奔赶到善本家，叔璜听明白情况后马上收拾孩子必须带的东西，再用小棉被把孩子包好。小孙说："我来背孩子！"叔璜就把孩子绑在他背上，又用包被盖住孩子的头。小孙提上叔璜必用的包伏，叔璜替小孙和兰平撑起伞，三个人像逃难一样离开了善本家。这一路，先赶到机场，再急忙赶往大队部。

1942 年担任开辟高原航线时的照片

等到了队部，所有的家眷都已转移走了，只有乌钺在焦急地等待。见到他们，乌钺马上说："先看看孩子！"叔璜解下小孙肩上的带子，把兰平平放到办公桌上。拨开包被一看，叔璜吓得大叫起来！只见兰平口唇发紫，嘴吐白沫，脸色乌暗。原来，只有两个来月的兰平还抬不起头，她的脸埋在小孙背上，头上又盖着被子，口鼻被捂住几近窒息了。年轻的母亲还缺乏经验，刚刚是躲土匪，现在却埋藏了这一场劫难！叔璜手足无措，眼泪噼里啪啦往下掉。

看到这种情况，乌钺立即喊来大队医生。医生即刻开始施救：先把孩子包被和衣服都解开，嘴对嘴进行人工呼吸，接着又进行心脏按摩。慢慢，小兰平有了呼吸，脸上也渐渐有了血色，终于脱离了危险。叔璜的眼泪又一次止不住地流下来。事后，乌钺说："兰平如果出事，太平回来我怎么和他交代啊？！这次，兰平的小命是我给捡回来的，以后我就是她的干爹啦！"

在叔璜苦苦盼着善本回来的时候，善本正在高原上经受艰辛的挑战。高原气候变化无常，地面配合不利，加上飞机的条件也陈旧，侦察开辟高原航线，任务的难度相当大。一次，在飞往玉树途中，善本机组突然遇上恶劣气候。了解高原的人都知道，这里天气变化多端，没有道理可讲。这一天，刚刚还是万里晴空，转眼便是雷雨交加。为了躲避雷雨，飞机必须在高空云层上飞行。但是，一个紧急的状况出现了：机上氧气储备不够。不越过雷雨层，飞机可能会失速甚至被雷击！而越过雷雨层，没有氧气，人怎么活？大队长蔡锡昌果断做出决定：全体机组人员停止用氧，集中给刘善本一人用，因为他既能驾驶又能领航。把氧气罩递给善本时，蔡大队长目光炯炯地看着他，似乎在说：全体人员的生命交给你了。善本明白这个嘱托。如何才能不辜负机组人员的信任和重托呢？婆婆妈妈没有用，最有效的，就是准确判断、集中精力、躲过危险、重获安全。很快，连大队长在内的所有人员都进入缺氧昏迷状态。只见此时，善本临危不惧，飞机就像他的手臂、他的皮肤、他的呼吸，他熟练而慎重地操纵着飞机，与飞机已然成为一体，在云层上飞行着。终于飞过雷雨区域，云层变薄变淡，他架机迅速穿过云层，再慢慢降低高度，机组人员逐渐苏醒过来，他们禁不住为善本鼓掌，兴奋地谈论这次死里逃生的经验。这次险情之后，蔡大队长不再参加任务，他对刘善本完全放心了，任命侦察开辟高原新航线任务由刘善本率领负责。

机会永远只偏爱有准备的人，刘善本在地质地貌特点、净空条件、气象变化、交通及地面配合极差的条件下，用平日刻苦钻研的知识和高超的飞行技术，在青藏高原飞越了大河坝、玉树、昌都等多地，战胜了一个又一个的困难，成功地到达了青海玉树。而后，《中国空军》杂志以醒目的标题报道——"刘善本侦察开辟青海玉树航线成功"。这次任务用了两个多月的时间。他还飞过新疆和西藏，由于气候恶劣变化无常，加上飞机条件差，地面配合不得力，因此没能飞到拉萨就中途返回了。成功完成玉树航线的开辟后，刘善本又立刻总结这次飞行的高空用氧经验，写下并发表《飞机上高压氧气装备》论文。这就是刘善本，善于学习，善于思考，善于总结。

三、赴美受训

在八大队，刘善本很快成为一颗冉冉升起的明星。不过，他的明星之路还刚刚开始。

1943年夏天，英国航空队要选拔2名战斗机试飞员。善本前去应考，顺利过关。跟他一起过关的还有好友杜道时。在众多应考者中脱颖而出的善本，怀着对妻女的愧疚，又要踏上学习的征程了。就在这时，他收到了妹妹瑞兰的家信。瑞兰在信中替家人倾诉了离别之情和战乱之苦。她说：三哥屡次来信催他们搬到兰州来，好有个照应，爹娘终于同意了，他们很快就会动身。这可让叔璜犯了难。善本要出国，一大家子人来投奔他们，叫叔璜一个人怎么照应得过来。善本想了想，说："放心吧，我的津贴照发，虽然物价上涨，但还可以糊口。现在，保住他们的命最重要。我也会求朋友帮你照应家里人的。再说，他们也可以找活儿干。只是，太辛苦你了！"叔璜含着眼泪："我倒不怕辛苦。只是，你这一走……心里难过……"

离愁别绪笼罩着这个小家。一天晚上，善本告诉叔璜："我不去英国了。"叔璜刚刚感到惊异和高兴，还未及追问，善本就接着说："我改去美国了。"

原来，美国对日宣战，爆发了太平洋战争，成立了中国战区。为了让中国战场能牵制住日本的兵力，美国大力支持中国抗战。根据美国国会通过的"租借法案"，美国同意以贷款或租借的形式向包括中国在内的同盟国提供援助，

1943 年夏在兰州叔璜与女儿
兰平合影，送善本赴美学习前。

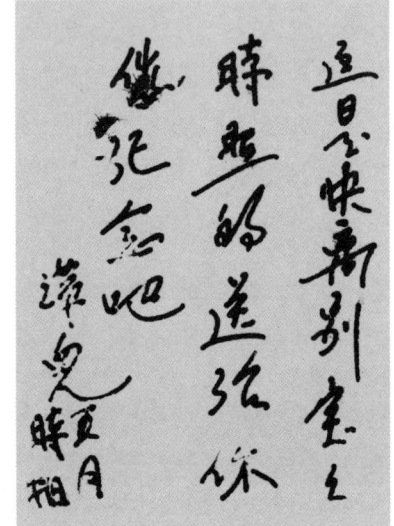

包括赊销军火、培训飞行员等。作为中国战区的最高统帅，根据"租借法案"，蒋介石决定以八大队为基础，派出每组 10 人的 79 个机组赴美接受轰炸机训练，总领队为徐康良上校。在美国受训完毕，每个机组将接收一架飞机回国。虽然善本已经被录取为赴英试飞员，但新政策允许赴美优先。因为驾驶轰炸机是他的强项，他更向往到先进航空队提高轰炸技术。于是，善本便和杜道时一起申请改去美国，并获得批准。

无论去英国还是美国，对于叔璜来说都没有区别。1943 年 9 月，她含泪将善本送上了赴美之路，在这之后，她便带孩子回四川丰都娘家，在那里等善本归来。

由于轴心国封锁了空中和太平洋、大西洋海面，善本等赴美受训人员只能化整为零。全大队分为五批，出发的时间、路线不但绝对保密，而且都有所不同。刘善本等人为第一批。他们从昆明出发，飞驼峰航线到印度，再由印度孟买上船，坐美国运输舰，由英国军舰和飞机护航，绕道澳大利亚的墨尔本，终于在 10 月抵达美国旧金山登陆，再到洛杉矶三查安娜机场。

美国空军对善本等人的培养驾驶 B-24 型远程轰炸机的计划为一年半。分为五个训练阶段，前四个阶段各 3 个月，最后一个阶段 4 个月。

第一阶段主要是用英语复习航空理论，属于预备教育阶段。对很多同学来说，第一阶段的主要任务是过语言关，善本却几乎没有遇到语言障碍。因为中学时即打下良好的英文基础，多年来又不辍英文学习，出国前几个月又突击口语，不但英语书不离手，还常到洋教会找修女嬷嬷请教，和她们对口语，善本的英语是全班最好的。加之他多年来一直不间断地学习航空知识和理论，尤其注重收集和阅读国外有关航空知识技术方面的英文版书籍，在第一阶段用英语学习和复习航空理论过程中，善本进入情况极快，他的英语口语能力和航空专业英语都获得老师的认可，很快便成为老师的助手，担任课堂翻译。为此，他每天要提前备课，先做到对第二天的学习内容了然于胸。有一次，美国教官讲授的知识有误，与善本事先书上学来的不符，他当即就用英语指出，并按照书上

B-24 型轰炸机

的内容进行了正确的翻译。虽然这样有不尊重老师之嫌，但善本想：不能为了教官的面子，贻误同学们的学习。当他指出教官错误的那一刻，课堂气氛颇为凝重，同学们都很紧张，有很多人甚至低下头不敢看老师的脸。他们怕教官尴尬，也怕教官勃然大怒，都暗暗替善本捏了一把汗。没想到，美国教官坦诚地接受了善本的纠正，并表达了对他的感谢。但在课后，这位教官诚恳地对他说："你的航空知识很好，理解力也强。今后如果发现我讲错的地方，请下来单独和我说，因为我需要这份工作抚养一大家人。"后来，善本感叹：美国人这点好，不妒贤。

第二阶段进行分科训练，如驾驶、领航等专业。善本等人到德克萨斯州的道格拉斯机场美国高级飞行学校，学习 B-24 式重型轰炸机理论课。B-24 是美国二战期间生产和使用最多的大型远程战略轰炸机，俗称"解放者"，机身长 66 英尺、高 17 英尺，4 台发动机，载弹 6 吨，续航时间 15 小时，最大航程近 6000 公里。美国就是使用类似机型 B-29 向日本广岛、长崎投掷了原子弹。善本第一次爬进这种飞机时，禁不住感叹其制造工艺之复杂、精密，简直就是一间工作间，驾驶座前布满了各种仪表、指示灯和按钮。

第三阶段，善本等人来到新墨西哥州阿布奎基机场，进一步学习掌握 B-24 式轰炸机的原理、构造和飞行技术。并由美国教官带飞，进行基本飞行训练。

第四阶段，学员转到科罗拉多州普韦布洛学习联合飞行科目。此时，各专业的人员经过 9 个月的分散训练后集中起来进行综合训练。飞行训练任务十分繁重，高达每天十二三个小时，每周的假日也取消了，只在每个训练阶段结束才放几天假。

这次美国受训让善本眼界大开。美国的教学设备和教学办法都很先进，现代化教学让他享受了高水平、高效率的学习过程。

1944 年，在美国时的 B-24 轰炸机机组（前排左二为刘善本）。

第五个阶段是模拟战争训练。先是步兵、装甲兵、机械化兵种、海军等各兵种联合作战，配合歼击机、强击机、侦察机、运输机等各机种训练，然后到美国飞行部队实习。实习训练完全按照战时动作，一切都要合乎战争的需要。这也让善本感受到中美训练的差别，从中受益匪浅。

总体上说，这些训练是艰苦单调的。"要能忍受住艰苦。"美国教官总是这样鼓励中国学员。他们告诉学员要有一个信条，就是："必须十分坚强，才能战胜敌人！"善本非常认同教官提出的要求，他坚持勤学苦练，训练成绩始终名列前茅。第一飞行阶段，他在中国学员中成绩第一。第二飞行阶段，他平均成绩 97 分，超过了美国学员。第三飞行阶段，他因成绩突出被挑选出来作教官训练。美国训练组长都震惊于这个中国青年的才干，几次向中国主官提议：提升刘善本为飞行总领队。

善本极度珍惜时间。跟其他同学不一样，他清心寡欲，几乎没有什么娱乐生活。除了刻苦学习，善本唯一的爱好就是打篮球。他经常约杜道时等球友到体育馆去和美国的球队赛球。他打得好，投球命中率很高，常常十投九中，总是博得观众的阵阵掌声。为此，美国报纸还专门报道了善本等人赛球获胜的消息。每次紧张训练后的假期，同学们都赶紧外出看看美利坚，善本却舍不得出去游玩。

他或者整理笔记，或者钻进基地天文航行馆，在美国领航教练的提示下，驾着模拟领航教练机，根据不同气象和经纬度，以及星河变化，一遍又一遍模拟横跨大西洋或太平洋航线的"中美间航行"和飞跃全球的航行。就这样，他从早到午，从午到晚，丝毫不感到厌倦。作为一个爱钻研的人，他还根据美式航行计风盘的构造，提出若干改进建议，赢得教官的肯定。美国领航专家给出评语："在我所教过的美国或其他各国学员中，像刘善本上尉这样如此精通领航业务的飞行员是很少有的。"

勤耕则有收获。惜时如金、刻苦钻研的善本，不但翻译出 B-24 式轰炸机的《水上迫降处置步骤》、《陆上迫降处置步骤》、《机长的职责》等要领性文件，而且在空军研究所改进了当时教练机上的高空仪表，并撰写出高质量论文，被该校授予当年度的空军科技奖，奖励 2000 美元的奖金。这大大为中国学员争了口气。要知道，二战期间美国的强大使美元成为世界通用货币，当时的美元与黄金几乎等价。一个简单的换算法如下：当时一盎司黄金约需 35 美元，而一盎司约等于 31 克。当时，2000 美元是一笔巨额奖金，只有卓有建树的学生才能获得。

在美国，另一个意想不到的收获是，善本在图书馆里看到了在国内不可能看到的书刊报纸，比如拉斯基撰写的《中国抗战的回顾与前瞻》。此外，他还在美国报刊上，看到了不少关于国民党政府在国难当头之际依然黑暗腐败的报道，比如政府要员或财阀们的存款数字，极大震惊了他。他把揭露国民政府腐败的文章剪截下来，有几篇后来他还带到延安，交给了延安新华社，以让更多人了解国民政府的腐败黑暗。更可珍贵的是，他看到了埃德加·斯诺写的英文版《红星照耀中国》（即中文版《西行漫记》）。这部真实记录斯诺自 1936 年 6 月至 10 月在中国以延安为中心的陕甘宁边区的亲见实录的纪实作品，以真实的第一手资料，让善本看到了更多的中国工农红军以及许多红军领袖、红军将领的情况，使他对中国共产党、对延安、对毛泽东有了更深的了解，再一次加深了对延安的向往。他更深地陷入对民族命运的沉思，在他看来：只有全民族团结一心、精诚合作，才能打败敌人，振兴家业。在给家人的信中，他写到："今后，无论做什么事情，都要把力量用在推动社会进化、促进人类文明这方面来。"这也是他为自己定下的终生目标，坚持不懈，矢志不移。

美国受训不但提高了善本的军事素质，而且让他亲眼看到了世界强国军火工业的发达。在参观了美国飞机制造厂大工业流水线生产的高度机械化程序后，他更渴望中华民族早日富强。尤其看到美国的种族歧视，看到很多高级娱乐场所、餐厅都不许有色人种进入，感

1944年在美国学习飞行时的善本

受到华人在这里遭受的歧视，他更是深感耻辱和愤怒。祖国啊！你什么时候才能够强大起来？什么时候才能免受外族欺辱呢？善本知道，唯有自强！虽然他不能肯定自己这一代人能为民族富强做多大的贡献，但他一定要学以致用，为中华民族的强大尽一己之力！当中国空军学员与当地华人华侨协会接触后，善本又听到同胞讲述他们在美国所遭受的压迫和歧视。而当中国空军学员们参观了印第安人的住地，看到他们同样倍受歧视的生活后，更加深了他对祖国强盛的渴望，他深有感触的对好友杜道时说："任何一个古老的民族，他自身不自强的话，只能成为其它列强历史橱窗中的陈列品，我们中华民族也一样。"

深怀对民族自强的渴望，当善本以各科优异的成绩毕业时，虽然美国校方已多次找他谈，希望他能留校任教，因为之后还会有很多期中国学员来校学习，学校需要理论和技能都出色的、双语能力强的刘善本留下来任教，谁都知道美国是二战中没有受到入侵的国家，而且二战中美国大发军火财，是世界上最强盛国家，多少人梦寐以求想留在美国，但是他的回答却是："我之所以来美国学习，就是为了回去轰炸日本本土，因为我的祖国还在日本的侵略下。"是的，

没有什么比学成回国、报效祖国、抗击日寇，更能让善本动心，因为，他是炎黄子孙！

1945年1月，国民党空军在美国宣布：以老八大队为基础成立新的第八大队。该队下辖三十三、三十四和三十五等3个飞行中队和四科一室。王世箨中校任大队长。刘善本在三十五中队任上尉一级飞行员（机长）。

八大队完成了在美训练，考试合格者都领到了B–24式轰炸机的毕业证书。共接收B–24式轰炸机36架。5月5日，机群腾空而起。虽然离开祖国还不到两年，但所有的学员都归心似箭。学员们绕道大西洋，跨越非洲，到达印度，四天就从美国东海岸飞到了巴基斯坦港口城市卡拉奇。再飞一站！就能回到亲爱的祖国怀抱啦！

这一晚，仰望无垠的星空，善本默默地念到：祖国，我回来了！我要用学到的本领，为你赶走侵略者！亲人，我回来了！我们就要团聚了，只要赶走了侵略者，我们就能过上和平安宁的日子了！墨蓝的夜空中，一颗又一颗的星星活泼地闪动，似乎是对善本心声的回应。

第二天是个大晴天。所有学员都压抑不住内心的兴奋和喜悦，早早起床，准备起飞。但是，上司突然传达蒋委员长命令：八大队暂不回国，原地待命。

蓝天忠魂
——刘善本将军传奇

第三章

投 明

一、救国无门

因为蒋介石的一声命令，刘善本等人被挡在了国门之外。谁都猜不出蒋介石闷葫芦里装的是什么药。大家都知道，自从 1941 年底日本偷袭珍珠港后，国际反法西斯同盟形成，形势越来越有利于中国。而就在他们等待回国的阶段，中国战区已经进入了全面的反攻。他们多渴望参加打击日寇的最后一战啊。然而，急也没有用，只有等待。很多人出去逛街游玩，消磨时光。善本无心游逛，总是跟同机组的冯汝簾、唐世耀、唐玉文等人在停机坪上围着自己的 530 号飞机转。眼见高级军官可以"公务"名义轮流回国、回家，他只能一面焦急地关注着战况，一面急切地希望回国参战。这一等，就是五个月。

五个月里，八大队很多队员又回到了没有飞机时的兰州状态，游手好闲无所事事，善本依然不让任何时间被浪费。他继续研究新文字，试着编写新文字字典，还偷看英文杂志和英文版的进步政治书籍，譬如《资本论大纲》、《中国革命运动史》等。这个准备了多年的年轻军官，依然时刻准备着。

1945 年 8 月 15 日，是中国近现代史上一个富有历史意义的日子。这一天，日本宣布无条件投降。日本裕仁天皇向全国广播了接受《波茨坦公告》，实行无条件投降的诏书。

"日本投降啦！日本投降啦！"这个消息被一遍遍传播，这个欢呼被一遍遍重复。善本和大家一起狂欢、庆祝。他想，这下应该马上就能回国了！回国之后，他要参加举国欢庆。

然而，八大队迟迟得不到回国通知，直到 10 月，才突然接到"火速回国"

的指令。

10月15日，大机群飞过白雪皑皑的喜马拉雅山脉，善本终于回到阔别了两年多的祖国！当天中午，他们回国的第一站是昆明，巫家坝是八大队再熟悉不过的机场。怀着重归故土的喜悦，善本想向看到的每一个同胞打招呼。但这里，到处是美国大兵，几乎看不到黄皮肤的中国人。似乎他们不是从巴基斯坦回到中国，而是返身又回到了美国。

短暂休整后，大机群向第二站成都进发，在距成都60余公里的彭山机场降落后暂驻待命。善本立即请假回成都探家。原来，他出国后不久，叔璜就带着孩子回四川娘家了。善本家人到兰州后，一直受八大队兄弟的照顾。尤其受善本委托的航校八期同学祁新成，更是尽心尽力，结果博得瑞兰芳心，直接成了善本的妹夫。后来，八大队调防成都，善本的家人也随之在成都西门外安了家。

踏进家门的一刻，善本几乎认不得弟弟妹妹，他看到母亲也已经两鬓斑白了。从1935年夏天离家入航校至今，10年的时间呀！善本整整10年没有见到家人了。含着热泪，善本看到：弟弟妹妹都已长大成人，二妹瑞兰成了一个挺着大肚子的孕妇。扫视一圈，善本没有看到叔璜和兰平，也没有看到父亲。"叔璜呢？兰平呢？""三嫂在娘家住呢。"弟弟妹妹们七嘴八舌地告诉他。"爹呢？"突然，大家都沉默了。一种不祥的预感袭上善本心头。"爹呢？"他继续追问，语气里有了胆怯。"你爹……死了……"母亲哽咽了，弟弟妹妹们的抽泣声也此起彼伏。善本扑通跪在母亲脚下，悲痛遮天盖地，顷刻之间击倒了他，他抱住母亲失声痛哭。谁承想呢？10年前与父亲的告别竟然成为了永别！父亲对他的谆谆教诲和隐隐热望，如今都不可能重来。父亲只有一个，从今后，善本没有父亲了。即便他想孝敬父亲，也没有机会了。突然间，善本像回到了童年，他感到自己那么渺小，那么无力。但现在，没有父亲为他遮荫庇凉了。这跨越不了的阴阳两隔，只能让他对父亲怀抱永生的思念和愧疚。

除了得知父亲去世的难过，这次探家善本也没见到日思夜想的叔璜和兰平。因为叔璜患重病在娘家，善本探家第二天又必须归队。好事多磨，善本只能等驻地确定下来，再接全家人团圆。

不久，命令来了。八大队奉命长期驻防上海。善本想：虽然没能打上日本，但从此保家卫国，参与和平生活的建设，也是值得期待的。毕竟，中华大地饱受战乱之苦，和平生活更令人向往。

驻地和任务确定下来后，八大队的军官便开始安营扎寨，并且开始安排接家属团聚。11月中旬的一天，刘善本机组奉命去成都接八大队家属。这一天，天气晴好，一飞机的女眷孩童欢歌笑语。想到就要和亲人团聚，想到多年分居的生活就要告一段落，想到大上海的繁华，机舱里像是过新年，空气中满是崭新、兴旺的气息。当飞机快到长江三峡时，意外发生了。机身突然震动起来，伴随急剧的猛烈抖动震荡，飞行高度骤然下降。空难在即！机舱内，刚刚的笑声变成了尖叫，女人和孩子们哭的哭，吐的吐。刘善本心焦的是，整个飞机乘坐了八九十人，但只备有机组几个人的降落伞，如果飞机摔了，没有几个人能逃生。

怎么办？就在这危急时刻，突然听到一声大喊："有人跳伞！"。善本一看，是副驾驶冯汝篪一边报告一边跳了下去。机舱内更加混乱，惊恐已经吞噬了人们的理性。可恨！刘善本在心中骂了一声冯汝篪，做了两个深呼吸。他知道：这时候，越是心焦越不可能化险为夷。他告诉自己：镇静！还有机会。而后用平静但果断的声音向机组下达命令："快抓紧排除故障！"这时候，有人劝："机长，咱们也跳吧！晚了就没命了！"善本看一眼后舱，坚定地说："不！我们跳，她们怎么办？抓紧抢修！一定要挽救大家的生命！"看到机长如此沉着冷静，机械士唐世耀的心也安定下来。虽然飞机在不断地抖动下降，但在机长指挥下，他迅速一一排查，终于找到并排除了故障——原来是发动机的磁电开关烧毁了。故障排除，飞机重新平稳地飞到云层上，机舱里响起雷鸣般的掌声和欢呼声。

因为指挥有方，刘善本机组成功地空中排除故障、化险为夷。美国顾问更是以得意门生善本为荣，更加信任他。他将过程呈报上级后，为机械士唐世耀申请了嘉奖。而副驾驶冯汝篪擅自跳伞的行为被批评，并被调离机组。同机的家属和他们的亲人都无比感激刘善本和唐世耀，八大队的同事们对善本更加敬佩。从此，"太平"的雅号在国民党空军中叫得更响亮了。

八大队进驻上海大场机场。党政军要对美国帮助培养出来的这支现代化轰炸大队评价极高，蒋介石更是将其视为掌上明珠。报刊一而再、再而三地宣传八大队："他们是中国空军重轰炸部队的基石，今后将致力于训练工作，以美国重型轰炸部队作模范，使之扩展为轰炸劲旅。"（何百钧《中国空军》89 期）

由于在美国学习成绩突出，加之飞行技术过硬，善本被任命为八大队作训参谋。从此，除了执行飞行任务外，他还要兼管全队的作战训练工作。身处这样一个重要队伍中的重要岗位，善本告诫自己要承担起这一重要的责任。他根据国际空中管制情况，提出中国空中航空管制的必要，写出设立"全国航行管理处"的建议书，由大队长交给航空委员会主任周至柔。周至柔看到建议书，惊叹于八大队卧虎藏龙，对善本的建议非常重视。不久，大队长王世箐找到善本。一见面，王世箐就说："太平啊，周主任过问咱们了，他说：'你们八大队怎么和美国佬一样，什么也不向我汇报，你们现在的训练情况怎么样啦，我都不知道。你看，怎么办？"不等善本回答，他就开始布置任务："你做个计划，派 6 架飞机到南京去表演一下，给老头子和航空委员们看看。"善本立即作了计划，不过他将飞机编队增加到 12 架，派出的就是美 B-24 轰炸机。12 架飞机更有气势，它们隆隆而来，在空中队形整齐、时聚时散、高低自如，这场编队表演让观赏的要员们大开眼界，啧啧称赞。"老头子"蒋介石更是高兴，觉得没白让八大队去美国培训。上司赞赏八大队，王世箐知道该归功于谁。集会时，王世箐专门表扬善本："太平这次干的漂亮！12 架飞机到南京大造声势，又给我们八大队争光啦！"接着，他宣布口头命令：刘善本由作训参谋，兼代理作训科长，作训科的一辆美式吉普车也由刘善本使用。

在同僚们看来，刘善本这算走上了仕途，而且显然是前途无量。不过，善本自己并不这么认为。他还是把自己的技术放在第一位，更愿意做一个业务骨干。事实上，即便被安排了行政职务，善本依然是所有重要飞行任务的首选人员。

1946 年春夏之交，作为第二次世界大战同盟国成员，中国国民政府将以战胜国身份参加由中、美、英、法、苏等同盟国联合组织的远东国际军事法庭，对日本大战犯进行审判。国民政府决定派出以朱世明中将为团长的代表团前往东京，空军则将运送代表团的任务交给八大队。八大队的第一个任务是迅速改装一架 B-24 式轰炸机，将之作为运送代表团的临时专机。第二个任务就是安全完成从上海到东京的航行。显然，这次航行是更具挑战性的任务。航委会和八人队决定由钱祖伦少校机组执行此任务，而为了确保万无一失，大队长还特别命令刘善本担任该专机的副机长，以加强机组的技术力量。这是善本第一次飞这条航线。

1946 年 5 月 1 日飞东京送军事代表团参加审判东条英机等，在空中拍下的富士山全景，中国战机第一次以胜利者的姿态飞跃日本领空，俯视日本神山富士山。

5 月 1 日 8 点从上海大场机场起飞开始。由于天气多云，路途遥远陌生，机组成员都高度谨慎。要知道，这是一项神圣的任务。机舱里的中国代表团将行使我们的神圣权利，见证侵略者的可耻下场。钱祖伦和刘善本轮流驾驶飞机，经过 5 个多小时、1600 余公里的精心飞行，终于顺利降落在富士山下的厚木机场。随后，根据大会安排，中国代表团入住东京帝国饭店。善本等机组人员松了一口气。

远东国际军事法庭审判日本 28 名战犯

5 月 3 日，刘善本等机组人员随代表团旁听了远东国际军事法庭第一天的审判大会。国际法庭审判的是以东条英机为首的日本甲级战犯共 28 人，其中包括 1937 年 12 月在南京指挥血腥大屠杀的日本华东派遣军司令松井石根等。善本坐在旁听席上，怒视着这些法西斯刽子手，想到他们对中国和中国人民犯下的灭绝人性的滔天罪行，只恨自己不能亲手杀了他们。他想，自己的飞行本领虽然没能用在杀敌战场上，但能保卫祖国领空不再受到侵犯，保卫祖国人民和平安宁的生活，也算不辱使命。

到日本参加审批大会，应该是中国人扬眉吐气的时刻。对此，代表团成员和机组人员都深信不疑。但是，他们没有想到，在东京，日本人依然看不起中国人。他们对美国代表团毕恭毕敬，对中国代表团则招待得很差。中国代表团有时甚至没有饭吃，不得不自己想办法解决。所幸刘善本心细，出发前买了很多面包、罐头等食品。当时，他带这些上飞机，机组同事还笑他："你真是个书呆子！别忘了，我们是战胜国，他们还敢不给饭吃？！"不想，在东京，专机组同事常常就要靠嚼着善本从上海带来的已经发硬的面包和罐头充饥。

东京 10 天，几次同盟国聚会中，善本都看到中国代表团要看美国人脸色说话，而不敢伸张自己战胜国的应有权力。这让善本再次深感弱国子民的悲哀。

他更坚定地想：国强，民方不被欺。中国什么时候才能真正强大起来啊？这时，国共两党早已经签订了《双十协定》和《停战协定》，国民党政府也发出了停战令。但是，回国后才一个多月的时间，善本就得知：国民党单方面撕毁停战协定，对共产党宣战了。中国，还要打内战！

二、酝酿起义

不管善本怎样和全国人民一样盼望着和平建国，苦难的中华大地还将再次战火缭绕。刘善本所在的八大队已经被要求做好战斗准备。按照航空委员会主任周至柔的预期，仅用空中力量，便可在3至6个月内消灭共产党。善本绝望地想：内战不可避免了。

每次在高空俯瞰祖国河山，善本都为其壮美所打动。锦绣河山，不能为外族侵犯！可是，如果破坏它的是中国人，如果残杀中国人的是中国人，而且我就是那残杀同胞者的一员，我怎么对民族、对后代、对自己做出交代？想到这些，善本的心抽搐起来。难道我在美国刻苦钻研飞行，没能报效祖国打击日寇，却要用自己的双手屠杀自己的同胞？！如同置身于一个无法逃脱的漩涡，善本最大的痛苦莫过于身不由己，他只能被涡流推着左奔右突，窒息的水流甚至让他连挣扎都来不及。

善本一边忧心着民族的命运，一边惦记着同胞的安危，一边迷茫着自己的方向。一天下班，他路过四川北路，想用逛书摊这个少年时的享受排解一下自己的苦闷。无意中，他看到一个书摊上摆着毛泽东的《新民主主义论》。毛泽东？！他翻开这本书，开篇第一个标题"中国向何处去"立刻打动了他。仿佛一只强有力的大手自书页中伸出，瞬间抓住了他的心。他四下里扫了一眼，迅速掏钱，买了一本，塞进背包，匆匆离开了书摊。

这一夜，善本几乎彻夜未眠。桌前的读书灯照着他如饥似渴的眼睛，他沉浸到书中精辟的论述里。"中国革命的历史进程，必须分为两步，其第一步是民主主义的革命，其第二步是社会主义的革命，这是性质不同的两个革命过程。而所谓民主主义，已不是旧范畴的民主主义，已不是旧民主主义，而是新范畴的民主主义，而是新民主主义。""由此可以断言，所谓中华民族的新政治，就是新民主主义的政治；所谓中华民族的新经济，就是新民主主义的经济；所谓中华民族的新文化，就是新民主主义的文化。""这就是现时中国革命的历史特点。在中国从事革命的一切党派、一切人们，谁不懂得这个历史特点，谁就不能指导这个革命和进行这个革命到胜利，谁就会被人民抛弃，变为向隅而泣的可怜虫。"好像夜行陷入迷途的人，突然之间看到了灯火、听到了人声，善本心里升腾起希望的光芒，他看清楚了中华民族的方向，也清楚了自己的方向。多年前有过的念头复苏了：去延安！

抱着这个念头，他有意识地去了本家叔辈刘大年家里。刘大年是笕桥五期的，也是他在国民党空军的保人，还在运输大队飞运输机，和运输大队长衣服恩（蒋介石专机机长）是山东老乡，关系很好。刘大年有一个特殊经历：曾经送马歇尔的美军军事代表团到过延安。这也是善本来找他的原因之一。因为善本在美国的学习表现和他目前在空军及八大队的技术威信，大年很欣赏善本，觉得作为保人和亲戚可引以为傲，再加上善本从美国回来专门给他夫人买了一块浪琴女表，他夫人很是喜欢，所以善本登门，刘大年非常热情。闲聊中，善本把话题引向延安，装出无意的样子问："延安机场是什么样子？"大年说："那就是一个打麦场加固了一下，不大，只能飞小型运输机。"善本又问："延安不大个地方，还有山，机场能在哪儿呢？"大年笑道："四面环山，一进延安上空往右拐就看见机场。"善本尽一切可能多了解情况，问多了，大年不禁奇怪地反问："你问这些做什么？"善本回答："只是好奇，问问。"大年正色对善本说："我知道你不愿打内战，你放心，我已和衣服恩讲好了，他正要为委员长物色一个技术好的驾驶员飞专机。衣服恩说自己还要管运输大队，太忙，连休假的时间都没有。你的技术没的说了，他已向委员长推荐了，最近只要委座一签发，你就调任'美龄号'机长了。你放心，不会让你去打仗的。"从刘大年家出来。善本一路开车一路沉思。不过，他想的不是眼前的仕途和富贵，而是绝不能参与内战，绝不能当历史的罪人。如果做了"美龄号"机长，他更没有机会选择自己的路了。去延安！这个念头让他的脸灼热起来！

去延安！这当然是个过分大胆的念头。几年前在兰州时，他曾跟密友李鑫淼、杜道时有过去延安的想法，李鑫淼还专门找到八路军兰州办事处主任伍修权寻求支持。出于不要影响国共合作的顾虑，他们最终放弃了这个想法。现在，国共合作关系已经彻底破裂，如果飞去延安，就是叛党投敌。善本知道这个罪名的利害，因此，这次动念，他需要比上一次更精心、更周密的计划和准备。有了这个念头后，他便经常趁独自在机场办公室值班的夜晚，悄悄地打开收音机，寻找到了延安新华广播电台。从此，晚上一有机会，他就熄掉屋里所有的灯，倚在收音机旁，将音量调到最低，悄悄收听延安电台的广播。之后，他又找到了转播延安广播的张家口新华广播电台，间接收听延安的消息。从广播中，他听到了延安的方针政策，听到了延安欣欣向荣的生活，这些，不断触动他、刺激他，让他一遍一遍问自己：我该怎么办？

是走还是留？走，谈何容易？想走只能趁外出执行任务时临时改变航向，但想要实现可是困难重重。第一，如果编队飞行，偏离航行可能很快就被发现追回。第二，飞机上不是自己一个人，要怎么争取同机组人员呢？如果同机组成员反对，飞机迫降，回来后也是杀头之罪。第三，就算能够成功说服机组人员，飞机能顺利找到延安吗？这是他们从未飞过的航线，坐标偏离一点点，就会远离目的地。第四，就算能顺利找到延安，能够顺利降落吗？地面是否有军事力量，会防范他们这不速之客？退一万步，一切顺利。可是，自己一家老小刚刚团聚，扔下他们，他们必然陷入经济上和精神上的困境，以及他们的安危，他们还怎么依靠自己？自己什么时候能再见到他们呢？尤其此时叔璜又有孕在身。想到叔璜如果知道善本离开了自己，她该多么无措、多么凄惶！善本不禁心如刀绞。再想到兰平会四处找爸爸，叔璜肚子里的孩子可能一出生就没有父亲，善本不敢再想了……他何尝不想跟叔璜商量一下，但他实在开不了口，也怕自己动摇。

当时的国共两党军事力量对比，4 比 1，国民党兵力 450 万，又有美国的先进武器装备和缴获的日本武器，因此国民党叫嚣要 3 个月消灭共产党，国内社会各界民主人士都为共产党担忧，八路军的情报处长还叛逃到国民党。在这种时刻，善本考虑的不是个人的仕途高官、荣华富贵，他想到的是，决不能当历史的罪人，必须用行动退出内战。

1946 年 5 月周叔璜和女儿兰平在上海。

去延安的想法，他只告诉了二妹瑞兰，因为瑞兰是家里最理解他的人，瑞兰到兰州投奔他前还参加过八路军，当年差点去延安。他需要获得支持，也需要对老母亲有个安排。所以，早在善本行动的两个月前，全家只有瑞兰知道哥哥的苦闷和决心，她支持哥哥反对内战，飞向延安。自古忠孝难两全，善本满怀对亲人的愧疚，做出了飞向延安的决定。

1946 年 6 月下旬，就在善本酝酿起义但尚未找到时机之际，八大队接到蒋介石的手令：限令八大队 6 月 26 日前将昆明美军移交的全部无线电器材空运到成都。八大队决定派出 7 架 B-24 轰炸机去完成委员长交给的这项任务。善本听说后，暗暗想：这是要用于战场的设备。这一次任务是运输，下一次就是轰炸！不行，我绝不能让自己的双手染上同胞的鲜血。我必须尽早行动。

这次运输任务名单中并没有善本。善本主动找到大队长王世箓，以需要掌握气象和飞行中的问题为由，要求参与执行此次任务。王世箓略一转动脑筋，考虑到云南、四川雨季天气多变，确实需要有像"太平"这样全天候、气象知识扎实、处理问题经验丰富的人，就痛快地批准了他的请求。这些天善本暗暗忙碌起来，他首先到资料室查找西北航行图，密切关注西北近期的气象变化。还要准备这次远行必带的东西：厚的衣物、运动鞋（为了到那边打游击用）、药品和全部的美制刮脸刀。同时他把留下的东西清理了一遍。重要的是：处理掉进步书籍。他不能让这些书日后给叔璜惹麻烦。可是，无论如何，他舍不得处理毛泽东的《新民主主义论》。捧着这本书，他抚摸再三，最后挥手一掷，靠着好眼力和好臂力，准确掷到了旁边楼的阳台上。他希望这本书能启迪和指引更多的人，希望读到它的人像自己一样看到光明。然后，他又特别把平时思想进步的朋友的联系方式都烧毁，以防自己牵连到他们。

6月21日晚上，善本坐在母亲床前，话格外多。不管多么无关紧要的话题，他都抓住不放。趁母亲不注意时，他偷偷塞在母亲枕下一叠钱。没有人知道，此刻，看着慈母，他不忍离去。母亲奇怪，善本长大后，忙于工作，很少这么长时间跟自己闲聊，何况天色已经不早。母亲一再催他回自己房间，抓紧休息，因为明天还有任务。他只好压抑着依恋，迈着沉重的脚步离开了母亲的卧房。次日清晨，怀着永别的心情，善本走出了家门，他走到门外后抬头叫妻子叔璜给他雨衣，叔璜从阳台扔给他，他接过雨衣站立着长久的凝视着妻子，满含着泪水。过后，他毅然转身上了吉普车，开走了。

成败在此一举。这是一个好机会，同往的7架飞机没有编队，各飞各的。刘善本担任530号机长、正驾驶员，加上副驾驶员张受益，通信员唐玉文，空中机械士唐世耀，领航员李彭秀等，机组共6人。当天晚上，他们顺利到达昆明。第二天，便装满通讯器材准备飞回成都新津机场。

按计划，善本准备在回成都途中飞往延安，这样还可以把装载的战备器材运到延安。不过他知道，首先要了解陕西一带的气象情况，才能决定是否中途转飞。早饭后，善本立刻跑到气象台，假借要了解成都天气，趁机看了全国气象图。哎呀！糟糕！陕西、山西、绥远一带厚厚的云团，正是大雨天气。真是天不助人！善本暗自叹口气，转身走向停机坪。飞机起飞后，善本心有不甘，他不知道下一次机会在哪里，机会是否垂青他？如果能够飞向延安，很可能到达那里时已经雨过天晴呢。他悄悄观察机组成员，副驾驶已经睡着了，其他人也都没有注意自己。于是，他悄悄调整无线电罗盘方向，试图找到延安导航台。如果成功，他就可以按照这个电台的相对方位飞向延安。然而，他没有搜索到延安导航台，原来延安导航台只在事先联络过的情况下才开放。看来，天时地利条件都不充分，他决定再试一试"人和"。此刻，善本想转飞张家口，之后再去延安。而从昆明飞张家口，会经过重庆。他想跟机组成员商量飞往重庆，临近重庆上空再说明自己的意图，愿意去延安者同往，不愿者可选择在重庆跳伞。他想，大家相处这么久，平日里关系都不错，自己也没做过对不起他们的事儿，自愿原则应当可以避免暴力冲突。但是，再想想，还是不放心。毕竟，自己是一个，他们是五个，万一五个都反对自己，后果还真难预料。这时，他看到副驾驶张受益的手枪就放在两人座位中间。张受益还在熟睡，善本再扫一眼其他机组成员。其他四个人打盹的打盹，望着窗外沉思的沉思。善本迅速抓过张受益的手枪，悄悄卸下了弹夹。接着，他又看准机械士唐世耀放在地图盒子里的手枪，再次迅速地卸下了弹夹，装进自己口袋里。然后，他叫醒张受益，把唐世耀等人也叫过来，说："你们看，成都天气状况可能不好，新津导航台还没出来，倒是重庆台很清晰。要不，咱们先到重庆吧？免得迷航出事故。"

飞向延安

"不行不行，绕的太远了。"张受益第一个反对。

领航员李彭秀更是信心十足："咱们在云层上飞，不会迷航，何况成都方面已经接到总部通知，新津台肯定会开放，咱们接近的时候肯定能收到。"

通信员唐玉文则自告奋勇："没问题！我现在就可以直接呼叫新津台，让他们开放。"一边说，他一边发出了呼叫号码。

没有理由再要求飞重庆了。看来，"人和"条件也不充分。善本无奈地摇摇头，只好按照原计划飞行。现在，只剩一个问题还需要解决，就是卸下的弹夹怎么装回去。唐世耀的好办，善本假装在地图盒子里找地图，就悄悄把弹夹上了。可是，张受益的怎么办？他已经醒了，其他人也都因为刚才的讨论精神奕奕了。当飞机在机场降落时，善本眼看着张受益把没有弹夹的手枪别起来了。怎么办？就在所有人都下了飞机后，他急中生智，在机舱里掏出弹夹大声问："谁的弹夹？落飞机上了！"所有人都摸摸自己身上。张受益不好意思地叫了一声："哟！是我的！"转身回来接过弹夹，伙伴们一阵哄笑。

在成都新津机场停留两日后，按计划，刘善本机组还要再飞回昆明运送通信器材。6月26日，机组又要出发了。

三、飞向延安

1946年6月26日，是普通的一天，又是一个不平凡的日子。

就是在这一天，蒋介石悍然撕毁《双十协定》和《停战协议》，调集30万大军进攻中原解放区。全面内战爆发了！

也是在这一天，一纸调令放在了国民党空军八大队大队长王世箓的办公桌上——航委会主任周至柔签署命令：调刘善本任蒋介石专机"美龄号"机长。

还是在这一天，刘善本驾着国民党当时最先进的B-24式美制重型轰炸机飞到了延安，制造出一个震惊中外的爆炸性新闻。

　　这是一次必将载入史册的航行。其经过之曲折，情节之惊险，绝不亚于一部好莱坞大片。曾应总政《星火燎原》书籍征稿而写的，并刊登在《人民日报》《空军报》《航空杂志》上的刘善本亲笔撰写的《飞向延安》一文记载了当时的过程。

　　6月26日早晨，阴天。昨夜，成都下了一整夜的雨。刘善本机组来到成都新津机场，等待气象报告。善本心里默默推想：成都的雨应当是受到了之前西北云团的影响。那么，西北的恶劣天气应该已经过去了。这次，机舱里又增加了5名乘客。一个是陈泰楷，他是无线电修造厂副厂长，善本的老熟人。因为想搭机去昆明，又恰好遇到了善本，老陈当仁不让地上了530号飞机。另外还有4位国民党成都陆军通讯兵学校毕业生，临时搭机去昆明探家。善本并没有因为人多而放弃中途飞延安的梦想，相反，一个主意上了他心头。

　　善本亲热地搂着老陈肩膀，拉着老陈在飞机前照了张相。然后，又开着吉普车，带他在机场里兜了两圈。

　　这天之前，老陈和机组其他人并不认识。飞机起飞20多分钟后，善本假借翻地图，悄悄卸了地图盒里机械士唐世耀手枪的弹夹。这时，善本把操纵杆交给张受益，说了一声"我去后舱看看"，暗暗拉了下老陈一起走到后舱。后舱地上，横七竖八躺着那4位年轻的毕业生，他们初次做飞机，都晕机了。老陈还在刚刚亲眼看善本开飞机兴奋中，突见善本眉头紧皱、脸色沉重，还没等他问善本怎么了，善本就开口了："老陈！"善本口气极严肃。"我们前边几个人要飞到延安去反对内战！你别怕，到了延安，我保证送你回来。"老陈顿时傻了："啊？！老刘，我、我……我不想去呀，要不你让我跳伞吧！"善本摇头："不行，咱们现在在云层上面，下面是啥都不知道，万一你跳到大山沟里或大海里，没人救援，饿死怎么办？！"老陈腿软下来，越发惊慌了。善本继续说："老陈，你别怕。你就待在这里别动，我保证你的安全。你千万别再到前舱来，因为他们不信任你，你一过来，他们就起疑，万一对你采取行动，我也制止不了啊。"老陈不断点头，瘫坐在地上。

　　安排好后舱的一切，善本把后舱门关上，回到驾驶舱。驾驶舱里平静如水，没有人知道善本在导演一场惊天动地的大戏。他先对最近的通讯员说："枪给我。"通讯员正在发报，看都没看他一眼，就把枪递了过去。善本收好这把枪，就叫到："糟了！糟了！"大家抬起头，看到他一脸惊恐："后边的全是共产党，他们拿着手枪、手榴弹，威胁我一定把他们送到延安去，否则就和我们同归于尽！"这一番话好比平地起惊雷，驾驶舱里顿时炸了锅。善本走上座椅，偷偷把正副驾驶座椅之间张受益的手枪踢到自己座椅底下，并趁乱悄悄卸下子弹夹，放到自己裤袋里。这时候，包括善本自己的手枪在内，飞机上的四把枪都在善本掌握中了。

"什么？""他们想干什么？""不能去延安！那里是匪区！""我们都有枪，干掉他们！""新津机场不远，机长，你去跟他们谈判，我们悄悄降落！"大家你一言他一句地吵起来，提出各种各样的主意。善本一边劝大家冷静，一边劝导："延安也不是什么可怕的地方。他们答应，只要把他们送到，就让咱们飞回来。"终于，副驾驶张受益说："管他的，去就去！反正延安也不是外国地方。"刘善本趁热打铁地说："对，反正延安也不是外国地方。我们就送他们去延安。"

这时，领航员李彭秀说话了："怎么去？我没带西北地图！"善本不慌不忙，从提包里拿出事先准备好的西北地图，说："看，共产党人真可怕，趁我不注意，事先把地图塞我包里了，他们告诉我打开提包就能找到。唉，他们打的是有准备之仗啊。好汉不吃眼前亏，我们就送他们一趟吧！"事已至此，为了防止流血事件，机组成员只好横下心来去一趟延安。通信员唐玉文发出了"等待"的无线电讯号，隐蔽起飞机的确切方位。

从成都飞向延安，对刘善本机组来说，不仅是一次陌生的航线，再加上无线电罗盘无法与延安导航台联络、途中又遇大雨密云的恶劣天气，真是难上加难。虽然事先准备了西北地图、导航资料，也多次计算过航程、时间、航向等数据，但刘善本还是要万分谨慎、小心。偏偏就在这令人揪心的过程中，李彭秀还在不断提出对付后舱"共产党"的主意，比如飞机翻筋斗翻晕他们、上升高度缺氧憋死他们、机组人员集体跳伞让飞机带"共产党"撞山等等。平心而论，这些建议都是合理的。善本一边要紧张地应对外面的恶劣条件，一边又要跟李彭秀周旋，他只能强调一点："共产党"说了，只要感到机组有恶意，立即会动手。李彭秀终于气馁了，接受飞向延安的命运。

飞机飞过秦岭，飞过甘泉，再飞，前面就是延安了，天还在下着小雨。善本忽然看见三条河岔、一片开阔地展现在眼前。依航程和地形判断，这里应该是延安。但是，他既看不见城市，也没看见机场。三岔河上空，善本的飞机一遍遍盘旋寻找。按刘大年讲的延安机场很简陋，只是一块大麦场压平充当了跑道。这样一块平地，应该能够一眼看见啊。"看，那边有房子！"张受益忽然喊了起来。顺着他手指的方向，善本看到一座高大的青砖瓦房，后来善本才知道那是杨家岭礼堂。善本立即向右转弯，视野顿时开阔起来，一条宽阔的跑道直入眼帘，真是柳暗花明。他高兴极了，调正机头方向，对正跑道飞行。这时，山腰上一排排密密层层的窑洞尽收眼底。原来延安城就在这里！

不用再犹豫了，善本将机头一推，迅速下降，进行低空着陆。此时，他心里又生出两层担忧。担忧地面有大炮，会攻击他这个天上来客；担忧降落错，这里不是延安。飞机着陆的一瞬间，他的心并没有放下来。聪明的他，没有立即关发动机。他想，万一有情况，即刻起飞。飞机马达还在运转，他从机窗望出去，一眼看见草丛中有穿灰色军装系着红布巾的人。他们正持枪向跑道赶来。这一定就是当年的红军！直到这时，善本才确信：这里就是延安！我真的到了延安！他马上关闭发动机，打开机舱门迅速跳下飞机，朝着冲在最前面的两个战士走去，大声冲他们说："我们是来反对内战的！"

闻声赶来的指导员韩夫又惊又喜："你是什么人？"

"我是国民党空军第八大队上尉飞行参谋刘善本。"

"你们有几个人？"

"延安到了！"善本回过头来，冲机舱方向喊。这时，同机到达延安、彼此以为是"共产党"的另外 10 个人方如梦初醒。他们诧异刘善本惊人的勇气和智慧，竟然一人瞒过了十个人，戏剧性地起义成功。

就这样，善本含着激动的泪花，踏上了延安的土地。

蓝天忠魂

——刘善本将军传奇

第四章
负　重

一、延安生活

延安来了个刘善本！延安来了架美国大飞机！延安来了好几个国民党空军！一时间，延安人奔走相告，小小的延安城沸腾了。

起义的B-24轰炸机

三天后，也就是6月29日晚上，党校礼堂灯火通明，党中央在这里隆重召开大会，欢迎刘善本等人。当刘善本一行来到礼堂门口时，已有许多人在那里迎候了。为首的高个子笑眯眯地向善本伸出手，握住善本的手后，朗声道："毛泽东，热烈地欢迎你们到延安来！"善本激动难抑，这个指引他来到延安的人，终于从文字上走出来变成真人站在自己面前了。这个人和他看见的延安其他干部一样，灰土布衣服、粗布鞋，面相平和，眉宇间有自信。他双手紧握住毛主席温暖有力的手，热切地盯着毛主席的脸，他眼眶满含着热泪千言万语，万语千言，好不容易才说出了几个字："主席，我终于到你这儿来了！"毛主席热烈地笑起来，不断地点头，连声说："欢迎！欢迎！"

会场虽然简朴，但长板凳摆得整整齐齐，人人脸上都洋溢着真诚的笑意。

　　欢迎大会开始，朱德总司令亲自致欢迎词："同志们！今天晚上，我们隆重地聚会在一起，热烈地欢迎冒着生命危险反内战，把个人生死置之度外，毅然驾机起义到延安来的刘善本等英雄们！"会场里响起了热烈、持续的掌声。朱总司令高度肯定了刘善本等人起义的意义，他说："蒋介石依赖美国经济上和军事上的援助，进行内战，已遭到全国人民的一致反对。最近上海十万人的反内战大游行和刘善本上尉及其他十位先生的退出内战义举，就是有力例证。"善本坐在下面，暗暗赞同：的确如总司令所说，这些事实标志着全国一切有正义感的人们都反对内战，标志着中国人民争取独立运动的高涨。朱总司令又说："你们的义举对我们解放区军民是一个极大的鼓舞和鞭策；对蒋介石国民党反动政府是一个沉痛的打击；对保卫和平、民主生活作出了巨大的贡献；给战争狂人泼了一瓢冷水！""我们始终坚持和平，但是，我们并不怕国民党好战分子燃烧起来的这股凶焰。我们有力量扑灭它！"全场响起更热烈的掌声。最后，朱总司令再次表达热情："我们热烈欢迎 11 位先生脱离内战，愿全国人民一起为和平、民主、独立事业而共同奋斗！"总司令热情洋溢的讲话赢得全场经久不息的掌声。

　　在掌声的热浪里，刘善本走上了讲台。他身着航空服，腰身挺直、步伐稳健、眼如星亮、神采飞扬。敬过礼，开口说："毛主席、朱总司令暨今天到会的各位领导和同志们！首先，我代表同机到达的 10 位同事和朋友们向各位表示衷心的感谢和崇高的敬意。感谢党中央、陕甘宁边区政府和延安各界人民对我们热烈和无微不至的关怀！""我感觉十分惭愧和兴奋。惭愧的是，来得太晚了；兴奋的是能够脱离内战的漩涡，并在此与诸位中共朋友晤面。"从小到大，善本当众发言的机会不少。小学五年级参加童子军大露营在全校师生面前振臂一呼的时刻恍如昨日，今天，他终于接近了自己救国、报国的理想。并且，今天，他第一次如此喜悦、如此振奋、如此自信、如此充满希望和力量。虽然大礼堂里是普通电灯，但善本觉得四面八方都是光辉，把自己照成了一个透明的人，一个新生的人。

紧接着，延安党政军民、机关、学校等各界代表依次发言，全都热烈欢迎他们驾机起义反内战到延安来，祝贺他们脱离内战漩涡，走向新生活。最后是文艺演出。刘善本等起义人员被请到第一排，跟毛泽东、朱德、刘少奇、任弼时等领导并坐在长板凳上。评剧院演出的《三打祝家庄》和秧歌剧《兄妹开荒》让他们耳目一新，这些以群众喜闻乐见的形式表现先进思想内容的作品，比起国民党军队里常听的流行歌曲，更具鼓舞人心的作用。在延安，文艺也是战斗力。

对善本来说，这一夜注定无眠。回到住处躺下后，他辗转反侧。日理万机的毛泽东主席能够亲临欢迎大会，是他最感意外和幸福的。党政军的两位最高领袖亲自接见并陪同他们看戏，也使善本深深感动。要知道，在国民党部队，衔职之差带来了分明等级，一般军官不可能与首长平起平坐。善本轻轻叹了口气，这是幸福的一叹，因为在这个夜晚，他亲见、亲历了共产党的平等之风。翻个身，善本又想起前两天唐世耀提出的疑问。来到延安，唐世耀就发现这里的老百姓都不怕当兵的。两天前，唐世耀在小街散步，看到老乡在路边卖西瓜。六月的延安，虽然昼夜有温差，正午时分的太阳也是很毒的。他看见一个战士满头大汗地走到西瓜摊前，让老乡称了个西瓜并直接切开。可是，刀落瓜开，没有红瓤黑籽，只见白沙沙一片，是个生瓜！唐世耀想：好，有戏看了。他满以为战士或者会大骂一句转身走开，或者会要求老乡重挑一个再切开，直到挑到熟瓜为止。没想到，战士依然微笑着付了钱，老乡倒是主动："小兄弟，这个瓜生不要你钱，我重给你挑一个！"战士摇着头抱起生瓜，说："没关系，一样解渴！"然后就大踏步走开了。后来唐世耀就在跟延安军人聊天时提出了这个疑问，他觉得老百姓不怕当兵的挺奇怪，战士买生瓜还付钱也挺傻。他的问题让在场的延安军人哈哈大笑。他们告诉唐世耀：我们是人民子弟兵，怎么能让人民害怕，让人民吃亏呢？想起这些，善本嘴角的笑意更深了。

比起国民党部队，延安的条件是艰苦的。善本既然决定起义，是做好了吃苦的准备的。但是，他们到了延安后，一直被优待，不但吃饭是"特灶"：大米饭、

善本机组在延安交际处前合影（左起刘善本、张守益、唐世耀、唐玉文）

白馒头、八菜一汤；而且被安排住在最好的大瓦房——延安交际处里，这里是抗战期间专门接待外宾和国内民主人士之所。没几天，善本一行人又每人得到边区政府送来的一套深灰色延安中山装和一件优质羊皮大衣。此外，边区政府还给他们发了日用品和边币若干元零用。交际处处长金城、联络科科长鲁文负责接待，中央军委秘书长杨尚昆也经常前来和他们沟通。

在延安，刘善本等人先后被邀请到八路军总部、中央党校、解放日报社、西北局、陕甘宁边区政府、留守兵团等许多单位去开座谈会和联欢会。每星期六晚，杨家岭都有周末舞会，毛主席、朱总司令也常常来和大家一同娱乐。善本，以及被善本"裹挟"而来的同机人不断地看，不断地想：这哪里是被国民党消灭的部队呢？这分明是一支团结、蓬勃、有生命力的队伍！这时，很多人心里开始了去还是留的选择。

7月1日晚，毛泽东主席、朱德总司令、刘少奇副主席、任弼时秘书长等人又专门热情接见刘善本等。刘善本很快接触认识了许多领导同志，如胡耀邦、杨尚昆、彭德怀等。

1946 年 7 月 5 日，党中央机关报《解放日报》第一版头条新闻醒目的大字标题：

决心退出内战旋涡

刘善本上尉驾机飞延

文章报道："国民党中央航空第八大队三十五中队机长刘善本上尉，因不愿参加国民党当局所进行的内战，自动驾驶 B 二四式五三〇号轰炸机于上月廿六日上午自蓉起飞，于午后三时抵达延安机场。""经我守卫人员详询来历后，

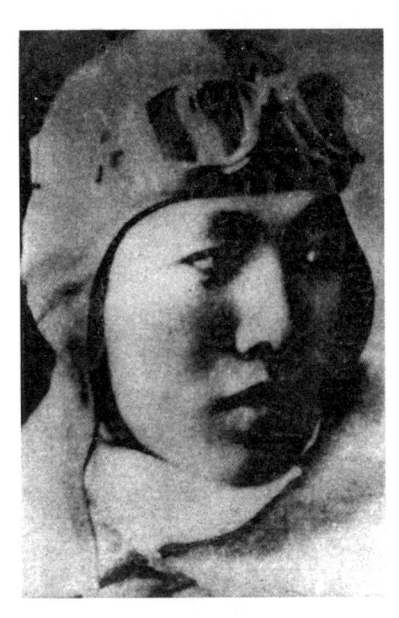

1946 年 6 月起义时的刘善本

当即导至延安卫戍司令部予以热烈的欢迎慰问与招待。""记者特为此事走访刘氏，据讲：'此次由蓉飞延，动机非常简单，即不愿参与内战而已。'刘氏继称：'我进航空学校的时候，正值何梅协定签订，当初的愿望是报效祖国，在美国学习的目的也是打日本，但想不到抗战胜利以后，却被迫用来进行内战，屠杀自己同胞，违反我的初愿。在成都我读到 6 月 22 日毛先生关于反对美国军事援蒋法案的声明，使我更清醒了。我想：为什么要使用美国武器来屠杀自己的同胞呢？由于良心的谴责，再三思维，决心脱离内战的罪恶生涯，保持中立态度，

一俟内战停止，和平实现，仍当继续为国家建设而努力。'"采访中，刘善本还对记者说："我希望所有空军人员，都能一致觉悟，拒运军火，拒炸同胞，使内战无法进行，和平自能实现。"同一天同一版第一版还以"延安举行欢迎晚会"为标题报道了延安各界对刘善本一行的欢迎，转述了朱总司令的致词。党中央在重庆主办的《新华日报》及时转载了这两则消息。

据不完全统计，从 7 月 5 日延安《解放日报》发表刘善本等驾机起义的第一条新闻起，到 9 月底止，该报和《新华日报》、《文汇报》等各报刊，几乎天天都有报道刘善本等驾机起义的有关消息，相关报道共达 70 多篇，将反内战宣传推向了高潮。

从报纸上看到这个消息，陕甘宁边区政府主席林伯渠、副主席李鼎铭、刘景范、边区参议会谢觉哉副议长、陕甘宁边区工商联主席南汉辰、市商会会长王克温、华中军区司令员张鼎丞将军、新十一旅旅长曹又参等各解放区政府和各野战军的主要将领及其他许多党、政、军领导都纷纷打电报到延安来，对刘善本等驾机起义表示热烈欢迎和衷心祝贺。

华中军区司令张鼎丞、副司令粟裕、张爱萍、政委邓子恢、副政委谭震林等则联名给刘善本等 11 人发来贺电，称："当国民党反动派继续其专制独裁、策动全国内战时，你们毅然飞延、脱离内战、拥护和平民主，为国民党空军树立反内战楷模。不断遭受反动派飞机威胁之华中 2300 万军民，对你们不愿以外机来残杀同胞，号召全国空军退出内战之义举，表示无限钦佩与竭诚欢迎。特电致贺，并愿继续为了独立、和平、民主而奋斗。"现在，这份电文就存放在中国人民革命军事博物馆历史馆解放战争时期展厅的展柜中。

刘善本驾机起义的壮举不仅震撼了全中国，而且震惊了全世界，特别是美国。美国《华侨日报》在头版用通栏大标题进行报道。中国留学生和在美国受训的国民党空军人员看了此消息后奔走相告，议论纷纷。一时，刘善本成了国内外引人注目的新闻人物。

这个伟大的创举，真是一石激起千层浪。它不但使解放区的军民受到鼓舞，而且在不久之后就在国统区引起反响，进步群众都击节称赞。刘善本仿佛一座灯塔，为被内战之苦中煎熬的国民党进步官兵指明了方向！

二、舍小顾大

对于在延安受到的礼遇和收到的各界高度评价，善本的心既温暖又不安。想到八大队的许多好同事、好朋友还身陷内战不能自拔，他多希望他们也能像自己一样，飞到延安来呀。一到延安，他就提出要马上发表自己退出内战漩涡的声明，但是中央领导考虑他的家人还在敌占区，怕有生命危险，告诉他组织上正在营救，让他等等发表声明。

啊！家人！善本的心一阵疼痛。他们一定以为自己飞机失事了吧？他一方面想让家人得到自己平安的消息，一方面也担心他们的安危。

的确是这样。在遥远的上海，自从善本执行任务下落不明后，叔璜和家人是多么牵肠挂肚！虽然相信善本的技术，可是飞机离地三分险，谁能保证善本的飞机百分之百不会出现问题呢？"太平座机撞山啦！"这个噩耗让叔璜悲痛欲绝。但没有得到官方通知，她是不肯接受这个结论的。她默默地鼓励自己："太平"这个雅号不是平白得来的，我们第二个孩子也不能成为遗腹子！时间点点流逝，日复一日，没有善本的消息。这对叔璜来说是个莫大的煎熬。

其实，八大队同事也不相信善本会撞山。虽然6月26日那天起飞时成都天气状况不好，可其他飞机都顺利到达昆明了，太平的飞机怎么可能出现意外呢？多少次真正危险的情况，太平都化险为夷，要碰上多么巨大的困难才能难得倒太平呢？八大队也有几个人心里在犯嘀咕。一个是当年跟善本共同策划过去延安的冯汝麑，想起不久前善本对他透露了点儿这个意思，问他还想不想去延安。不过，他刚刚娶了个年轻漂亮的太太，生活美满富足，没有动这个念头。莫不是？他不敢往下想了。还有一个人是善本的本家叔叔刘大年，他想起两三个月前，善本曾向他了解延安机场的位置，莫不是？他也不敢再想。还有善本的密友杜道时，虽然这次善本没有机会联系他，但杜道时了解善本，他猜想：八成去了延安吧！猜到这个可能时，他就暗暗为善本高兴。

　　美国顾问更不肯相信善本撞山了。美国顾问说："Mr. 刘，如果撞山，你们整个八大队就见鬼去吧！"他们认为善本是他们培养的最出色的飞行员，大风大浪都应对自如，怎么可能小河沟里翻船？

　　可是，迟迟没有善本的消息。

　　其实，早在善本起义成功后几天，蒋介石就得到了国民党潜伏在延安特务发给中央的密电，知道刘善本等作为主谋"反内战私逃"了。蒋介石向来看重八大队，不惜花大量外汇购买美国飞机装备，在美国培养飞行员，以在需要时让他们为自己冲锋陷阵。他万没有想到刘善本等人会驾机起义。尤其他知道刘善本就是航委会刚刚决定接替美国人来驾驶"美龄号"的飞行员，更是恨得咬牙切齿，不由向特务头子陈立夫大发雷霆。

　　为了封锁消息、消除影响，国民党中央社在延安方面宣传刘善本起义的报道流传开来后，才出面"辟谣"。7月18日，中央社发了这样一条简讯：

　　　　空军第八大队队员刘善本于6月26日亲驾B-24型机因公北飞，不意途中因气候恶劣，迷失方向，飞临陕北一带，附近多山，无从降落，加以汽油告罄，不得已终于被迫误落于延安机场。

　　这是一次笨拙的"辟谣"。一如善本在看到《解放日报》转载这条简讯后驳斥的那样：530号飞机在延安机场降落时，尚余汽油1100加仑，可以继续飞行5小时。假如确如对方所说"汽油告罄"，飞机上装有无线电和罗盘，可以定向在西安或北平降落。难道沿途国民党机场比共产党的少吗？的确，这是一则不足以服人的简讯，经不起推敲。

　　国民党方面一面尽量的"捂"，一面抓紧"查"。就在简讯发出的这一天，上海警备司令根据蒋介石的指示，亲自派特务包围了刘善本在虹口区迪斯威路麦嘉里1号的家。这一天，一切都显得异样。清晨，天刚蒙蒙亮，叔璜就被敲击厨房后门的声音惊醒。敲门的竟然是从不打扰的倒便桶和垃圾的工人。他迅速塞给叔璜一个字条，就消失在半明半暗的晨曦里。叔璜展开字条，上面只有7个字：刘善本到达延安。这些天，叔璜的心一直提着，虽然不知这张字条是真是假，她宁可信其有。聪明的叔璜刚刚烧掉纸条，就看见一辆美式轿车停在她家门外。车上下来几个人，领头的她认识，是八大队大队长王世箨。

王世箨进得门来，第一句话就问："刘太太，太平一向很老实本分，怎么突然跑到延安去了？"

叔璜不由心一惊，这跟她刚刚看过的消息一致。看来，善本真的去延安了！想到善本没有出事故，叔璜的心安定了。她淡淡看了王世箨一眼："我不晓得他去了哪里，不是你派他出任务的吗？我没问你要人，你倒来问我？"

王世箨没想到叔璜反唇相讥，一时没接上话，气氛尴尬起来。

叔璜继续说："你把他派走了，现在他下落不明。我们一家老小靠什么生活？如果知道他在哪儿，我比你更想把他找回来。"

王世箨看问不出什么，就让叔璜去卧室把善本母亲叫出来。这时，刚好邮差来送报纸，叔璜翻开报纸，就看到了中央社"辟谣"简讯。善本到延安了！善本是安全的！她悬了多天的心终于放下了。于是，她把报纸摊到王世箨面前，再次反问："你们说他'汽油告罄'，'误落'延安机场，为什么还要责怪他，逼问我们呢？"王世箨顿时张口结舌，最后只好愤愤离开。

但是，叔璜一家的日子可不好过了。因为善本的工资停发了，她们失去了经济来源，特务监视下，她们也缺乏行动自由。

这些，是在延安的善本可以预料到的。善本未尝不揪心，但他想：叔璜是孕妇，兰平是孩子，母亲年纪大了，她们从头到尾不知道自己的事儿，谅国民党也不能把她们怎么样。经济上艰苦一段时间，一旦时机成熟，就争取把她们接到延安来！

他更明确的是：自己起义是为了唤醒更多的人退出内战。如果迟迟不公布自己到延安的想法，不发出倡议，他起义的价值就会推迟实现。他愿意早一天让全国人民都知道，有一个国民党空军军官已经加入了反内战行列。为此，他必须放弃自己对家人的担忧，家与国，哪个重？他有自己的权衡。何况自他的机组起义一周后，国民党就不断派飞机来侦察。善本知道他们的最终目的是要找到530号飞机并炸毁它，以免为共产党所用。为了及时揭露国民党挑起内战的事实，掀起全国民众反对内战行动，善本以国家民族为重，不顾全家亲人还在敌占区上海，坚决要求马上向全国发表他退出内战的声明。同时组织人员把飞机上的机枪拆下来交给卫戍部队，通讯器材拆下来给王诤领导的军委三局作为电台用，时至今日，从飞机上拆下来的电子管还陈列在通信兵部的展览室中。而大功率电台拆下来后，给了延安广播电台。从此，延安广播电台收听覆盖面扩大而且更清晰，可以向全国播送来自延安的声音。2000年，在北京电视台和中央人民广播电台建台60周年之际，中央广播电台的八个专题波段同时播出标题为："吃水不忘挖井人"，再次播送了当年刘善本为延安广播电台赠送大功率电台，使党中央的声音播向全国的故事。

在延安，刘善本等人还在金城处长的陪同下，应邀拜访了一位著名爱国将领——晋西北行政公署主任续范亭。他曾任国民党军政学校校长，在呼吁抗日遭到蒋介石政府拒绝后，到南京中山陵剖腹明志。此时他正在延安养病，住在和平医院旁边的柳树店。续老得知刘善本等驾机起义反内战的消息，非常高兴，迫切希望能见到他们。刘善本等来到柳树店时，续老迎向前双手握住刘善本的手说："你们冒着生命危险反内战，是当代屈指可数的英雄！""不敢当！"刘

1946年刘善本在延安时期

善本激动地说："老前辈当年剖腹救国的精神始终鼓舞着我。您是我们学习的榜样。"他说着扶续老坐下。续老很谦逊，在刘善本等再三请求下，他讲了自

已前半生曲折坎坷的道路。

续老早年参加孙中山领导的同盟会，辛亥革命时任革命军山西远征队队长，后组织西北护国军，讨伐袁世凯。

续老说："当我听说国民党要在南京召开第五次全国代表人会时，我就急忙赶到南京，想找个机会亲自向蒋介石和国民党中央呼吁抗日，请缨作战。当我看到蒋介石在'五大'上坚持其媚日反共政策，我彻底失望了！在一个大雪纷飞的下午，我乘车到中山陵，面对着孙中山先生的陵墓悲观、失望、愤慨、痛苦！我从身上拔出短剑向自己腹部刺去……""我的剑伤是愈合了。但心灵的创伤是无法愈合的。我当时想，或者出家为僧，或者投靠共产党。西安事变时，周恩来在百忙中抽空接见我。在他的启发下，为了团结抗日，我毅然回到太原，先后担任高级参议、山西新军总指挥等职。蒋介石、阎锡山假抗日，真反共，就把我这个老国民党员逼到共产党这边来了。我过去是个'不为权门称知己，原来穷汉是乡亲'的爱国主义者，经过几十年的曲折斗争，才找到了共产党，认识到只有共产党才是全国人民的救星。所以，我接受了共产党的领导，为实现自由幸福的新中国而奋斗。"续老的话引起刘善本等人的深思。

经过一个多月的思想工作，善本一行 11 人中有 7 人决定留在延安。李彭秀等 4 人要求回去。党中央批准了他们的要求，专门举行欢送会，并设便宴为他们送行。这 4 人回到国民党方面后，刘善本"误落延安机场"的说法更是不攻自破了。八大队从组织上到思想上都受到极大震动，王世箓被撤职，杜道时等进步飞行员则倍受鼓舞。有人甚至悄悄在八大队教室和厕所墙壁上写："此路行不通，去找毛泽东！""走投无路——上梁山，去延安！"

显然，在特定的历史条件下，刘善本驾机起义，已经远不再是单纯的个人行为了。正如当时一位诗人所写的："这是一声响亮的信号"，它宣告"人民不朽，正义不朽，在黎明的号角里，一切魔怪都要退掉！"它极大地鼓舞了正在为保卫抗战胜利果实而战斗的各解放区军民，也促使国民党军队中具有爱国之心的广大官兵重新思考和选择自己的道路。

早在 7 月 9 日，善本就写了《赶快退出内战漩涡》一文，并在延安广播电台播出。

他说："全国各界同胞们，空军朋友们：我为什么要到延安呢？原因很简单，就是我深感到残杀自己的同胞，不是我们爱国男儿应该做的事，我下定决心要退出内战。我不是共产党员，我只是一个三民主义的忠实信徒，我是一个爱国的中国人！""为了响应上海十万群众反内战的号召，我自己要作一个实际行动，就是说，有退出内战的必要。我不赞成中国人自相残杀，更不赞成用外国武器去屠杀自己的同胞。当我驾驶着美国飞机间接地运送军火，去屠杀自己兄弟时，良心和正义不断地谴责我，使我不能不退出内战，飞到延安来。"同时，他向全国发出呼吁："全国同胞们，中国绝不能再内战了。八年的抗日战争对中国的人力、物力、财力，难道损失得还不够么？中国迫切需要的乃是和平民主，这是全国同胞的愿望。只有这样，中国才能走上繁荣、幸福、康乐的道路。我们希望全国同胞继续争取和平民主运动，援助上海马叙伦先生等赴京请愿团，反对现在政府当局的依靠外国坚持内战、坚持独裁的错误行为！"

善本摆事实、讲道理，殷殷希望八大队同事们认清形势，不要再当内战的帮凶，不要再参与屠杀自己同胞的罪恶勾当。他以维也纳舞厅打架事件的处罚为例，说明国民党并不把自己空军放在心上的事实。那是 1945 年，八大队两个射击员在上海南京路舞厅为一个舞女和一群流氓打了起来，因为八大队兄弟得到消息及时去支援，流氓们被打的落花流水。结果，八大队有 9 个人被判了徒刑，两个射击员各判 4 年。而国民党对汉奸的判决也不过是 3 年徒刑。如此重处的原因是流氓背后的势力乃上海大流氓头子黄金荣。而后，八大队整体受牵连，队员被实行禁假。为此，当年八大队内部还产生了歌谣，歌谣之一《进城守营》讽刺性十足："为打舞厅，禁足令行；小官守营，大官进城。"歌谣之二《问路》则诙谐有加："'加入共产党，有何门路？''指导员那里报到。''阎王爷那里挂号。'"可见，八大队队员中一直存在亲共思想。在讲话中，善本热切呼唤："如果你们肯退出内战，你们随时都可以飞到解放区来。这里有许多为正义为真理而奋斗的人们，都在热望着你们的降落。"

8月14日，是空军节。这一天，善本再次通过广播和《解放日报》向国民党空军同仁发出了呼唤。他以《这里的人情是温暖的》为题，介绍了延安的情况。他说：

"空军朋友、同事、同学们：我是太平。今天是'八一四'空军节，我本想写信去问候你们，可是，我怕对你们有不方便的地方。只好借延安新华广播电台来谈一谈。""我到延安来已经接近两个月的时光，身体还好，精神很愉快。尤其使我高兴的是，这里的西瓜，比起京沪一带、四川的西瓜甜多了。这里还有美国种的西瓜呢。价钱又便宜。""蒋主席所提倡的亲爱精诚，在这里充分地表现着。""我细想，延安人情的温暖，并不是偶然的。这里的人们，没有经济利益冲突。""在我印象里，好像每个延安住的人都会跳舞似的。像在美国一样十来岁的女孩子、男孩子，都在跳舞。六十岁的老头子老太太也在跳舞。绝不像上海的跳舞，在一般人都认为是有钱的浪荡子弟玩的事。这里也绝没有军人不准进娱乐场所的条例。给你送茶捧水果来的人，转身也去找女同志跳舞。新华社的汽车司机，跳舞最漂亮，认识的舞伴也最多。就连我现在也跳的差不多了呢！""到此地不到两个月，我知道了十几位老朋友、老同学、老师、亲戚，还有弟弟妹妹们，他们都在解放区工作。""我相信你们每个人也有不少的熟人在边区。""所以你们轰炸扫射的时候，要想一想，很可能在下面就有你们多年没有见面的老朋友或者老同学，甚至是你的亲兄弟、姊妹。他们时常在怀念着你们，他们见着每一个空军人员，便打听你们的消息。""他们不好写信给你们，你们是可以写信给他们的。有些人你们晓得他们也是在解放区，他们的通信地址是延安交际处。"

善本的呼唤未必能被八大队所有同仁听到，但他的行为已经影响了八大队的军心。在八大队，刘太平一直是标杆式人物。说起他的为人、技术，谁都会翘大拇指。现在，太平的选择为他们指明了方向。很多同样反对内战的兄弟都暗地里称赞太平的果断、勇敢，恨自己没在太平的飞机上。这个太平，总是比他们抢先一步！那些早已存在于进步队员内心的亲共思想就此暗潮汹涌。为了稳定军心，上级部门专门请来南京中央大学心理系主任给每一位八大队队员做了心理测试。他们想用美国最先进的科学仪器了解空勤和地勤人员的心理，以便对症下药。不想这种行为更增加了进步人员对他们的反感。杜道时等人更加羡慕善本的果决，他们也想寻路前去，只苦于没有时机。

对叔璜、兰平、母亲和弟弟妹妹们来说，善本的选择让他们的生活更是受到不同程度的影响。且不提叔璜的艰难，仅善本二妹瑞兰一家，就受到了极大牵连。作为善本航校八期同学，妹夫祁新成率先被勒令停飞，隔离审查，后被调到南京空军总司令部任参谋，生活待遇一落千丈。因为妹妹年轻时参加过八路军，国民党空军认为善本的行为一定是受到了她的影响，空军副总司令甚至扬言要枪毙她。祁新成以性命担保妻子不知其兄之事，但是他也认为瑞兰思想激进，间接影响了善本，对瑞兰也多怨怪，夫妻感情疏远。后来，蒋空军败逃台湾时，他们夫妇被胁迫前往。祁新成再也没能飞。后来，同期的八期同学都升为将军了，只有他一直停留在上校衔职。不能飞，薪饷也随之降低，养家度日生活窘迫。甚至连他的三个孩子，在空军子弟学校也备受歧视。这些致使他郁郁成疾而终。瑞兰到了台湾的日子更不好过。丈夫受牵连不得志，喝闷酒回来常拿她出气；每次她的哥哥对台空军广播讲话一次，她都要被抓到宪兵队受刑，因为是通共要犯家属，她几次被迫失业。生活所迫，她卖过血，她几次想死，但是就为着能活着再见亲爱的三哥一面，让她坚持下来了。当她于1987年10月由美国转道重回大陆，才知道三哥善本早已不在人世，难过伤感自不必说。一直到两岸"三通"，她也没再回台湾，是怕被关到绿岛（台湾关押政治犯的地方）。

三、委以重任

每天，看着清亮亮的延河水、苍翠翠的清凉山，善本总觉得自己像刚出生的婴儿那么新鲜、那么纯净。不过，从 8 月 2 日之后，一个问题一直缠绕着他：我在延安做什么？怎么样才能有贡献？这个问题，在 8 月 2 日之前是不存在的。因为他和他的飞机是一体的，有飞机，就有他的事业。随着驾机起义的消息在延安传开，一个月来，参观飞机的当地百姓络绎不绝，有时队伍排的看不到尾。善本和他机组成员都成了义务讲解员。但是，8 月 2 日那天，国民党派出 8 架机群，以"轰炸中共首脑部延安，炸掉 530 号飞机，杀死刘善本等叛逆"为目标，对延安东北部机场和总部之间的地带进行了轮番扫射和轰炸。530 号飞机到底没能逃过这一劫，油箱中弹起火，被烧成了一大块铁疙瘩。

蒋空军为什么来得这么快？炸的这么准？是李彭秀等人回去报告了飞机位置吗？

追究这些已经没有意义。眼看着飞机被炸毁，善本的心仿佛也成了碎片，在熊熊烈火中被炙烤、被焚烧。这一团火，是灭不了的了。他心痛地流着眼泪，任由自己心头的火越烧越烈。

没有了飞机，今后的路怎么走？

交际处的鲁文科长日日陪伴着善本等人。飞机被炸后，鲁文问善本："你将来打算做什么？"善本想了想，说："我希望能够继续做新文字的改革工作。我对新文字改革的兴趣由来已久。我感到咱中国的文化历史悠久，但方块字太繁杂。它难认难写难打（字），尤其是空中通话更困难。不仅难以普及，而且有碍于中国文化的进步和发展，必须加以改革。1941 年我在兰州时，就趁着不搞飞行的机会进行过新文字改革的研究。在美国虽然学飞行任务繁重，但我还利用余闲时间研究中国文字的改革问题。这次来延安，我带来的一本册子上就记载了一些我对新文字改革的意见。我还带来了一架英文打字机，想把它改装成新文字打字机。当然，我希望能和解放区的新文字改革家们共同研究、探讨。"

但是，善本的想法很快发生了变化。

那是8月初的一天，东方刚刚吐白，鲁文就敲响了善本的房门："好消息！老刘！好消息！"善本打开房门："什么好消息？让你这么一大早跑来？"鲁文挤挤眼睛："有人请你们去做客，好让人羡慕啊！""谁呀？""朱总司令！是去家里做客哟！"善本一听，立刻兴奋起来。最高军事统帅请做客，这在国民党部队是不可想象的事儿！从见朱总司令第一面起，善本就感到他无比亲切、风趣。去朱总司令家做客，他一点不紧张，恨不得马上就去。

早饭后，在鲁文带领下，刘善本、张受益、唐世耀、唐玉文各骑一匹高头大马，来到枣园的朱德总司令家。他们到时，朱总司令已在等候了，彭德怀副总司令和康克清也在。

朱总司令边询问他们在延安的生活情况，边招呼警卫员递烟倒茶。听说善本不吸烟、不喝酒，朱总司令很赞许。两位总司令都穿一身布军装，留个短短的平头。总司令说今天请你们来，是想了解一下国民党空军情况和你们对建设人民空军的看法。

彭老总接过来说："想到什么就说什么，畅所欲言嘛！"善本他们便将国民党空军招收学员、学期、训练、人员编制、飞机种类及其性能、地勤保障、战斗力等各方面情况一一作了汇报。两位总司令问的很仔细，记的也很认真，连国民党空军的军衔、薪饷、待遇都问到了。问题问的多，善本等人聊的也放松，一个上午没谈完，吃过午饭，他们又继续谈。总司令还是边问边记，边记边赞："好，很好。"

将近黄昏，刘善本代表大家问到："总司令，我们到延安一个多月了，将来分配什么工作啊？"总司令放下手中的铅笔，反问了一句："你们想干什么工作呢？"张受益抢着回答："延安没有空军，我们飞过来的那架B-24，前几天被国民党炸毁了。我们就只好改行啦！"

"噢？你们想改什么行呢？"刘善本说："我可以做新文字改革工作。另外，我的英语能力还可以，还可以做英文的笔译和口译工作。"唐世耀想了想，说："我会修表。""哈哈哈！"两位老总被逗笑了。"让从美国学飞行回来的改行，那不是大材小用了吗？"朱总司令说："你们放心，我们'土八路'马上也要着手建设空军。你们来得正好，要当创建人民空军的骨干。损失一架飞机不算什么，将来，我们的空军会超过蒋介石的空军。你们都还年轻，今后大有干头。"听说解放区也要建设空军，刘善本等人高兴得不得了。一方面他们真心为解放区军队发展建设高兴，另一方面他们也庆幸自己不用改行了。

吃罢晚饭，善本等人本想打道回府，不料外面下起雨来。总司令关切地说："别走了，就住下吧！"延安是黄土路，一旦雨下大了，泥地里深一脚浅一脚非常不好走，何况天也黑了。恭敬不如从命，刘善本等人便在总司令的院子里，不远的一个窑洞住下，一住就是40来天。这40来天里，他们和总司令一起种菜浇地，听总司令讲自己从国民党部队到发起南昌起义的经历，总司令闲时还和他玩扑克、打篮球，他们则用扑克变戏法给他看。总司令宽厚、平易，让他们如同在自己家里一样。当他们走时，真是恋恋不舍。

由于国民党对陕甘宁边区长期实行经济封锁，延安的经济是很困难的，党中央和政府、军队都是靠大生产自给自足。在这里，善本吃着南瓜小米粥也感到很香。一到雨季，他这个穿惯了皮鞋的人，就和大家一样，拎着鞋、卷着裤腿、打着赤脚走在泥泞地上。在上海、在成都、在昆明、在兰州，这都是不可想象的生活。因为国民党空军待遇非常好，无论薪金还是日常保障，都确实与"天之骄子"称号配套。不过，善本等人始终保持着饱满的热情。善本看到延安的艰苦、物质的缺乏，把自己从美国买的德国莱卡照相机和手提式英文打字机捐献给了延安新华社，还把从美国买的刚投入市场的新抗菌素长效磺胺和多种维生素捐献给了延安中央医院。

8月30日，善本等人的任命终于下来了。八路军总政治部任命刘善本为延安总部航空教员。他的教学对象主体是从新疆营救回来的几十位航空队员。

1942 年 9 月，因当地军阀盛世才投靠蒋介石，将在新疆工作的一百多名共产党员关进监狱，其中就包括这些学习航空技术的队员。1946 年 3 月，张治中调任西北行辕主任兼新疆省主席。根据《双十协定》，他释放了这一百多名共产党员。遗憾的是，陈潭秋、毛泽民等党的创始人和领导者在 1942 年 9 月就被杀害了。现在，这些队员和善本等起义人员共同学习、工作、生活，善本终于在适合自己的岗位上，为解放区航空事业的发展贡献自己的力量了。

9 月中旬的一天，善本又被分配了新的任务。中央军委秘书长杨尚昆亲自找善本等人谈话，分配他们去东北参加全军第一所航校——东北民主联军航空学校（简称老航校）的建设。这是中国共产党的军队为培养自己的航空人才而筹建的第一所航校，善本激动地想：去这所学校工作，是党对我们的充分信任啊。

9 月 20 日，刘善本和张受益等 4 人来到中央宣传部副部长徐特立的家，专程向徐老告别。徐老是延安德高望重的长者。善本他们初到延安时，徐老曾接见过他们；后来在延安这段时间，他们经常到徐老家吃饭、闲谈、"串门子"，彼此非常亲近、自然、随便。善本每次到徐老家，都会看见徐老戴着眼镜认真看书、看文件。徐老非常善谈，聊起天来，总是纵横古今、上天入地，从典故到常识，无不信手拈来。善本他们几个都非常喜欢听徐老说话。这次告别，徐老像欢送远行的亲人那样热情地鼓励他们，徐老说："你们虽然不是去打仗，但你们的工作就是前线。我们空军建设的成败直接影响和平事业的实现。可别小看自己，你们对和平和统一无比重要！"徐老还说："我对毛主席非常敬仰，我以前是他的文化老师，而他现在则是我的思想老师。回顾自己

徐特立送给刘善本的照片

革命 20 余年的经历。我认为跟毛主席走就会胜利，中国就会有希望。"

激情满怀是徐老还给前来告别的每个人题词签名留念。他在善本的笔记本上写道：

徐特立题词

八年抗日战争创夷未复，继以蒋介石发动内战，美蒋合作竭一切力量把中国重新转到美国殖民地泥坑中去，……诸君感到国家危机的严重，美帝国主义独霸世界的威胁，冒万死一生的危险飞来延安，其爱国精神足以撼金石而泣鬼神。今赴前线工作将目睹八年来及近一年来战争对于人民所如的痛苦，必更增爱国救民反战的决心。勿自以为三五人的力量微小，无补于今日的严重局面，但精诚所感，一唱百和，其影响所及是无限的，临别赠言以留纪念。

徐特立

民国三十五年九月二十日

善本双手接过笔记本，看后激动地说："您对我们太夸奖了！我们到前方一定要为中国的和平、统一作出贡献，以实际行动来感谢党和毛主席的关怀培养，感谢您对我们的鼓励！"

9月22日，刘善本一行4人又接到了一个特殊邀请。毛主席邀请他们到杨家岭的窑洞。大家都很兴奋。这之前，毛主席曾单独请刘善本去吃过两次饭，其他3人还未去过毛主席家里。善本轻车熟路，带着3位同事来到毛主席的窑洞。一进门，就看到毛主席在伏案工作，书桌上满是书籍、文件。善本暗想：就是在这个窑洞里、这张书桌前，产生了多少伟大的思想啊！毛主席吃的、穿的、用的还不如国民党一个连长，但他运筹帷幄决胜千里，他身上的人格光辉任什么也遮蔽不了啊！毛主席亲切地拉拉每个人的手，请他们随便坐、随便聊。

聊到善本他们将来的工作，毛主席说："听说你们不怕吃苦，都很愿意到东北航校去，这很好。到了那里，你们就可以大显身手，英雄有用武之地啰！那里的生活会很艰苦，但艰苦得有意义，这是我们自己空军的起步。我们要在陆军的基础上逐步地发展建立人民的空军。你们是在还没有人民空军的时候，去筹备创建人民空军的，是人民空军的创始人之一，任务极其艰巨，但也十分光荣。国民党搞了几十年，用钱买了一支小小的空军，还常吃败仗。我们现在虽然不如他，但是，将来的前途无限。新中国一定要建设强大的人民空军，一定能自己制造飞机。所以，我希望你们把眼光看得远些，要能吃苦，要克服困难，要努力工作。"听了毛主席的嘱托和期望，4位起义人员热血沸腾，越发知道建设第一所航校意义重大，也深感自身价值能够实现，因此越发坚定了不怕困难、勇往直前的决心。

中午，毛主席请4位起义人员吃饭，为他们钱行。因为忙工作，前一夜毛主席彻夜未眠，工作人员提醒他该睡觉了，细心的主席却嘱咐着菜里要多放肉，因为他听说到东北去不大能吃到肉。

离开毛主席家的当天晚上，善本4人赤脚蹚过延河，来到延安交际处跟鲁文、金城告别。三个月的相处，已经让他们情同手足。心中虽然不舍，可是想到为着共同的革命事业，几双大手紧紧压在一起，互相祝福互道珍重。

延安，我就要离开你了！我的精神圣地，我的新生之所！善本在心中默念着。出发前的几天，人们经常看到他在延河边远望，在街道上一圈圈地散步，见到什么也要多看两眼。

离开延安的前两天，善本等4人商量了一番，决定再到杨家岭向毛主席告别。他们想多看毛主席一眼，多听听毛主席说话。还没到窑洞，他们就看到毛主席在窑洞前的草坪上踱步，神色严肃地思考着什么。几个人正想着是不是不该打扰毛主席，就被毛主席发现了。一看到他们，毛主席笑颜顿开，走过来握住善本的手，关切地问："你们过冬的棉衣准备好了吗？东北可是冷得很，搞不好会冻掉耳朵、鼻子的！"刘善本回答："总部给我们每人发了皮大衣和新棉袄。"毛主席这才连连点头："很好，那很好。"随后，他转身对工作人员说："快去请总部摄影的同志来。"

工作人员走开后，毛主席转回身，继续对善本他们说："你们这次是长途跋涉。交通嘛，碰到什么就用什么，有马骑马，有车坐车，有船乘船，什么都没有就走。有时，要通过敌人的封锁线，如果行不通时，不要强行，可以暂时住下，然后再走。不要着急，不要硬碰，否则很危险！当然，沿途各个解放区都会派人照顾你们。可是，你们也要注意安全。有情报说。蒋介石下了手令，通缉你们，派特务到处找你刘善本。所以，你们要提高警惕啊！不过，蒋介石下通缉令也没有什么了不起的，他不是曾经悬赏捉我吗？去年，我登门拜访他，他又不敢抓，还是把我送回这个山沟沟里来了。哈哈哈……"毛主席哈哈大笑，善本等 4 人也笑了个痛快。笑完，毛主席又嘱咐："总之，我们在安全上，既不能大意又不要害怕。"善本和同伴们不断点头。"你们到了东北后"，毛主席接着说："要向周围同志学习，搞好团结。要加强政治学习。我建议你们读一读《社会发展史略》。"说到这，毛主席叫秘书拿来四份尚未正式出版的《社会发展史略》，亲手赠送给刘善本、张受益、唐世耀、唐玉文。捧着主席的书，每个人心里都热乎乎的，纷纷请毛主席放心。

正说着，总部摄影的人来了，是江青。

"来！"毛主席拉过善本，又向其他同志招招手，笑着说："留个纪念吧！"于是，毛主席在中间，善本等 4 人分别站在左右两侧，留下了一张珍贵的照片。

照完像，大家要走了，毛主席再次和善本等人一一握手，深情地说："祝同志们旅途顺利，请多保重！""请毛主席多多保重！"大家异口同声地回答。

回来路上，途经中央医院，善本特别进去探望了刚刚从中原突破重围、多处负伤的王震将军。王震正在医院治疗。善本把他从美国带回的、自己最爱喝的一筒奶可可，送给王震补养身体，并告之，他们要出发去东北建立航校了。这筒奶可可让王震爱不释手。直到60年代，王震还说起，奶可可吃完后，他在那个装奶可可的铁筒子上，用刀子刻上"刘善本送"几个大字，一直不让扔掉。

第二天下午，枣园小礼堂里，军委专门举行了欢送航空人员离延安赴东北的欢送会。朱德、彭德怀、康生、杨尚昆等领导人出席了大会。康生说："毛主席对你们很关心，本来想让你们多休息一段时间，但是，蒋介石不让你们休息，东北林彪来电报，请你们快去，不然就过不去了。"朱总司令在热烈的掌声中讲话："我军在东北接受和缴获了一批日本飞机，成立了航校，东北局要你们赶快去。内战已经全面爆发了，形势迫使你们的休息提前结束，快点走。"朱总司令还宣布：中央决定成立八路军总部航空队赴东北参加人民空军建设，航空队队长由方子翼担任，严振刚任政治指导员，大队下设三个班一个队部，刘善本、张受益、唐世耀、唐玉文在队部。朱总司令还明确提出：要特别注意保证刘善本等4名起义人员的安全，不要出事。他说："你们长途行军，要通过敌人许多封锁线，困难很多，也许你们一出门就会遇到困难。但是，我希望你们不要怕困难，要战胜困难。我们共产党人，干革命就是要迎着困难上。红军正是在战胜了许多困难之后，才成长壮大起来的。"

敌人猖獗，战鼓催征。无论多么留恋延安，善本等人还是要尽快踏上征程。

9月25日早晨，八路军总部航空队由延安出发。为了特别照顾起义人员，总部给刘善本等4人每人发一匹马。考虑到善本的特殊地位和影响，总部还发给善本一部日本造的收音机，并给他配了警卫员兼公务员，负责他沿途的生活和安全。负责一路护送善本的有王震同志战争年代的警卫员陈海林，王震同志一再叮嘱要保护好刘善本同志的生命安全。

经过四个多月的艰苦行军，两万余里的跋山涉水、漂洋渡海，航空队冲破敌人层层封锁线，在各解放区的帮助掩护下，1947年春节前夕，终于平安到达了目的地——哈尔滨。

由延安到东北老航校途经渤海战区一排左起机组人员唐玉文、唐世耀、刘善本，
一排右起张受益，二排右一渤海军区政委景晓春、司令员袁也烈。

这一路上，刘善本一行见到了很多能吃苦又善战的共产党干部。在晋冀鲁豫军区驻地邯郸市见到了军区政委邓小平、副政委薄一波；在山东莱阳县见到了山东军区司令员许世友；在大连见到了亲自到岸边迎接他们的市委书记韩光。这一路，他们遇到无数困难，辗转迂回，多走了很多曲线。尤其敌人占领了沈阳、通化、长春等城镇，去哈尔滨的路不通后，他们得到苏军协助，先搭乘一艘货船到朝鲜，由东北民主联军驻平壤办事处派车把他们接到平壤，再由朝鲜政府安排他们乘坐破烂不堪的火车，耗时近两天才回到图门江。而后，他们又兵分东西两路，西路由方子翼陪同刘善本等4名起义人员到哈尔滨向东北局和东北民主联军总司令部（简称东总）报到；东路是航空队的其余成员，由白起等航校的同志接往东安镇校部报到。真应了毛主席事先的判断："碰到什么就用什么，有马骑马，有车坐车，有船乘船，什么都没有就走。"

1947年春节，刘善本等人终于安稳下来，在哈尔滨和东北局、东北民主联军总司令部（东总）领导共同欢度了新春佳节。林彪、彭真、李立三等同志亲切地接见了刘善本。而将善本等人送到目的地后，延安总部航空队胜利地完成了新长征的任务，宣布解散。

这次行军，善本见到了那么多共产党人，他们以苦为乐、患难与共。尤其共产党领导人，他们把善本等人当作老战友，利用一切空余时间来看望他们、帮助他们、鼓励他们。这半年充满艰难曲折，又丰富多彩的传奇经历，让善本更深地爱上了共产党。在《自传》中，他写道：

"在延安三个月的时间，虽然是由繁华的上海到了山沟里，但是好像投身在充满着爱的家庭的怀抱里。可说对革命一切都满意，享受着革命的温暖。在我写的一篇'延安的人情是温暖的'充分流露了这种感觉。在延安没有看到什么正规军，只看到一些民兵，都是抗日的红缨枪，认为武器太差，虽然在同志们的谈话中和听首长们的报告中知道，我们武器是取自前方敌人那里（这一点在一九三六年的一个美国新闻记者报道江西反围剿中也提到过），我们虽然在战略上的劣势和被动防御，但在战役上是优势的和主动进攻的。这些在理论上讲起来很有道理很钦佩。但看这种红缨枪武器总是有点不大相信，直到我从延安到东北的途中经过了大片解放区，通过敌人封锁线、铁路，看到大量歼灭敌人的消息，看到蒋匪高级军官当俘虏和胜利品，才认识了毛主席的战略战术思想的正确性，有了充分的胜利信心。在延安和许多同志的谈话中学习了不少，但是，系统的学习是很差的，在去东北的途中倒是看不少，如《社会发展史略》、《辩证唯物论》、《大众哲学》、《论联合政府》、《联共（布）党史》等。四个月的长途中，对我是个实际学习，是很宝贵的。使我进一步认识了解放区，我对革命的认识在'纪念六二六起义周年'和'给发国民党空军一封信'里充分表现出来。"

从延安到东北，善本更加坚定了自己的选择和信念，并且终生没有动摇。

蓝天忠魂

——刘善本将军传奇

第五章

尽　责

一、空军摇篮

1947 年 1 月 30 日上午，地处祖国东北边境的小镇——东安镇还是滴水成冰的寒冬季节。北风像小刀子一样割人的脸，一口气呵出去，男人的胡子就结了霜。这样的大冷天，东北民主联军航空学校（老航校）门口却锣鼓声声、红旗飘飘，数百名教职员工们在校门外列队，夹道欢迎刘善本等人的到来。冒着严寒，欢迎的队伍不断振臂高呼："欢迎刘善本等来校参加建设人民空军！"一口又一口的白呵气后面，是一张张真诚、热情的脸。

到达的队伍中，走在最前面的高个子就是善本。面对这样的场面，他不能不激动。他以正规军人的姿态，昂起头，下颌微收，挺起胸，掌握好步伐节奏，

东北老航校校址

一边走一边向两侧的人们挥手、微笑。天气真的很冷，但老航校人的热情创造了一个冬天里的春天。

当天下午两点，欢迎大会在校礼堂召开。航校政委马文致欢迎词并宣布：东北民主联军总司令部（东总）任命刘善本任副校长。校长常乾坤和副校长白起等也发表了热情洋溢的讲话。

1947年老航校，校领导合影左起校长常乾坤、政治部主任黄乃一、副政委顾磊、第二政委王弼、前排坐姿政治部副主任白平、政委马文、副校长刘善本

刘善本应邀上台。看着台下一双双热切的眼睛，他真诚地说："我坚决反对蒋介石受美帝国主义的指使发动祸国殃民的内战。我决心冒险驾机起义，我认为为祖国和人民起义，即使不幸牺牲了也是值得的。"说到自己的工作设想，他坦言："本来想到解放区做新文字工作，没想到解放区也创办了自己的航空学校。我相信在毛主席、共产党的领导下，咱们这个航校将来一定能够发展成越过国民党空军的人民空军！"善本的讲话赢来台下热烈的掌声。大家都知道，这是党给他们派来的一个世界级水准的技术专家，他的到来，是对老航校建设的切实加强！

第二天早饭后，校长常乾坤、政委马文和第二政委王弼等几位校领导来看望刘善本他们，向他们介绍了航校基本情况。常校长说："日寇无条件投降后不久，党中央就决定在东北筹建航空学校。为将来建设人民空军打基础，目前全校五六百人，荟萃了三国五方的航空人才。"善本知道，这"三国"指的是中国、日本、朝鲜，"'五方'是哪五方？"善本问。"喏，共产党、你们这些蒋空军起义人员、汪伪空军起义人员、朝鲜人、留用的日本航空人员。"常校长解释道。的确，善本笑了，这里还真是"群英会"。

这所被后人称为"人民空军的摇篮"的老航校，当时条件十分简陋，校部住的是原日本宪兵队的瓦房。学员队和训练处均在机场。而机场在东安镇东北十余里的地方。机场用的是日本人修的土跑道。常校长一边介绍，一边带刘善本等人踏着冰雪向机场走去。

"看，这就是我们的家底子。"一踏进机场，常校长就指着停机坪上掩蔽的各式飞机说："这些主要是林保毅原飞行大队的飞机、器材，还有我们从东北各个机场搜集来的。"善本知道，林保毅是日本陆军航空兵少佐林弥一郎的中国名字，1945年日本无条件投降后，他率部投降八路军。这次受降，八路军共接收他带领的飞行大队各式飞机46架及各种器材和配件，此外还有20名飞行员，24名机械师，72名机械员，180多名各类地面保障人员，共计300人。而林保毅本人，就在东北民主联军航空学校担任教官。常校长继续介绍："现在，我们一共有300多架各式飞机，但只有31架是好的，还有五六十架可以修好。""学员共有306名，其中飞行学员66名，机械学员240名。"

东北民主联军航空学校正式成立的时间是1946年3月1日，善本他们来到这里的时候成立还不到一年。无论在国民党空军队伍中，还是美国受训的学员中，善本都是十分难得的航空人才，何况来到正处于草创期的老航校。老航校太需要他这样名符其实的飞行专家了。作为一个多面手，善本不仅飞行、领航、仪表、轰炸、侦察的理论和操作样样精通，能维护修理飞机，还懂气象学，能有这样的全天候（指白天的一般气象和复杂气象、夜间一般气象和复杂气象）一级飞行员，老航校的确是得来了一个全面飞行人才。

善本从未觉得自己特殊，更不恃才自傲。从空军全面发展的需求出发，到航校不久，他就主动向常校长提出成立领航班的建议。经党委讨论，1947年4月21日，在航校礼堂召开的军人大会上，常校长正式宣布：领航班（2队）成立！刘善本副校长兼任主任教官，何健生副处长教轰炸课。常乾坤、白起、张受益等人都承担了领航班的授课任务。日本籍教官长谷川等担任带飞及空中实习任务。

善本就这样带领领航班，肩负了为人民空军培育出第一批领航骨干和种子的重任。

1947年1月在东北老航校

善本在领航班成立第二天，就来到教室，对学员们说："以前你们在部队就是千里挑一，现在又被择优录取。因为领航不但要求文化程度高，而且特别要求头脑清醒，计算要快。否则就会迷航，发生机毁人亡事故。因此，请你们一定要认真学习、夯实理论、认真实践。"

领航班计划一年半毕业，分三个阶段进行。第一阶段是理论教育4个多月；

以宿舍当教室

第二阶段空中实习5个月；第三阶段射击投弹5个月。按照教学计划，刘善本认真带领领航班进行学习和训练。

白手起家，谈何容易？创办我空军第一个领航教学机构，对自然条件、师资力量、教学设施都极为有限的老航校来说，真是一个挑战。

当时正值全国各地战火纷飞，航校处于最困难的时期。刘善本等教员和学员们因陋就简，克服了常人难以想象的困难。领航班没有教室，大宿舍就是冬天的课堂，院子或机场则是夏天的露天教室；没有桌子，膝盖支起笔记本写字；没有板凳，坐背包，后来又自己动手找木板钉小凳子；没有电灯、自己做豆油灯。

最困难的是没有教材、教具，善本带头动手撰写教材、制作教具。每天深夜，他的书桌上都一灯如豆，那是他在翻译和编写领航教材。而他的"夜宵"，就是用白开水泡半碗剩高粱米饭。为了讲好仪表学这门课，他仅讲义就写了十多万字。没有教具，善本又亲自动脑动手设计，还发动学员和他一起制作。他带领张执之、郭浩等学员，用木板制成了方桌大小的弹道教学模型，清晰地标示

刘善本在老航校用工整的笔法刻钢板油印他编写的教材

出了飞机的飞行航向、高度、速度、弹道和弹道偏角、修正角、弹着点及射程等数据，这个立体形象化教具使学员们一看就懂，给教学带来极大的便利。善本还设计制作了测风盘。这个测风盘大小如书本，能测量风角多少度、风速多少，对学员们帮助很大。解放后，空军的兵工厂还专门生产过这种测风盘，它们在航校和飞行部队中广泛使用。而为了使学员们能在空中迅速准确地计算出各种飞行诸元，他又制作了飞行员计算尺。在美国和苏联等国家，这种计算尺有统一的制式产品，但是解放区没有。凭着记忆，善本设计仿制了计算尺，定型后由航校机械厂用铅板做了一批，发到每个教员和学员手里。这种图形计算尺共有三层，刻有公里、海里的换算，高度、速度、真空速、地速、偏流等各种计算诸元。教职员和学员都很欢迎这种尺子，有的学员后来把它当成"传家宝"，直到建国后还在用。

眼见着善本设计、制作出一个又一个实用的教具，同事们和学员们都不禁感叹：他有多么聪明的头脑，多么钻研的精神，多么灵巧的双手！他们越来越喜欢、佩服这个"天外来客"。

善本对学员们要求严格。他要求领航员不仅要精通领航技术，而且要求每个学员都要刻苦钻研相关的军事技术，力争成为一专多能的战斗员和指挥员。他说："飞行作战是很残酷的。强者得胜，弱者丧命。"他还教学员们如何处理战斗过程中遇到的各种意外突发的复杂情况。

当时，战争环境十分严酷，经常有敌机前来轰炸骚扰，航校曾因此几次转移地址。同时，航校的生活也非常艰苦。因为地处偏僻，夏

从领导到学员排队轮流用自行车气筒给飞机打气

天晚上，航校的蚊子小咬特别多，黑压压成群结队，根本不怕人；冬天，外面零下三四十度，屋里用废汽油桶做的火炉里，前半夜点着柴火的时候还行，一到后半夜，火熄了，棉被都冻得当当硬，屋里的墙上总是一层厚霜。从校长到飞行、地勤人员一律吃高粱米、小米，而且还要开荒种地解决所需蔬菜的来源。为照顾日本教官爱吃大米的饮食习惯，仅有的一些大米白面是留给日本教官的。也正因为这一点，林保毅等人非常感动，觉得八路军对他们言而有信，真正做到了优待俘虏，因此他们在教学上也很尽心。

不过这些还都不算什么。对航校教学来说，最大的困难是经费异常紧张，没有经费买航材、买燃油，只能是自力更生自己动手。他们只能用日本研发的不成的熟酒精助燃技术，通过继续研发后使用高粱酿制酒精助燃，解决飞机燃油缺乏问题。于是，航校有一大奇观：无论校领导、教员、学员，每天一早起来就是"三排队"。第一，排队用给自行车打气的气筒给飞机的轮胎打气，每人一百下。第二，排队给飞机灌水。尤其天冷时，怕飞机水箱冻裂，每天晚上把水放出去，早上再灌水进来。事实上"灌水"内容还包括给飞机灌油或酒精。第三，排队手摇外接发动机杆，每人一百下。除了"三排队"，航校还有少见的一个趣"景"：马车拉飞机。那是航校人为了积累航材、变废为宝，各处找寻破旧飞机，找到后便把它们装在老乡马车上拉回老航校的景观。

马拉飞机运输队

受条件限制，老航校教学的飞机只有一种机型——从日本人缴获的九九高教机。

善本飞过意式、美式、苏式教练机，就是对日式飞机比较陌生，但是，经过学习和认真摸索。他很快就能熟练地操纵日式九九高级教练机及其它几种飞机，并总结出一些经验体会。他给飞行班的学员讲课时传授了自己的飞行体会："九九高教机着陆后常常会出现原地打转，由于螺旋偏转，又遇侧风，加上飞行员操纵不当，就会发生打地转，这是飞机构造的影响，转起来搞不好容易损毁机翼。怎么办呢？不用慌。1.用方向舵。2.用刹车。3.可以用副翼修正偏差。"学员们听后很吃惊，纷纷议论：这个问题怎么日本教官不教啊，不知是故意不教还是他们就不懂？

一天，日本教官带学员李国志飞九九高教机，学员在前座，教官在后座指导带飞，降落时机场侧风大，发生了着陆后打转现象，使他很紧张，这时他想起了刘副校长传授的解决办法。只见李国志立刻用方向舵并踩刹车，日本教官一看急了，质问："你为什么这么干？！这是不按规定操作。"这时旋转的时速已减弱，李国志一边操纵副翼修正偏差，一边回答："是刘教官教的。"话音刚落，旋转的飞机就给稳住了，李国志兴奋地擦去刚才急出的一头汗。李国志对刘善本讲授的要领有了实际体会，对刘副校长更加佩服了。日本教官还不理解，之后专门请教刘善本，善本详细向他们讲述了其中原理，日本教官们研究后也认为刘善本分析得很有道理。一个飞美国机型的飞行员，在很短的时间里就掌握了日本飞机飞行要领，而且还对日本飞机的机械构造了解的如此透彻，总结出这套应对旋转的技术，这让日本教官都很佩服。

日本教官技术不错，但语言不通是教学的大障碍。教授气象课的教员是从东京帝国学校毕业的高材生，但他讲课学员听不懂，翻译也不是专业的技术翻译，翻译的不甚准确，磕磕巴巴，甚至有时连自己也不解其意。学员们向校方要求把他换走，让刘善本任教。虽然刘善本已经兼任了很多课程，但他还是答应下来。他讲的气象学深入浅出、形象化、故事化，大家好懂易记，深受学员们喜欢。除了主管领航班的教学外，刘善本还给飞行班文化低的学员补习数学、物理课。他常根据飞行学员班的理论课给大家补课，也是因为日本教官的翻译，有时不

能很好地表达飞行技术用语，经过翻译的教学内容，仿佛被啃过肉的骨头，学员理解起来困难，吸收的营养也有限。而刘善本给他们补课，他们就很容易接受。

当时有些从战斗化部队来的学员，因文化程度低，听不懂学不进去，加上生活太艰苦，有人闹思想情绪，在这是英雄无用武之地，想回战斗化部队。为此，善本格外注意教学中由浅入深。譬如给学员讲空气动力学，他就很注意尽可能地把抽象的枯燥的理论性的内容形象化，尽量用通熟易懂的语言讲授。战斗英雄张积慧50多年后仍然记忆犹新，他回忆说，刘善本能把那么枯燥抽象的空气动力学讲的那么通俗易懂那么好，真让我佩服。此外，善本还在全校大会上做了题为"高粱面窝头加咸菜锻炼身体好"的讲话。他以饱满的热情，给学员们做思想工作，鼓励他们扎根航校，认真学习飞行和机械。为了有助于提高学员的理论水平，帮助学员解决学习中的问题，善本还开了仿

篮球队队员名单

1947年東北老航校
袁 钊
郑谷龙 鲁珉
王雁书 徐振东
刘善本 杜国光
伊琦 陆金荣
于飞 蔡演威

生学课程任教员，他极力倡议和主办校报和学习刊物，并积极参与编写，《学习月刊》《航校》报刊，在这些报上解答学习和训练中遇到的问题。这些报刊很受学员们欢迎，使学员们看后受益匪浅。同时，他还努力参与丰富学员业余生活的活动。作为校领导，他积极参加学校的篮球队。每年"五一"劳动节，东安地委在东安镇都要办篮球比赛，参赛的有航空学校队、坦克学校队、炮兵学校队、测绘学校队、通信学校队、三五九旅队。每年，东安篮球赛都热闹极了，围观的人把球场围得水泄不通。他们最爱观看的是航校队，尤其喜欢看刘善本潇洒的传球和漂亮的投篮。善本就像是场上球星，连续三年，带着航校篮球队夺得联赛冠军。他们的篮球队员是：队长蔡演威、袁钊、郑国龙、鲁珉、王雁书、徐振东、刘善本、杜国光、伊琦、陆景荣、于飞。

算起来，老航校全校开了31门课，刘善本一个人就承担了五六门课。他白天教课，晚上编写教材、教案和备课，还要批改学员的作业，常常加班到深夜。炊事班长看到他消瘦的身体，1.8米的大个也就110来斤，很担心他会病倒。一天，专门从老乡那里买了只母鸡炖好汤，晚上给他端了过去。善本却告诉炊事班长："我的身体很好，不用担心。还是把鸡汤拿去送给病号吧，他们比我更需要。"

善本就是这样为他人着想。他的同情心和正义感在航校也是出了名的。（以下内容及"三查三整"根据党史出版社96年出版李传根所著《飞将军刘善本》书中及2015年9月黑龙江密山老航校博物馆馆长陈新良所著"密山记忆刘善本在东北老航校"文章中）

原"新疆航空队"老红军学的是苏式飞机，汪伪起义的是飞法式飞机，国民党起义人员飞美式飞机，而航校缴获和拼装的是日式飞机，为统一教学训练还专门办了一期飞行教员班，刘善本兼任班长。教员班的飞行考核要从东安机场直飞紧靠在中苏边境的牡丹江海浪机场，因为国民党飞机经常来轰炸，只有中苏边境国民党飞机才不敢袭击。但是，日式飞机无导航设备，只能靠铁路线上铁轨反射导航飞行。一天，留法学飞行的汪伪起义飞行教官顾青飞到穆棱县下城子时，突遇乌云密布大风狂起，顾青一时看不清铁轨，加上罗盘失灵，不小心飞到了苏联境内，迫降在苏联乌苏里斯克机场。得到苏方通知后，航校派领导王弼、刘风去交涉并领回顾青，经技术审查，认定这是一起正常的因天气造成的飞行迷航事故。但是，原"新疆航空队"老红军有人起草一封信，找原航空队老红军逐一签字，认为顾青的行为是企图飞往长春叛逃国民党。这封信递交东北局后，事态马上升级，顾青面临杀头之险。刘善本听说了这件事，本来这事儿跟他没有关系，顾青跟他也没什么交情，他完全可以回避不管，但他知道，人命不可儿戏！正直与良心驱使他勇敢站出来，指出顾青不会企图飞往长春，因为飞机载油量不足。这种说法非常有理有据。善本提交论证材料后，航校与东北局重新为顾青事件定性，顾青免于死刑，改判 20 年徒刑，到北大荒改造。粉碎"四人帮"后，经过上诉，沈阳军区军事法院经过全面复核并走访当事人，正式给顾青平反，宣告顾青无罪。顾青还当选为南京市政协委员。上世纪 90 年代初，顾青重返密山，在工作人员陪同下，来到当年的校领导办公室，当他走到善本办公室兼宿舍门外时，不禁跪在地上嚎啕大哭的说："若不是刘善本那封反驳信，我早就被枪毙了！恩人啊！"

对顾青来说，善本的确是恩人。但对于善本，为顾青鸣不平反而给他自己带来了"罪名"。不过，善本的"罪名"还不止于顾青事件。"罪名"的获得还要从招生建议说起。

全世界各国培养飞行员，都是由初级教练机训练后，提高到中级教练机训练，然后再提高到高级教练机，由浅入深由易到难。但是我们老航校的学员文化基础差，只有初小到高小水平，加上又没有初级、中级教练机，直接上高级教练机，这对从没有摸过飞机的新学员来说难度非常大，危险性也大。按上级规定，航校是从陆军战斗英雄中选拔学员，而在八路军、晋察冀、新四军中，想要选拔出既符合身体条件又具有相应文化水准的学员很难，只招到初小文化程度学员 20 余人，接下来的生源也青黄不接。

巧妇难为无米之炊，作为分管教学的副校长，善本为此颇费踌躇。怎么办？在国民党航校里，学员是严格选拔出来的，未来的飞行员，需要文化、机智、反应快。当年，航校撤到昆明的时候，就有学员因反应不够机敏而被转到西南联大读书。（西南联大是什么样的学校？那是国立北京大学、国立清华大学、私立南开大学为躲避战乱，联合迁移成立的空前绝后的一流大学。）对比可见，航校对反应能力的要求极高。为了提高生源质量，善本提出借鉴国民党、美国航空教学理念，在哈尔滨招收中学生，解决目前在战斗化部队招生困难的问题，以尽快为共产党培养出自己的首批航空人才。他的提议和做法得到航校领导的同意，航校党组织也受东安地委的双重领导，也得到中共东安地委书记吴亮平的支持。（吴亮平是党内的笔杆子，毛泽东"矛盾论"，"实践论"都是他整理的，又在毛主席身边工作过，毛泽东和斯诺谈话时就由他翻译）善本非常尊重吴亮平。通过组织途径，向中共合江工委的领导张闻天、李范五进行汇报后，也获得了地方党组织的支持。于是，1947 年 7 月，由刘善本负责，老航校在哈尔滨市招收初中生 130 人，其中录取 70 人，20 名飞行员、50 名机务学员。利用暑期东安联中教室闲置，编成 3 个班，系统的进行理科、外语、政治学习。

刘善本讲授数学物理，常乾坤教授俄语，吴亮平介绍长征、延安毛泽东、朱德等中共领导人，王弼的夫人杨光讲中共党史。刘善本还向学员和东安联中教师，介绍国民党的腐败和发动内战的罪行。刘善本与学员吃住在一起，介绍自己看了英文版的红星照耀中国后，对延安的向往和起义的经过。对学员们的教育和启发很大，学员们学习热情很高。

遗憾的是，这些学员没能被培养成航空人才，不久之后他们就被退给了东北军政大学。事情是这样的：

从延安一起来到老航校的原新疆学飞行的老红军们，到老航校后没有明确的安排意见。他们在新疆学飞行，刚学完就被盛世才关押了 3 年 8 个月，当时回到延安后刘善本机组人员给他们补过课，但毕竟 3 年多没有飞过了，能否胜任教学任务？这是个让人不能保证的问题。延安八路军总部早明确了刘善本的副校长职务，他机组的每个成员到老航校后也都被安排了具体工作，也都有相应职务，这些老红军的具体工作问题则始终悬搁着。校党委曾专门打报告给东总，请示如何安排这些老红军，但是东总一直忙于打仗没有回复。这使他们感到不满意，他们写了联名信给东总，认为老航校存在"路线"问题，具体表现是：1.重用汪伪、国民党起义和日本俘虏，不重用老红军。2.这是共产党的航校，不是统一战线的航校。3.航校的飞行驾驶杆要掌握在工农出身的战斗英雄手中，从学校招的这批学员80%是非劳动人民家庭，成份复杂，政治上不可靠，必须退出航校。结果，东北局采纳了他们的意见，将这70人退给了东北军政大学。

事隔多年后，常乾坤校长在上世纪50年代末期曾回忆这件事。他说：这70人经过解放战争和抗美援朝战争的战火考验，在军队中表现很好，当时我们没有很好的利用航材为党培养更多的航空人才，是个很大的遗憾。

因为老红军的联名信，老航校的"路线"问题引起了东总的重视。东总派以参谋长刘亚楼为首的工作组来校检查工作，刘亚楼认为航校问题很多，东总和东北局决定利用冬春季整顿航校。

1947年11月27日上午，航校在礼堂召开军人大会，常乾坤校长宣布航校整党整军运动正式开始（当时称"三查三整"运动）。

东总任命四野参谋长刘亚楼兼校长，东北军政大学副政委吴溉之兼任政委，常乾坤、王弼分别为副校长副政委，辽南省委组织部长薛少卿任副政委兼政治部主任，即航校支部书记。

刘善本、白起降职。

刘亚楼来校讲了次话，特别提到航校的每一片铝片，每个螺丝都要用在老红军身上。吴溉之曾任过红军政治部锄奸部部长，在他的引导下航校原来的全力抓教学的方针，变成疾风暴雨的政治运动。停课整顿，领导人人过关，个个自危。

常乾坤、王弼、刘善本三位领导都未经历过党内路线斗争。突然成了被整顿对象，都缺乏精神准备。尤其刘善本，因为提倡从学生中招飞，又是亲自操办者，在"三查三整"中便成为重点。大会上，有人对他的起义动机表示怀疑：

1.在国民党那么红，生活优越，为什么要起义？是否是假起义？

2. 为什么让出身非劳动人民的子女掌握飞机驾驶杆？

3. 为何包庇同情顾青叛逃？

组织让刘善本回答这些问题，善本详细地讲了他起义的思想过程。他从1936 年自己在洛阳初级航校第一次看到介绍共产党领袖毛泽东的英文材料讲起，讲到在美国通过《西行漫记》了解中国共产党抗战和延安时自己的心潮澎湃，再讲到对国民党消极抗战的不满，追忆了自己从向往延安到决定起义，他追寻求索整整十年的思想准备过程。但是，因为他没有受过共产党人的策反，怀疑他的人仍然觉得他放着那么好的地位、生活不要而非要起义说不通，认为他讲的起义动机不明确，因此对他的指责批判步步升级。善本突然由倍受尊敬的人才变成了可疑分子，老红军批判他，一个机组起义的人也埋怨他。在四面楚歌中，他陷入了极度的困惑。

东北的寒冬是如此地冷，夜是如此长。在寒冷难眠的深夜里，善本听着北风的呜咽，不知道怎样才能证明自己的清白和赤诚。他含着泪水，从抽屉里拿出妻子和女儿的照片，她们还在敌占区吗？因为自己的起义，给她们造成多么大的危险啊，不知如今她们怎么样啦？善本想不明白，自己在美国时读到英文版的"西行漫记"，其中介绍的共产党和毛泽东让自己敬仰毛泽东、向往延安，这不能构成起义动机吗？他在美国"华侨日报"上看到大量关于国民党腐败、人民生活困苦的报道，不能构成起义动机吗？他在给妻子和妹妹的信中写道："今后无论做什么事情，都要把力量用在推动社会进化，促进人类文明这方面来。"共产党代表了文明的方向，共产党的革命是推动社会进化。自己的起义是对共产党的信任，是对共产党寄予了极大的希望。为了不让自己的双手屠杀自己的同胞，以反对内战为核心的起义动机不纯吗？自己用性命和全家人的性命为抵押的起义，为什么还有人认为是假的？！他的心就像后半夜的汽油桶炉膛，敌不过漫漫长夜，一点点冷下去。谁能为他"添薪加柴"呢？

"笃！笃！笃！"寒夜里，有人敲善本的房门。是方槐，新疆飞行队的老红军。方槐告诉善本，大多数人是信任善本的，希望善本不要背包袱。

同样被整顿的常乾坤、王弼，他们在本人还没有过关的情况下来安慰善本："别理他们，培养飞行员是航校的任务，有什么错。"

八路军总部航空队队长方子翼，政治指导员严振刚。他们牢记朱总司令的嘱托——要在政治上帮助刘善本，要在生活上关心他。他们找善本谈心，肯定他起义是正确的，鼓励他为党培养飞行员所做的成绩。并给新疆学飞行的同志做工作，端正对刘善本的态度。上世纪80年代，方子翼将军接受采访时，回忆到了老航校的"三查三整"运动。他说：现在看，刘善本当年提出的教学观点是正确的，只是我们当时不理解，现在回想起来，那时对刘善本的做法是错误的。

新调来的政治部薛少卿主任，几乎天天到善本这里来陪伴他，担心他承受不了这样突如其来的政治打击。薛主任用自己红军苏区肃反运动中险些被杀的亲身经历，讲述党内斗争的残酷性，告诉善本要经得起战场上的考验，也要经得起革命队伍内的批评和自我批评。

善本的心一点点回暖。是呀！我为什么要起义？不就是要维护民族和平，在一个为人民革命的队伍中经受历练吗？同志们怀疑我，不能怪他们，他们是怕革命队伍不纯洁呀！我要经得起怀疑和考验，同志们会理解我、相信我的。

就在善本一点点想通的同时，东安地委书记吴亮平了解到航校的情况后，向东北局领导反映，经东北局领导的意见，对吴溉之的做法提出了严肃批评，及时制止了运动的极端化。善本重新回到了春天里。

在这次运动中，善本虽然受到了精神上的冲击，人也消瘦了许多，但是运动使他成熟了许多。在运动中给党组织写的思想汇报上，他说："我理解党组织的安排，我会在岗位上自觉发挥作用，请党组织在具体工作中考验我。"

1948年2月，刘善本正式的递交了入党申请书。他要证明自己对共产党不变的赤诚和信任，要证明自己不是为了升官发财才来到共产党这边。他写道："请求组织审查我的历史，批准我作为一个革命的铆钉、世界上最光荣的共产党员！好在组织里得到更多的学习，受到更多的考验决心为共产主义奋斗到底！"航校党支部派方子翼和刘风作为他的入党介绍人，并把他的入党申请提交东总。

近三个月的"三查三整"运动后，刘善本被任命主任教员。

教学任务重，生活上又没有人照顾，善本日渐消瘦的样子看起来让人心疼。政治部主任薛少卿想：该给刘善本找个对象，让他安个家，好有人照顾啊。于是，他找来自己爱人陈岩、王弼的爱人杨光、吴亮平的爱人杜凌远一起商量，看看谁的手头有"好女"，准备为善本介绍对象。很快，女人们找了个师范学校的学生，人高挑、脸白净、漂亮。他们有意在舞会上为两个人创造接触的机会，并特别观察他们俩接触时姑娘的反应，然后又把姑娘请到航校来见面。这下子，善本有些明白了，这是在给自己介绍对象。可好了，他说什么也不肯去见面了，十头牛都拉不动他。

薛少卿只好亲自出马，来到善本宿舍做他的工作。

"按照共产党在战争时期的特殊规定，只要夫妻双方在敌我两地长期分居3年不能团圆的，就可以再婚。现在，你和你爱人分开已经快两年了，看起来敌人是不会放过她的。你是起义人员，可以特殊对待。你的生活也需要人照顾啊！"

善本坚决地摇头，说："主任，谢谢你！但是我已结婚了，有妻子女儿。尤其因为起义，我给她们母女造成了生活上的巨大困难，甚至是生命危险，我不可能只顾自己而抛弃她们，我一定要等到和她们团聚的那天！"

说完，善本拉开抽屉，慢慢托出妻子和女儿的照片。他手指捏着照片边角，无比珍重地把照片放在桌上，笑笑："以后，不论谁来，我都会给介绍：这是我的妻子和孩子，我很想念她们，我相信我们全家人是会团聚

1948年"三查三整"后刘善本极为消瘦，但他精神饱满地和老航校何建生之子何国贵在气象站前。

在一起的。"

照片里，叔璜在笑，兰平在笑。善本在心里问：亲爱的人，你们在哪里啊？现在，你们还笑着呢吗？

二、人在天涯

四川丰都县均灵医院。叔璜正在药房里帮忙抓药。自从 1947 年春天离开上海回到老家后，叔璜就在姐夫家的医院里帮忙。快两年了，一直没有善本的消息。还没见过爸爸的海平都一岁半了。但是，叔璜的心是平静的，因为她知道善本现在是安全的。

周恩来、邓颖超在南京梅园

1946 年 6 月 26 日，当善本驾机起义到延安后，党中央并没有立即对外宣布这个消息，是因为营救刘善本家属的行动正在周恩来副主席的直接指挥下，在另一条看不见的战线上紧张进行着。除了上海地下党组织，廖承志、潘汉年、史良、沈雁冰等社会知名人士也都参加了这次营救行动。

最先接触到周叔璜，通知刘善本起义到达延安的是潘汉年领导的上海地下党。

1946 年 7 月，上海酷热的一个夏日午后，一个邮差按响了叔璜家的电门铃。很快，叔璜走出来，缓缓打开了门。她的两只大眼睛红肿着，脸上还有些许泪痕。看到门外站的是邮差，她似乎松了一口气。

"你叫周叔璜吗？有你的信。要签字。"

叔璜点点头，示意邮差跟她来。邮差跟在叔璜身后，从大门走进了堂屋。堂屋一片狼藉。箱子、柜子大敞四开，凳子翻倒在地，衣物、被子、书籍、纸屑散落满地。一个六十岁左右的小脚老太太坐着，边上有个7、8岁的男孩子和一个三岁左右的女孩，因为刚刚的惊吓，还惊魂未定的呆立在堂屋中，眼神中满是惊恐。这是刚被抄过家的样子。叔璜从桌上找到一支笔，伸出手等着邮差递信过来。奇怪的是，邮差并没有从身上背着的邮袋中拿信，而是从衣袋里掏出一包香烟。只见他抽出其中一支，在手掌上磕了磕，有烟丝掉出来后，折断了烟头。变魔术一般，他从折断的香烟里抽出一个小纸卷。叔璜似乎意识到了什么，脸色紧张起来，不断向外张望。接过小纸卷，叔璜打开只看了一眼，手就颤抖了，人也开始发怔。隔了片刻，她问："他叫我去吗？什么时候走呀？""你先考虑一下，你们要走，任何东西都不要带，我会给你们准备好的。千万要保密！提高警惕，防止敌人发觉，要装作若无其事的样子。"邮差一边说，一边迅速拿回叔璜手里的小纸卷，塞进嘴里嚼成糊状。

原来，"邮差"真名叫龚定中，在上海地下党组织张执一和李正义领导下，担任地下党交通、军运、统战、联络工作。前一天，李正义交给他一根火柴梗大小的卷得很结实的纸卷，正面是上级下达的任务："党中央来电，有一位驾机起义人员刘善本的家属，一家四人，被蒋军监视在上海空军司令部家属宿舍里。要上海地下党派人营救，护送到苏北解放区。"下面注明了叔璜住所地址。背面是刘善本写给叔璜的便条，大意说自己已经到达延安，让叔璜做好准备随时跟来的人走。为了把善本的消息巧妙传递给叔璜，龚定中从香烟包里掏出一枝烟，从一头抠掉烟丝，塞进纸卷，再仍然从头上塞回烟丝，制造出了一根"打埋伏"的秘密香烟，接着，他化装成邮递员，大大方方地按响了叔璜的门铃。

"邮差"走后，叔璜就赶紧跟婆婆商量，决定一起走。第二天，叔璜正在洗米，家门外响起"哪有旧货烂东西卖无"的叫卖声。叔璜没有留意，但门铃响了。

她放下手中活计，开门看见一个戴着破凉帽、太阳镜、挑着旧货担子的"旧货鬼"（上海人称呼买卖烂东西的）。她说了一声："旧货没有！"就想关门。"旧货鬼"却摘下了凉帽和太阳镜，小声说："你不认识我了吗？"叔璜略一愣神，马上惊醒，这不是昨天的邮差吗？！她笑了："是你呀！我们已经商量好，我妈妈说一起走吧！""旧货鬼"说："那么，你准备好，什么都不要带。就在这几天，咱们说走就会走。你等着，我会再来告诉你。"

几天后，船和汽车都准备好了。上海地下党组织从交通运输线上自备的两只帆船中调拨出一只，驶往浏河白泖港等待接应周叔璜一家；地下党员黄鹿生借来郑子良的私人汽车，用白纸写好假牌号，准备贴在汽车照会上伪装，万一被特务盯住，撕掉即可脱梢。

又一个凌晨，叔璜被后门敲门声和"马桶拎出来呀"的喊声叫醒。她拎着马桶出来，惊奇道："啥子？怎早就来倒马桶了？"交接马桶的当口，才发现这个农民打扮的师傅是上次的邮差和"旧货鬼"。师傅说："今天下午一点整，我在北四川路迪斯非尔路口凯歌食品店门口等你们。"

当天下午接近一点，龚定中坐着汽车提前来到街口。那里交通规则是马路左侧通行，汽车在马路西边停下，车头对着虹口公园方向。龚定中又换了一套格子纺绸短衫裤，腰间束一条白纺绸腰带，戴上黑眼镜、白"派拉帽"（当时流行的一款新加坡帽子），手上一把大号折扇，俨然上海滩的小混混。他下车后就站在街沿汽车边上，向叔璜一家来的东北方向瞭望。一点整，叔璜牵着小女儿的手来了，但只有她们两个人。她略为向四周张望一下，便进了凯歌食品店，直奔饼干而去。龚定中马上跟进来，凑近她悄声问："你买饼干干吗？怎么只有你两个人来？你母亲和孩子呢？"叔璜紧张地说："有人蹲在我家里，监视着我，不给走，叫我安心蹲在家里不准乱跑，所以我们不能走了。现在我是撒谎说给孩子买饼干才溜出来的，就是为来通知你的。"龚定中赶紧四下里看看，确定没有人盯梢后，他果断地说："好，那么，我走了！"

就这样，这一次营救活动没能成功。龚定中在《申江风云》小说阅读网上发表的《一次未成功的营救工作——营救刘善本家属的一场惊险战斗》中详细记录了这次营救活动的始末。

廖承志　　　　　　潘汉年　　　　　　史良　　　　　　沈雁冰

可是，国民党的消息太快了。就在地下党组织要营救走的当天，王世箓代表国民党空军横插了进来。虹口区迪斯威路麦嘉里1号——善本家屋里、门外有把守，路边、街口布满了眼线，他们把叔璜"软禁"起来了，目的就是"放长线钓大鱼"，想要抓获前来营救的地下党。

营救行动受到了阻碍。

更麻烦的是，国民党空军停发了刘善本的薪饷。因为人口多花销大，叔璜手上没有什么积蓄。经济来源断绝，善本一大家七八口人的生活很快陷入了绝境。为了维持生活，叔璜只得不断变卖善本的衣服和暂时用不着的物品，但还是经常捉襟见肘。

听说刘善本的家眷还留在上海，上海一些爱国知名人士和记者，都想来拜访和援助。可是，叔璜已经失去了政治上的自由，每天都在敌人严密监视下。一次，作家茅盾乘小轿车来到刘家附近，未及走到门口就遭到特务们的盘问，险些被抓。

想接近叔璜变得如此困难！

不过，几天后，一辆军用吉普车停到了善本家门外。后门打开，里面走出一位身着黑色香云纱旗袍的女人。她神态傲慢，目若无人，直直去推善本家门。一个警卫马上上前阻拦。问道："你是干什么的？"女人没有答话，抬手一个耳光抽过去，并用上海话骂："小赤佬！瞎了狗眼看清楚了！"说着，用手一

施剑翘

指车牌。警卫一看，是空军司令部的牌照。再看一下眼前这个女人，目光凌厉、气度不凡，一身黑色的香云纱旗袍在阳光下发亮，来头肯定不小！就赶紧让开了。

女人进了善本家，她先把屋里的特务们都叫到一起，"训斥"道："这么多天了，抓到个鬼影子没有？！都是吃白饭的！"然后，她掏出几张钱往桌上一扔，叹气道："算了，算了！我也知道你们不容易！既然总部派我来审共匪，你们就先歇会儿，弟兄们喝点汽水去吧！"被训得头上冒汗的几个特务一听，赶紧抓起钱连声道谢，告诉这个女人：周叔璜在楼上。

女人径直上楼。叔璜在楼上早听到了下面的动静，也从窗口看见了这个有派头的女人。她心里七上八下：蒋介石又玩儿什么鬼把戏？兵来将挡水来土掩，还不是问我善本走前留了什么话，跟谁有来往之类。跟以往一样，照答不误。正想着，黑衣女人进了房门。

"我叫蔡梅影。是周恩来周先生派来的。"黑衣女人一反刚才的盛气凌人，眉眼间都是温和。叔璜没敢立刻搭茬，谁知道是真是假呢？黑衣女人看出叔璜的疑虑，递过一封信来说："这是你丈夫给你写的信。"周叔璜马上接过来一看，的确是刘善本的笔迹，激动得眼泪一下子流了下来。看了信后才开始相信她，她马上点燃打火机烧了信，接着说："你给你丈夫写一封回信，我给你带过去，但不要太长。"周叔璜连忙动笔写。蔡梅影又从手提包里拿出一个包好的布袋说："这是周先生委托给你带来的生活费，你先留下用。"里面有金条，还有钞票。黑衣女人让叔璜写了一个收到生活费的"收条"。她看见周叔璜怀有身孕，就问预产期是什么时候，然后抿紧嘴唇，下决心似的说道："生孩子时我争取再来。"后来，她果然又冒险来过一次。那天下楼时，她看见特务正在喝汽水，就又扬起头，大声命令说："你们要好好看守，出了问题拿你们是问！"说完便坐车扬长而去。

看着吉普车消失在街口，叔璜不禁佩服共产党人中有这等女中豪杰。蔡梅影，她牢牢记住了这个名字。十几年后，叔璜才知道，当年这位气宇不凡的女子并不叫蔡梅影，她的真名是施剑翘，是影响一时的风云人物。那是1961年，善本和叔璜在人民大会堂观赏《椰林怒火》，恰巧坐在邓颖超身后。提起当年的事，邓大姐说："去给你送钱的是施剑翘。"

叔璜惊讶："她不是叫蔡梅影吗？"邓颖超这才笑着告诉她："梅影就是'没影'啊，她就是'女侠'施剑翘。那时候太难接近你，因为她有胆有识，总理就派她去了。"

说起施剑翘，那是无人不知无人不晓的人物。这个在1935年为父报仇、刺杀孙传芳的"女侠"，曾赢得了多少人的同情和赞赏。1925年，施剑翘的父亲——时任奉系第二军军长、前敌总指挥的施从滨，奉山东督办张宗昌之命截击欲来争夺安徽、江苏地盘的孙传芳部队。孙传芳曾连发三封电报，要施从滨同自己合作，施从滨不予理睬，反而孤军深入。在皖北固镇的交锋中，施从滨兵败被俘，后被孙传芳割头于蚌埠车站，示众三日。当年，施剑翘20岁，立志手刃孙传芳，替父报仇。本来，她的弟弟要刺杀孙传芳，但她坚决不同意，因为弟弟在军界，报仇会牵扯进军阀派系斗争。她对弟弟说："我是女流之辈，是家庭妇女，还是由我来报仇吧！"在长期准备过程中，先是表兄答应行刺，结果表兄易志，她便断绝了兄妹关系；后来，表兄同学答应帮她了此心愿，她与之成婚，不想几年后丈夫又食言，她果断离婚。求人不如求己。得知孙传芳退居天津，施剑翘便来到天津，开始了周密的行刺计划。她先在一家德国人的医院做了放足手术，把脚趾拉直。而后苦练射击。接着，她把自己的儿子送到孙传芳孙子上学的同一所学校，利用接送孩子之机接近孙家佣人，一来二去探得孙传芳听经礼佛的活动规律。终于，她在1935年11月3日在天津佛教居士林三枪刺杀了孙传芳！行刺成功后，她又从容自首。这件行刺案轰动全国，施剑翘说："父亲如果战死在两军阵前，我不能拿孙传芳做仇人。他残杀俘虏，死后悬头、暴尸示众，我才与他不共戴天。"后各界为施剑翘请求最高法院援例特赦。这个奇女子终于在坐牢11个月后获特赦，成为社会活动家。

1946 年 5 月，为同国民党谈判，周恩来率领中共代表团从重庆迁到南京梅园新村。6 月，又在上海马思南路 107 号（现思南路 73 号）设立了"中共代表团驻沪办事处"。对外，办事处所在地是周恩来将军寓所，大门上挂的是"周公馆"的牌子。当时，周恩来副主席一边同马歇尔、司徒雷登及国民党代表谈判，一边惦记着救援、保护刘善本家属的工作。他曾两次派人给叔璜送钱，都因为敌人戒备森严而未能送到。怎么办？拖的时间越久，刘善本家眷的生活越困难、精神越焦虑，周恩来急着让他们知道，共产党就站在他们身后。眼看周恩来为这件事儿着急，还是邓颖超想出了主意。她想到了正在苏州办学的女中豪杰施剑翘。施剑翘本人在上世纪七十年代末期回忆说：那天，她被请到周先生公馆，一进门就见周先生紧锁浓眉，端着一只手臂，在客厅里来回踱步。她一看，就知道有非同寻常之事。果然，周先生急切地向她讲了目前遇到的棘手问题。原来是反内战起义的国民党航空队员家人在上海被特务软禁了起来，共产党几次派人都无法接近。现在，他们生活上没有经济来源，行动又不便，无法营救出来。施剑翘说："周先生，你说要我做什么吧！"周恩来回答："急需给他的家人送生活费，解决现实生活问题。"这时，邓颖超拿来了一袋包好的钱。施剑翘接过钱说："放心吧，送到后我会让打收条回来给您的。"这一场交接后，便有了"蔡梅影"雪中送炭的一幕。

"蔡梅影"送来钱后没多久，八大队政训处长李慎初起了疑心。他想：刘太平起义三个月，也监控三月了，既没有抓到地下党，周叔璜一家人还能正常生活，生活费是哪来的？于是，一天傍晚，他带着手下，来到了善本家。这一次，他决定来点儿横的。他先是用枪指着叔璜："最近都有什么人来过？"叔璜冷冷地反问："问我？你们应该很清楚，你们不是在把守吗？""为什么你们家还有钱用？钱是哪来的？！老实说！"叔璜镇静地回答："家里不用的东西都卖了，他从美国带回的西服卖给你们八大队的毛邦初了，不信你们可以问他啊。照相机也被我卖了。这么一大家子人总要活命吧。"李慎初知道，在叔璜这里，问不出什么来。他忽然看到紧抓着叔璜衣角的小兰平，伸手就把小兰平揪了过来，用枪顶着她的小脑袋，大声问："你家的钱是哪来的？！不说打死你！"叔璜的心狂跳起来，蔡梅影送钱来的时候，兰平在场，虽然她嘱咐过兰平对谁都不要说，但万一孩子吓得说出来……兰平已经吓哭了，边哭边说："妈妈卖爸爸的衣服。"李慎初放开了兰平，他想小孩子说的应该是真话。叔璜一把拉过兰平，把兰平紧紧搂在怀里，眼前一阵阵的眩晕，身上一层冷汗。她既怕兰平说实话，又怕他们会真开枪。李慎初一走，叔璜抱紧小兰平大哭起来。孩子吓坏了，接下来连着几天，小兰平总在夜里惊醒，哭喊着："妈妈！妈妈！我死了！我怕！"

事实上，来给叔璜送钱的不止"蔡梅影"。有自称表姐的人在海平出生时来看"月子"，有邮差送来"老家"寄的钱，有菜篮子底下压法币的女人，在拥挤的菜场门口，悄悄跟叔璜换菜篮子……就这样，叔璜感受到地下党神出鬼没、机智灵活的帮助，更感受到党中央给予她的关怀和温暖。

这时候，国民党中也还有人关心着叔璜一家。老友乌钺很同情叔璜的遭遇。有时发薪饷后，他就暗地找同期同学中关系好的凑个份子。"帮帮小燕吧，她一大家人太困难了。"善本在同学中一向好人缘，他反对内战也深得人心。同学们给他凑份子心甘情愿。

1947年3月，国民党限令中共代表团驻沪办事处全体人员撤离上海，周恩来也被迫撤回延安。他想办法通知叔璜，因中共办事处撤离，已无法

乌钺

保护他们的生命安全了，一定要想办法离开上海，最好先回四川娘家，让善本母亲、弟弟、妹妹先回山东老家，下一步的安排，等他回到解放区根据具体情况再想办法。

可是，怎么才能回四川呢？那天，叔璜正在犯愁，恰好乌钺给叔璜送钱来。叔璜对乌钺说："太平走了快一年了，这里物价这么贵，生活这么难，我想回四川老家了。"沉吟片刻，乌钺说："我来想想办法。"为了让叔璜顺利回老家，

乌钺专门请上海警备区司令汤恩伯吃饭。汤恩伯看在乌钺是蒋介石爱将黄杰女婿的面子上，痛快地批准刘善本家属可以离开上海。何况，他们"钓"了大半年的鱼，连只小虾米也没"钓"到，也不想再为此浪费人力物力了。于是，周叔璜变卖了所有可以变卖的东西，她带着两个孩子就睡在地板上，把婆婆一家五口人送上回山东老家的路。但是，她自己已没有钱买票回四川了。乌钺又想到一个主意，像刘善本这样的一级飞行员是独住一栋小楼，而资历浅的飞行员，是两家合住一栋小楼，楼上楼下很不方便。他知道有两家飞行员的太太已经闹得水火不相容，就找到其中一家说："想自己住一栋楼吗？想的话，就给太平的太太买机票回四川，这样，你们中的一个就可以住她的房子了。"这家人感激不尽，马上就给叔璜娘仨买了机票。就这样，乌钺为叔璜娘仨解决了回四川的机票问题。

后来乌钺随蒋军到台湾后，曾任国民党空军司令、副参谋总长、蒋经国的高级战略顾问、中华航空公司总经理、董事长。卸任后，他曾于2001年携夫人、儿子、儿媳到北京，得以和周叔璜及子女相见。一见到叔璜，乌钺就激动地拥抱她，并不住地说："我的小妹妹，终于见到你啦！"他说："没有想到1946年与太平的一别，竟是永别，后来我们只能在他对台湾讲话中'见'了。"几位老人回忆起当年的经历，不禁感慨万端。

2001年乌钺和夫人黄丽蓉及子女到北京会见刘善本夫人周叔璜及子女。

话说回来，在乌铖帮助下，叔璜带着两个女儿飞到了四川重庆，再坐船回到丰都县。家人来码头接叔璜，刚要带她们母女回家，突然横出一个面有凶相的男人："不许走，跟我到县公署交案子去。"叔璜这才知道，她一路是有人"押送"回来的。她带着两个孩子，被关在县大狱里，由亲戚 10 家人的联保，叔璜母女三人才被保释出狱。所谓 10 家联保，就是：如果，这母女三人中有一人逃跑，县政府就拿这 10 家保人是问。所以，虽然回到了老家，叔璜并没有获得自由。

于是，叔璜每天在姐夫家的医院帮忙，在娘家人的扶助下，维持自己和孩子的生活。

她唯一可欣慰的就是：只要善本是安全的，他们一家人迟早是会团聚的！

三、不负众望

在刘善本记忆中，1948 年的春天格外温暖。春风乍起时，正是他向党组织递交入党申请的时候。眼见机场的冻土层慢慢化开了，大地坚实而有弹力，麻雀活跃地在屋顶跳着脚，小草从一株变成两株三株九株十株，重新赢得同志们的理解和信任后的他，心胸里每天都鼓鼓的，几乎听得到自己血管里热流汩汩而动的声音。他急着把心里的热风往外吹，急着把自己的劲儿使出来，教室里、训练场上、台灯下、书桌前，更加尽职尽责、不舍昼夜。老航校也越来越少不了他，所有重要的规划、任务，都需要他参与。

一转眼，夏天来了。

1948 年 8 月底的一天，校长常乾坤找到善本："总部交给我们一项战斗任务。"原来，东总根据党中央、毛主席的战略部署，要在长春、吉林、四平等地区发起大规模的秋季攻势，一纵部队急需南下的地图。东总首长急电航空学校：火速派一架飞机去送作战地图。根据敌情和任务，善本连夜与长谷川、张华等制订了航行计划。按照这个计划，长谷川和张华采取凌晨出动、超低空（600 米以下）飞行等巧妙战术，避开敌雷达搜索，找到地标准确空投，胜利完成了任务。对航校给前线主力部队的支持，东总首长给予了热情的肯定和赞扬。想想善本的作用，他们不禁感叹：千军易得，良将难求。

两个月后，一项新任务来了。根据上级命令，配合东北战局的发展，1948年10月底，航校组成了空军接管大队，分两批出发，南下接收国民党空军武器装备。11月3日，刘善本奉命率领老航校接收组到锦州机场接收一架俗称"突击队员"的C-46式大型运输机。这是善本和机务人员从来没有接触过的一种机型。见到飞机后，善本数了一下，机身上有十几个枪弹孔，风挡玻璃完全被打碎，高压油管被打断，油漏了一地。怎么修？善本立刻登机，找到一份英文说明书。他一边念一边指导大家检查维修。几天后，该修的地方都已经修完，要试飞了。又一个难题出现：锦州机场主跑道已经被毁坏，不能使用，滑行道又窄又短，还不平坦，C-46式是大型运输机，起飞降落必须要跑道长，否则极易出事故。怎么办？善本没有犹豫，直接坐到机长的位置，亲自来驾驶，曾经给李先念当了5年警卫员的张毅任副驾驶，陆汀领航。

只见飞机在条件极差的跑道上跌跌撞撞加起速来，所有人都捏了把汗，直到它安全腾空而起。东北的10月底已是寒意逼人，飞机挡风玻璃碎了，飞行的风速更是顷刻间把人身体打个对穿，这是一种无处藏身的冷。善本等人咬紧牙关、顶着刺骨的严寒，冒着生命危险，把这架满是弹孔的大飞机飞到了千里之外的老航校——牡丹江机场。八个月前，老航校已由东安迁址牡丹江了。当大飞机终于安全降落后，人们围上来。他们看到善本的脸被冻得青紫青紫，眼泪鼻涕都结成了冰霜，一双手保持着握操纵杆和方向盘的姿态，整个人像塑像一样僵在驾驶座上，只有转动的眼珠和嘴里往外呵的白气，让人知道他还是有活气的。

11月上旬，一场大雪将刘善本和部分领航班学员困在了外场。开春前，这场大雪是不可能化了。东北的天气就是这样不讲理。

怎么办？道路被雪封了，本部来救援需要铲雪开道，既困难又危险。如果坐等救援，吃的、烧的都不够，很可能等不到他们来。权衡再三，善本决定：打破常规，在大雪中起飞。这个决定太大胆了。白茫茫的世界，哪里是天，哪里是地？这种天气最容易迷航，因为很难找到机场，所以需要极精准的判断力。此外，气温太低了，零下四十多度，有可能让飞机的螺旋桨在空中结冰停转。如果发生这种情况，飞机就会像秤砣一样掉下来。但是，与其坐等不如尝试。善本决心一下，就和张受益各驾一架飞机，让全体人员分乘在这两架飞机上。善本的飞机在前面，轰油门、加速，终于飞起来了，他很高兴。紧接着，张受益也起飞成功。两架飞机在空中编成纵队，向老航校本部飞去。就在老航校领导研究救援他们的方案时，伴随着轰鸣声，两架飞机稳稳落地了，所有的人都安全回来了。在这样的大雪天飞行，两个人都是第一次，在中国航空史上也极为罕见。

经历这样一次大胆的飞行后，善本还没来得及休息，就在第二天执行新的任务去了。跟随工作先遣小组，善本先乘火车来到沈阳，然后又直奔北陵机场。一进机场，除了几架被破坏的 P-51 等美制飞机，他们还意外发现一架完好的陷在水沟里的 C-46 式运输机。大家用千斤顶把飞机轮胎顶起来，用汽车把飞机拖出水沟。经过善本试飞，飞机状况正常。原来，这是蒋空军为撤退准备的飞机，因为陷入水沟，逃命的士兵没空管它，它就完好无缺地找到了新主人。第二天，善本和张毅等人又把这架飞机开回航校。几天之内，航校增添了两架美制大运输机，大家欢天喜地。

共产党军队节节胜利，空军接管大队的活儿便连续不断。

开回美制大运输机后，善本和张毅等人只在航校做了短暂休息，马上又奉命出发。这一次他们离开了东北，奔向刚刚解放的天津。善本小组在四野司令部见到了参谋长兼老航校校长刘亚楼，在欢庆胜利的时刻相逢，彼此都有说不尽的欣喜。

1949 年 1 月，善本小组又进军北平，接收南苑机场的航空器材。守敌已逃跑，退至大红门。南苑机场留下了国民党空军六七个大型机库和一个修理厂，现成的飞机有 10 架，还有大批发动机。为了夺回这些重要军事配备，敌人不断进攻南苑，出动了飞机、坦克和炮兵，地面和空中双管齐下，轮番轰炸、射击。

在敌人的枪林弹雨面前，刘善本等人丝毫没有畏惧，他们奋不顾身，昼夜不停地做着抢运、疏散和隐蔽工作。

解放北平，看来还要有一场恶战。看着敌人凶猛的态势，善本暗暗猜想。我要参加到解放北平的战斗中！他这样对自己说。没想到，不久传来了特大喜讯：守备北平的傅作义将军率领部下接受和平改编，北平和平解放了。这时，善本一行人员早已化装躲避在西郊机场外的老乡家中，等待北平解放后迅速接收西郊机场。

随着战事发展，大军挥师入关，先遣组奉命随同部队前往平津地区，执行接收国民党空军的任务。1949 年 2 月初，由先遣组成立的航空接收小组进到北平城内，相继接收了参加起义的部分国民党单位和人员，以及存放大量空军物资的大雅宝、永定门等仓库，进驻国民党空军第二司令部所占领使用的奥地利、葡萄牙、意大利、日本使馆旧址、东交民巷 44 号、灯市口同福夹道 7 号。接收这些单位和物资后，华北军区立即成立了航空处，1949 年 3 月 17 日，中央军委决定成立航空局，局长常乾坤，主要任务是参加组织建设航空局机关，安排利用缴获的运输机接送各个野战区首长，以及从事飞机的航行调度。

在接收国民党空军飞机的过程中，按照党中央指示，善本还专程到南京向国民党空军发表了广播动员演说。他现身说法，请过去的国民党空军同事们打消顾虑，主动起义。他告诉他们：革命不分先后，共产党时刻欢迎他们起义。

一个又一个机场，一架又一架飞机。善本欣喜地看到：短短两三年的时间，国内局势已然发生了翻天覆地的变化。这几个月里，他的工作重心不再是教学，而是转场于各个战场之间，检查、修理、试飞国民党留下的各式飞机。虽然奔波劳碌，但是，这是多么激动人心的时刻啊，他见证着历史，也参与着历史！

1949 年，是难忘的一年。无论对老航校，还是刘善本。无论对中国人民空军，还是中华民族。

这年 1 月，善本被任命为第一大队飞行教育主任。3 月，老航校迁到长春。3 月 30 日，军委航空局正式宣告成立。常乾坤被任命为军委航空局局长，王弼为航空局政治委员。刘善本被抽调到航空局专门负责接收工作。

对刘善本个人而言，除了工作岗位和任务的变化，1949年还有几件让他终生难忘的大事。

第一件大事是他加入了中国共产党。

那是在1949年2月5日老航校第一大队党员大会上，由刘风、方子翼两位同志介绍，全体党员一致表决通过，刘善本光荣地加入中国共产党，成为候补党员。2月14日，老航校临时党委批示："同意大队党委意见、吸收入党。"但因为刘善本是起义的国民党员，故需报东总党委审批，东总报东北局，东北局呈报党中央，请中央审批。党中央对善本的入党问题很重视，组织部专门向毛主席、周副主席做了汇报，征得他们同意后，作为特殊情况，亲自批准接收刘善本入党。4月12日，东北局接到中共中央组织部电文批复，同意刘善本入党，时间以4月8日批复日为准。

自从一年前交了入党申请，善本就一直在等待这光荣的一天。得到通知时，他正在北平参加中国新民主主义青年团第一次全国代表大会。朱德、任弼时等领导都出席了大会并做了重要报告。而善本，被选为大会主席团成员，在主席台上就坐。光荣和幸福都集中在一起，满满地让他不敢相信。知道自己被批准

1949年第一届青年团大会

入党这一天，他像在晴空云端上飞翔，天地那么广阔，空气那么澄澈，他离太阳那么近，他觉得从里到外的热。从小到大，无论升学、就业、留洋，还没有任何一件事儿给带来如此有热度的兴奋，这种热从信仰的根基起头，为一个先进的理念燃烧，它越燃越旺，让善本觉得自己每走一步都烫红一块土地。终于加入这个代表人民利益和人类文明方向的团体，善本更要以主人翁的姿态参加眼前这惊天动地的伟大事业了。

第二件大事发生在 1949 年 4 月 23 日上午。这个上午，南苑机场飞来了一架 C−46 式运输机，是 333 号。善本太熟悉这个机型了！在迎上前去的人群中，他步子最大、最快！他已经等不及了！他看到了那个熟悉高大魁梧的身影，他走下飞机向自己走来！善本三步并作两步，冲上前去跟这个大个子紧紧拥抱在一起，不觉中泪水已经夺眶而出。

"我等了你好几年，可把你等来啦！"善本激动地晃着杜道时的肩膀，上下打量着他最同心同德的密友。杜道时的眼睛也红红的，他看着善本不停地笑，一笑，眼泪就淌下来。一别近 3 年，善本瘦了、黑了，人更精干了。

"我给你们去过信，收到了没有？"善本问。

"我没有收到。"杜道时答："但是刘喜班（国民党空军军官学校第 9 期毕业）收到了。他告诉我：'太平叫你快去！'我心里急呀，就是找不到机会。"说到这，杜道时才想起身后站着的同机的另一位起义者，赶紧给介绍："这是和我一同起义的，郝子仪。机械员。"

郝子仪一磕脚后跟，抬手就给善本敬了个标准的军礼。善本笑了，马上还礼。杜道时看出善本的羞涩，说："太平，别不好意思。你应该接受我们所有人的敬礼。你是我们的指路明灯啊！"善本连连摆手："你不也一样？咱俩共同'谋反'，可不是一年两年了。""是呀！"杜道时感叹："十几年啦！咱们终于梦想成真啦！"

两个人又紧紧拥抱在一起。从南京入伍营相识至今，十几年过去了，从有去延安的想法到今天北平聚首，也有 5 年了。两颗爱国、进步的心又紧紧贴在一起！他们终于在光明的地方会合了！他们想到了李鑫淼、冯汝篪，想到了还有很多想像他们一样飞过来但苦于没有机会的弟兄。

作为第一个从台湾驾机起义的飞行员，杜道时这一次飞回大陆的过程相当惊险。4月17日，他从台湾新竹机场起飞，冲破国民党飞机的尾追堵截，历经了7个半小时的艰难飞行，带着200多个弹孔，终于降落在我解放区徐州机场上。几天后，他们受到邀请，驾驶原机来到了北平，刘善本是得到通知专门来迎接好友的。

1949 年时期的刘善本

"那边怎么样？八大队现在什么样？"一上了汽车，善本就急切地问。

"嗨！乱了套了！兵败如山倒，撤退台湾过程中，就跑了快三分之一的兵。这3年，八大队换了几次队长了。你一飞延安，王世䥽被撤了，顾兆祥当队长；去年他们飞过来，"杜道时指指和善本一起来迎接他的俞勃等起义人员，"顾兆祥又被撤了，张培义升队长。今年2月张雨农、黄友寿起义，张培义又悬了，这不，还没来得及撤他，我又来了……""哈哈哈……"同车的起义人员都大笑起来。"说实话，太平，你第一个飞延安，给大家提出了一个'往何处去'的严肃问题。我们有决心和勇气，真要感谢你示范呢！"杜道时轻轻一拳，落在善本肩头。善本的眼睛又湿润了。

当天晚上，中南海怀仁堂灯火璀璨。党中央在这里宴请国民党陆、海、空军起义人员。刘少奇、周恩来、朱德、李涛（军委作战部长）等中央领导同志都出席了晚宴。周恩来副主席握住杜道时的手，表示热烈欢迎，询问了一些起义的过程、细节后，周副主席又把刘善本拉过来，让他坐到自己和朱总司令中间。喜庆、热烈的宴会开始了。

周恩来副主席剑眉一扬，大声地说："同志们！我军今天解放了南京城，宣告了国民党反动派统治的覆灭！在这个普天同庆的大喜日子里，我想多讲几句话。"这个晚上，善本见识了周副主席的好口才。一个即兴演说，没有讲稿，也没有用麦克风，周副主席一口气就讲了两个多小时。他说："大家知道，在国民党陆军方面，第一批起义反对国民党反动派和蒋介石破坏团结、发动内战的是我们的朱老总、贺龙、叶挺等同志，我们党发动了南昌起义。"一阵热烈的掌声。

"在国民党空军方面，第一个驾机起义飞到延安反对内战的就是这位坐在朱老总身边的刘善本同志！"会场又爆发出一阵掌声。

周副主席继续说："刘善本驾机起义到延安的时候，正是国民党反动派最强盛、最疯狂的时候，是蒋介石叫嚣要在三到六个月内消灭我们的时候，也是我们党最困难的时候。刘善本在黑暗中看到了光明。他置个人与家庭的生命财产于不顾，毅然决然地冒险驾机起义到延安，是很难得的。他的义举，对蒋介石、国民党反动派是个沉重的打击。对我们革命军队，对全国热爱和平的人民是个很大的鼓舞和鞭策。刘善本有远大的理想和崇高的爱国主义思想。有政治远见，是国民党空军起义人员的一盏明灯！"全场再次热烈鼓掌。

"在刘善本的带动和影响下，在党的政策感召下，现在，已经有杨培光，"周恩来目光一转，落到起义的国民党空军人员座席上，逐个指着他们说："俞渤、谭汉洲、谢派芬、高平、闻磊、刘焕统、邹耀坤、周正、李延森等，还有刚从台湾驾机起义到来的杜道时、郝子仪等56位在蒋空军中正直、爱国的青年军官，以刘善本为榜样，弃暗投明，驾驶18架美制蒋机到解放区来，我代表党和人民对他们表示热烈的欢迎！"大家掌声雷动，经久不息。在场者无不钦佩周副主席能够不看名单，就点出这么多蒋空军起义英雄的名字，并且人和名都对得上号。这些起义人员自己也想不到，个个拍红了手掌。

周副主席又挥动着大手说："我们还欢迎今后有更多的国民党陆、海、空军的爱国人士起义归来。起义以后怎么办？迅速壮大解放军的力量，按照毛主席的战略方针，解放全中国！"再一次长时间的掌声后，碰杯声、祝酒声将怀仁堂的气氛推向了顶点。

据统计，从 1946 年刘善本第一个驾机起义到 20 世纪 80 年代，国民党空军先后有 200 余人驾驶 145 架飞机弃暗投明，加上国民党空军地勤、伞兵、雷达、通讯等，共有 6000 余人先后光荣地起义归来。

的确如周恩来副主席所说，刘善本就是国民党空军起义人员的一盏明灯！

第三件大事，西北送军饷。

1949 年 8 月的一天，航空局常乾坤局长突然急找善本，说有一项紧急任务，这项任务关系到中国人民解放军第一野战军的吃饭问题。原来，向西北大进军途中，只有纸币的一野在只用银元的西北，没法采购给养了，全军吃饭成了大问题。先头部队第一兵团更是嗷嗷待哺。中央财政部门筹集了一批银元，可是怎样才能又安全、又迅速地把这批银元运过去呢？常乾坤向善本眨眨眼睛："你说，怎么办呢？"善本心下已经猜到了几分，但只静待下文。常乾坤继续说："毛主席、朱总司令想把这项任务交给你了，你觉得怎么样？""这是对我极大的信任，保证完成任务！"善本一个立正，坚定地回答。

接着，他们就共同商议、拟定了航空小组的人选和行动计划。善本迅速召集有关人员下达任务：机组组长唐宛体，副组长兼驾驶员邹耀坤，副驾驶员王恩泽，还有机械师、领航员、通讯员等。他自己，则任空中指挥、总负责。调运这批军饷，要绝对保密。所以，除了善本，机组其他同志并不知道运输的是什么。他们只看见十几个长方形小木箱子整齐地码放在机舱里。

一切准备停当后，这架 C-46 式运输机从南苑机场出发。飞机在西安着陆加油，再飞兰州，最后到达酒泉。机场早已有人等候。一野司令部派车把刘善本一行接到酒泉市，彭德怀接见了他们。时隔 3 年，彭老总一眼就认出善本，他紧紧地握住善本的手说："早知道是你要来了。你们真是雪中送炭！我代表西北野战军全体指战员感谢你们的支援。我军在西北战场上作战，有空军支援，这还是第一次哩！"第一兵团司令兼政委王震也前来接见。都是延安时期的老熟人，善本说不出的高兴。临别时，彭老总赠给善本机组每人一支卡宾枪、一只美式手枪。这些都是战利品。回来的机舱里，小木箱变成了哈密瓜。那是司令部给机组人员和中央首长的慰问品。这次火速支援前线的任务，为解放大西北立了大功。

政协第一届全会解放军总部代表全体成员，后排右一为刘善本。

第四件大事，参加第一届政治协商会议。

1949 年 9 月 21 日傍晚，中国人民政治协商会议第一届全体会议在中南海怀仁堂隆重开幕。这是中国人民政治生活中的一件大事。

善本不但被选为代表出席会议，还在本报到时见到周恩来，总理高兴地说："祝贺你呀，你的入党申请党中央批准了。"并关切的问到会议入住安排好了没有，还特别告诉善本北京和平解放后暗藏的特务还没有完全肃清，你外出要十分注意。并交待会议安全警卫部门派人保护。这让善本非常感动，他想到参加会议的这么多人，总理又有那么多的大事要忙，还这么细心无微不至的关心自己。

毛主席致开幕词，他说："我们的会议是一个全国人民大团结的会议。""中国人民政治协商会议宣布自己执行全国人民代表大会的职权。"其历史使命是：制定中国人民政协组织法与共同纲领，选举中国人民政协全国委员会暨中华人民共和国中央人民政府委员会，制定国旗、国徽，决定国都所在地和年号。毛主席在开幕词中庄严地提出："我们将不但有一个强大的陆军，而且有一个强大的空军和一个强大的海军。"

善本坐在台下，目不转睛地看着毛主席，当年离开延安时跟主席告别的一幕幕又浮现在眼前。毛主席的精神还是那样旺盛，话语还是那样有力！

会议期间的一天，在休息室里，善本终于跟毛主席面对面了。一看到善本，毛主席就像看见了老朋友，主动走过来握住善本的手幽默地说："刘善本性本善，架起飞机反内战。"毛主席不但问了他离开延安后情况，还问他："党中央已经批准你入党。你知道了吗？""我知道了。"善本感动万分，毛主席日理万机，脑子里还装着自己入党的事儿。他激动地说："我在政治上真正获得了新生，谢谢主席对我的关怀！"接着，毛主席又关切地问起善本家属的情况，嘱咐他："成都、重庆快解放了，赶快写信，叫她和孩子们来。"善本不断点头，心头阵阵暖流。

9月24日，毛主席又专门宴请了傅作义、林遵、邓兆祥、刘善本等原国民党陆、海、空军的主要起义人物时，高度赞扬了他们起义的伟大历史意义。9月25日，刘善本应邀在首届全国政协全体大会上发言。他表示坚决拥护《中国人民政治协商会议组织法》、《中国人民政治协商会议共同纲领》和《中华人民共和国中央政府组织法》等文件。他说："我曾长时间在国民党反动派的空军中服务过，因为我反对参加屠杀人民的内战。才毅然于1946年6月起义，站在人民方面来。这次我能够以人民空军代表的资格来参加中国历史上空前的人民政治协商会议，使我感到无限的荣幸。"他还说："我相信，在共产党和毛主席、朱总司令的英明领导下，中国人民的空军必然也和整个人民武装一样，很快地壮大起来，成为保卫祖国、保卫世界和平的强大力量。"这个简短有力的发言，在现场赢得了全体代表的掌声，

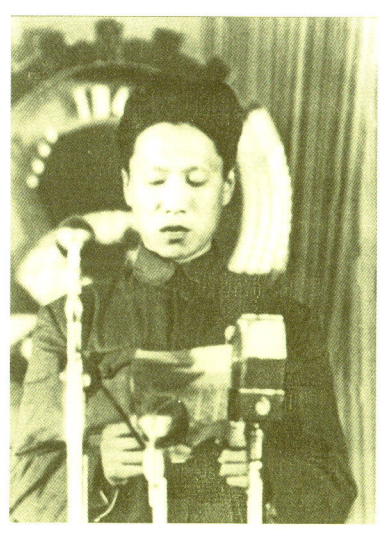

1949年9月第一届政治协商会议大会发言，建立强大的人民空军。

并被刊登在第二天的《人民日报》上，题目是《建设人民空军》。

这次会议上，刘善本当选为中国人民政治协商会议第一届全国委员会委员（共198名），任期从1949年10月到1954年12月。

这次会议上还有一件让善本难忘的趣事。报到时，大会秘书处征求他意见："你是吃同志饭，还是吃民主饭？"善本一头雾水，经解释才明白，原来党中央规定：会议准备两种饭菜：一种是招待民主党派和民主人士的，比较丰盛，叫"民主饭"；另一种是供应中国共产党内同志的普通饭菜，叫"同志饭"。善本一听，深受感动。他说："我自从起义那天起，就是革命队伍中的光荣一员，当然是吃'同志饭'了。"

第五件大事，新疆试航。这件事就发生在政协会议期间。

一天上午，善本正在开会，突然接到军委指示，要他带队去新疆"试航"，立即出发。

这次参加试航的共有三架飞机。他们还肩负了到甘肃酒泉将40人的接收组送到新疆哈密的任务。王震司令员指定的接收组负责人是冯达。新疆虽然已经和平解放，但仍有少数敌对分子捣乱，按照王震的要求，接收组的任务是宣传我党我军的政策，安定民心，恢复生产。这是善本第二次飞西北，到了酒泉机场，他请冯达坐到他亲自驾驶的飞机上，两个多小时后顺利抵达新疆哈密。新疆省政府主席包尔汉派他的长子等人前来欢迎。第二天一早，善本就率三架飞机返回北平。他又继续参加政协会议，商讨国家大事。

冯达带领的工作组是人民解放军进疆的第一个工作组。听到顺利到达并开展工作的汇报后，王震感叹地说："我们有了刘善本这样的空军人员，有了飞机，大大加快了进疆进程！"此后不久，善本再次奉中央军委命令驾机前往西北。这次的任务是送王震司令员等人前往新疆。任务完成后，王司令将一支卡宾枪送给他做纪念，他和王司令的友情也更深了。

第六件大事，天安门阅兵。

1949年10月1日，在这个被历史铭记的日子里，善本肩负了一个重要的任务。他带队的大机群将在天安门上空进行分列式飞行表演，接受党和人民的检阅。

秋天是北京最好的季节。一切都那么明亮、透彻、静谧。10月1日这一天，初秋的阳光照耀着喜气飞腾的天安门广场。30万群众欢聚在这里，隆重庆祝中华人民共和国的诞生。

下午15时，中央人民政府委员会秘书长林伯渠宣布庆祝典礼开始。天安门广场上第一面鲜艳夺目的五星红旗迎风招展。伟大的中华人民共和国诞生了！

毛泽东主席讲话完毕，阅兵式开始。中国人民解放军总司令朱德任检阅司令员，华北军区司令员兼京津卫戍区司令员聂荣臻任阅兵总指挥。受阅部队成分列式经主席台由东向西阔步前进。受阅部队以海军为前导。接着是一个步兵师、炮兵师、战车师和骑兵师相继跟进。

1949 年开国大典飞跃天安门上空的战机

1949 开国大典毛泽东仰视检阅飞机

与此同时，人民空军以空中分列式由东向西，沿着东长安大街向着天安门广场上空整齐地飞过来。组织大机群飞空中分列式，在我们国家还是第一次。一切按计划进行，17架飞机共26架次平稳、优美地飞过天安门上空。这是善本根据飞机性能、航速、航程等数据，经过多次计算确定的方案。他和同仁们商定，让9架速度快的P-51飞机，首先通过天安门，然后追赶空中编队机群的队尾，第二次通过天安门，这样，17架飞机就能完成26架次的飞行。而因为要防备国民党飞机来袭击，当时参加检阅的飞机是做好战斗准备的，其中有4

架飞机是带弹飞行参加阅兵。开国大典飞越天安门接受检阅的 17 架飞机分别是：P-51 型飞机 9 架，C-46 型飞机 3 架，PT-19 战斗教练机 2 架，英国蚊式飞机 2 架，L-5 通讯联络机 1 架，带弹受阅的飞机是：2 架 P-51 型飞机和 2 架英国蚊式机。

广场上，30 万双眼睛不约而同望向天空。天空中飞来的是我们自己的飞机！苦难的战争岁月里，中国人民饱尝了日本飞机和美制蒋机之苦，他们曾经多么害怕听到飞机声、看到飞机影。现在，天安门上空飞过的，是我们自己的飞机，是为保卫祖国领空建制的军队！人群欢腾了，鲜花、报纸、帽子、手绢都挥舞起来了！天安门城楼上，周总理用手指着其中的一架对毛主席说："那三架大运输机中领头的一架，就是刘善本驾驶的！"毛主席点点头，高兴地向空中招手。

驾驶舱里，善本心潮起伏，喜悦难抑。为了确保今天空中编队整齐壮观、万无一失，他们进行过多少次空中演练啊！现在，终于迎来了这举国欢腾的场面、这扬眉吐气的时刻，他要睁大眼睛，牢记住这个画面；他要用自己整个心灵，品味这个时刻。

开国大典阅兵式共历时 3 个小时。阅兵前，朱德、刘伯承、贺龙、罗荣桓等中央军委首长们专程到南苑机场听取汇报，看望飞行员们。检阅后，又分别在中南海和中山公园设宴答谢他们。中央和军委首长刘少奇、朱德、周恩来等亲自出席宴会。席间，朱老总看到刘善本因来不及换服装，穿着飞行服参加宴会说：有了你们空军和海军今天我才是真正的三军总司令。首长们都盛赞大机群的表现，这一天的经历善本终身难忘。

第七件大事，人民空军诞生，调任新航校。

根据中央军委 1949 年 7 月 26 日的命令，中国人民解放军空军司令部于 11 月 11 日在北京诞生，这一天成为人民空军的建军节。刘亚楼出任空军司令，肖华任政治委员兼政治部主任，王秉璋任空军司令部参谋长。原航空局并入空军司令部。从此，人民空军开始了大发展。其发展的步骤是：先建航校，后建部队。

早在半年前，老航校已改名为"中国人民解放军航空学校"。年底，根据形势需要，中央军委要求空军迅速组建大批新航校，老航校遂进行整编，一分为七。12月13日，老航校完成了它作为"人民空军摇篮"的光荣的历史史命，停止办公。

对中国人民空军来说，老航校好比是一棵枝繁叶茂的大树，它培养的人才不久之后就在空军各部门结出了丰硕的果实。自创建到光荣整编的三年多时间内，老航校在战火纷飞的年代里，在极端困难的条件下，从零开始，自力更生，培养出了各类航空人才560人，其中，飞行人员126人，机务人员322人，领航人员24人，场站、气象、通讯、仪表、参谋等各类技术人员88人。中国人民空军的第一批良种，就在这片沃土上生根、发芽。许多红军、八路军、新四军、晋察冀的战斗英雄和骨干，经过在老航校的训练学习，成长为人民空军的战斗英雄和骨干、中坚力量，特别涌现出了一大批像王海、张积慧、林虎、刘玉堤、赵宝桐等传奇人物，他们在抗美援朝战场上，而且在后来纷纷成为了人民空军的顶梁柱。而刘善本作为老航校第一批建设者的重要一员，用他的心血栽培、浇灌了多少人民空军的人才！没有他，当然还会有老航校的光荣历史；但有了他，老航校的历史更辉煌。他的才学方略，是老航校的财富；他的师风师德，是老航校的骄傲。

老航校一分为七后，刘善本被调到一航校工作。当时还有个不成文的规定，起义人员不能当正职。军委呈报文件的时候，一航校校长吴凯，政委姚克佑，副校长刘善本，参谋长杨卫群，政治部主任飞平。呈报中央后，周总理用笔圈划对调，把校长改为刘善本，吴凯为副。

一航校是轰炸机学校，校部设在哈尔滨平房沟机场。1949年12月1日，一航校举行开学典礼，刘善本走马上任。

蓝天忠魂
——刘善本将军传奇

第六章

智 谋

一、战鹰训练

在工作上又迎来一个崭新开端的同时，善本的生活也有了全新面貌。1950年2月，叔璜带着两个孩子来到了哈尔滨。这对分别了三年半的有情人，终于在哈尔滨团聚了。

说起来都是惊心动魄的故事，叔璜受的苦和历的险，岂是三言两语说得完？经济困难还不算什么，因为有地下党和八大队同事的援助，有回四川后娘家人对她的帮扶。可怕的是，新中国已经成立了，四川还没有解放，国民党展开的丧心病狂的报复性大屠杀。

从1949年秋天起，被人民解放军二野十八兵团和一野一部打败的国民党部队便纷纷向四川败退。到了冬天，国民党大势已去、败局已定。败走台湾前夕，他们开始了对共产党和其他进步人士的报复性大屠杀。杨虎城将军、江竹筠、许云峰等许多革命志士就在那时被害。

丰都县宪兵队的第一个目标锁定的就是刘善本家人。幸亏叔璜头一天晚上得到潜伏在国民党47军情报处长、地下党员聂约翰的通知，让她迅速转移。此时聂约翰和另一个地下党已暴露，不能再回敌巢，叔璜马上拿来便装和资助他们逃走的路费，并告诉他们要走山路，翻山过去就是陕西。她自己呢？赶紧带着孩子们和十家保人连夜躲到山里的农户家，才免遭敌人毒手。就在她们逃跑的第二天清晨，宪兵队就杀上了均灵医院的门，不过，人去楼空，他们一无所获。

四川重庆沿途各县到处可见很多国民党的残兵败将溃退的情景。在这之前，叔璜已偷听到广播电台的中华人民共和国成立的消息，也听到了善本在全国政协大会上的发言。她知道，阳光很快就会照耀到四川。果然，11月30日，重庆解放了；12月3日，二野部队进驻丰都县城，找人带话通知叔璜回家，并请她到县政府（原县公署）来。叔璜带着孩子，来到新的县政府，政府领导拿出标注"周叔璜"的案件卷宗，当着她的面点燃烧毁，宣布她无罪！同时，给了她一封丈夫刘善本的信。新的临时人民政府在她家门口挂上了"光荣军属"的牌子。叔璜和孩子终于获得了自由！

年底，叔璜收到善本的再次来信以及军委通行证。大年初三，她就带着两个孩子上路，江轮、火车、汽车历尽艰辛，终于在2月中旬到达哈尔滨，全家团聚。

这时候，善本正在第一航校加紧训练飞行员。妻子女儿回到他身边，他再没有后顾之忧，全身心投入了战鹰训练中。

一航校成立后，在教学和训练中主要借助苏联专家的技术力量。国家请来的苏联顾问实际上组成了航空学校的整套班子。为了便于保密和工作，他们都不佩戴军衔，日常穿便装。校长顾问是格尔申柯少将（二战时的空军战斗英雄）。在教学上，教员由苏联飞行员、机务人员担任，中国教员为助教。学习的机种是苏制图—2双发轰炸机。这种机型的问世也极富传奇色彩。它是由苏联著名飞机设计专家图波列夫在集中营里设计而成的轰炸机，参与了苏德战争后期的主要战役，图波列夫也因此获得了斯大林奖金并被无罪释放。

1950年在哈尔滨一航校任校长时的善本

这种机型对善本来说非常陌生，因为他过去学的是美制四发重型轰炸机，苏联的这种双发轰炸机从未摸过，所以他也要进行改装训练。这样，他就有了双重身份：既是航校的主要组织领导者，又是普通的飞行学员。他的工作量也翻了倍：既要抓繁杂的组织、管理等日常工作，又要进行紧张的改装训练，同时还要亲自备课，给学员们上飞行原理等理论课。学校组建初期，事务性工作非常繁忙，而他在改装飞行中，只由苏联教官带飞几个起落，就被放单飞了。对这个经验丰富、一点就通的飞行专家，苏联教官直竖大拇指。

善本亲自教学带教员。每堂课，他都要复习之前讲过的内容。复习时他常常提出错误的问题，让学生们反驳。他的学生在课堂上发言不用举手，有话就说，各抒己见。如果争论起来，那就是善本最满意的效果，因为他一向反对八股文，希望课堂活跃，能调动起每个学员的思维，真正理解吃透飞行理论。学员发言后，他再点评，对正确的答案加以肯定和阐释。因此，学员们都喜欢刘校长的课，因为他让枯燥的理论课变得生动和充满了乐趣，没有生硬的灌注式教学。

除了理论教学中的启发式、讨论式等教学方法的改革，善本还对政工干部的专业素质提出了要求。在一航校训练工作会议上，他提出政工干部必须要懂飞行，不懂飞行是没法做好学员的思想问题的，因为学员的思想问题是在学飞行中产生的。因此，他要求政工干部进行飞行训练，并把政委姚克佑作为自己的带教对象。姚克佑是燕京大学的学生，文化水平高，选择了领航，改成为飞行干部，后来他任过军训部第一副部长，空军副参谋长。政治部主任周兆平在40年后回忆说，他学了两次，实在觉得难度大，不想学了。总觉得自己是搞政工的，不学也可以。但是，善本不断鼓励他，还亲自带他飞，竟然把他从一个政工干部培养成飞行干部，因此他还当过一航校的校长。后来，周兆平能成为总装备部副部长，他归功于刘善本把他培养成了技术干部。周兆平说："他比一个共产党员还要无私地奉献出自己的专业技术。"的确如此。因为善本说过，科学技术是全人类的，一个人的能力无法建立空军，只有全体空军人员的共同努力，才能建成强大的空军。

对航校学生的成长，中央军委非常关注。朱总司令于1950年3月10日看望空军，参加政工会议，接见与会的全体同志。他做出重要指示："我们今天已经掌握了政权。开始为我们自己的国家来建设空军了。""空军能不能建设好。掌握技术是关键。""在一定的意义上，技术决定一切。""只有掌握了技术，才能战胜敌人，不然就要被敌人所打败。"总司令还特别谈到了公正对待空军起义人员问题："刘善本等起义归来，经过学习，现在积极工作，成了很优秀的同志。"朱总司令还说："我们的任务是很紧迫的。人民实在等得焦急了，他们希望我们很快地学会，学会了就打！"这次会议，善本就坐在前排。他记住了朱总司令的要求，全身心投入抓教学。5月，第一批学员提前毕业。空军司令员刘亚楼、副司令员常乾坤等都来参加毕业典礼。在毕业典礼上，善本说："根据朱总司

在哈尔滨空军航空学院陈列室
第一任校长刘善本铜像

令关于'学会了就打'的指示，中央军委已经决定创建战斗部队，你们今天毕业了，明天就要南下组织一支战斗部队。我和毕业的同学们一起去！"

创建战斗化部队任务非常紧迫。因为国民党仰仗空中优势，气焰十分器张。1950年2月6日，国民党空军出动17架B-24式轰炸机疯狂轰炸上海，历史上称"二六大轰炸"。这次轰炸，摧毁了上海多个电厂，严重破坏了江南造船厂，伤亡人数高达1400多人。

为了保卫上海，并配合陆军和海军解放舟山群岛和台湾，1950年4月27日，中央军委批准空军从各航空学校抽调毕业学员组建3个飞行团。其中，驱逐机团2个，部队番号为衡山部队和华山部队，轰炸机团1个，部队番号为泰山部队。当月，刘善本被中央军委任命为轰炸团团长，政治委员为李世安，刘忠惠任副团长。

毕业典礼后，善本即离开了一航校，赴南京任职，参加新中国第一支空军战斗化部队的创建，去进行"战鹰"训练。

轰炸团暂辖 2 个飞行大队和 1 个团直属中队,每大队下设 3 个中队,每中队下辖 3 个机组,共有飞机 25 架。

善本到南京不久,国内和国际军事斗争格局就发生了变化。1950 年 6 月 25 日,朝鲜人民军南进作战,朝鲜战争爆发。1950 年 5 月 27 日,杜鲁门代表美国政府对朝鲜宣战,并派出第七舰队进驻台湾海峡。美国横生枝节,使人民解放军原为解放台湾组建空军战斗队的任务发生了变化。6 月 15 日,军委迅速命令空军第一支战斗化部队——混成四旅的任务转变为保家卫国。混成四旅隶属于华东军区空军,华东军区空军司令员聂凤智兼旅长,李世安任政委,刘善本、周长胜任副旅长。王香雄任旅参谋长,谢锡玉任政治部主任,宁淮任旅后勤部部长,原轰炸团长的职务由副团长刘忠惠代理。

混成四旅下辖 4 个团,分别为 2 个驱逐团,1 个轰炸团,1 个冲击团。

驱逐第 10 团,于 1950 年 6 月 9 日在徐州成立,团部是以步兵第 116 师 348 团团部为基础组成。下辖 3 个大队和 1 个直属中队。团长夏伯勋、政委王学武。该团于 7 月初接收从第五、六航校速成班毕业的 30 名学员,装备的飞机是 30 架拉 –9 型驱逐机和 3 架乌拉－9 型教练机,于 7 月 15 日开始飞行训练。7 月 25 日转场到上海龙华机场,后又移驻上海虹桥机场,改装米格 –15 型喷气式驱逐机。这是人民空军第一个喷气式战斗团。9 月份开始改装,由苏联顾问执教,经过不到一个月的航空理论教育,9 月下旬开始带飞。

驱逐第 11 团,于 1950 年 6 月 23 日在南京成立,团部是以华东军区南京警备第 102 师 306 团团部为基础组成,下辖 3 个大队和 1 个直属中队。团长方子翼、政委张百春。该团于 7 月初接收第三、四航校速成班毕业学员 30 名,装备 30 架拉 –9 型驱逐机和 3 架乌拉 –9 型教练机,7 月 15 日开始飞行训练,7 月 29 日移驻上海江湾机场,改装拉 –11 型驱逐机。

轰炸第 12 团,于 1950 年 6 月 22 日在南京成立,团部是以华东军区上海警备第 100 师 299 团团部为基础组成,下辖两个大队和一个直属中队,10 月 6 日又增编一个大队。代理团长刘忠惠、政委黄文。7 月初接收第一、二航校速成班毕业学员 20 个机组，装备 20 架杜 -2 型轰炸机，后又调入 10 个机组和 9 架杜 -2 型飞机，于 7 月中旬开始飞行训练。

冲击第 13 团，于 1950 年 8 月 1 日在徐州成立，团部是以华北军区步兵独立第 206 师 616 团团部为基础组成，下辖 3 个大队。第一副团长谭有福、政委葛振岳。该团于 8 月初接收第一、三航校第一期甲班提前毕业的学员 35 个机组（其中依尔 -10 型冲击机机组 25 个、杜 -2 型轰炸机机组 10 个，后轰炸机机组调给轰炸第 12 团），装备 25 架依尔 -10 型冲击机和 3 架乌依尔 -10 型教练机，于 8 月 16 日开始训练飞行。

为了建设好第一支航空兵部队，空军刘亚楼司令员于 1950 年 7 月 6 日对混四旅做出指示：要完成战斗任务，提高战斗力，摸经验，做榜样。一定要把部队建设好，带出好作风。要抓紧训练，争取在最短的时间内成为一支有战斗力的部队，过好"打仗"这一关。

混成四旅的领导班子，都是从陆军调来的，旅领导中懂飞行的只有刘善本一个人，因此刘善本分管部队训练和作战。旅部在上海，除了回旅部处理工作，他更多是时间在四个机场之间来回跑，只恨分身乏术。尤其飞行员的飞行技术还不扎实，抓四个团的飞行训练任务很重。让他欣慰的是，经过紧张的训练，混成四旅很快成长为一支有战斗力的部队。混成四旅成立后，国民党飞机再也不敢来轰炸上海了。华东军区司令员兼上海市委书记、上海市市长陈毅对混成四旅评价很高，他说："混成四旅的成立有效保卫了上海及华东地区沿海城市的和平建设和人民生活。"

在空军第一支战斗化部队建设过程中，刘善本是其中重要一员。30 多年后，南京军区司令员聂凤智回忆起混成四旅时说："我不懂飞行，只带过陆军作战，空军的战斗化部队应该怎么带我不懂，没有刘善本就不可能带好空军的第一支战斗化部队。他是我亲密的战友，他是一个优秀的飞行员、优秀的指挥员，难得的人才。"这样的评价并不为过。

善本是候补党员，虽然不是旅党委委员，但是受到旅党委的特别重视，列席党委会。他从不以内行自居，更没有因文化程度高，看不起"土包子"领导成员。他谦虚地说："我参加革命晚时间短，很多东西不懂，更不会当领导，请大家多多批评指导。今后在业务上，不懂的尽管问我。我们共同把军委和空军交给的这副担子担起来，共同努力，把这第一支战斗化部队建设好。"旅领导班子对刘善本听其言、观其行，共事一段时间便知道，他的确是一个言行一致的人，有不同的意见他就在会上提出，只要是对的他就敢于坚持，但从不在会后议论。江南的春天是梅雨季节，连绵细密的雨一下就是几天。善本主抓飞行训练，他在党委会上提出：为了确保有更多时间用于飞行训练，政治学习教育课应该雨季多学、平时少学、晴天不学，晴天应用于飞行训练。这是迅速培养出战斗化飞行员的需要。起初，其他领导反对善本的建议，认为这是单纯的军事观点，经过善本耐心说服，终于使部分领导改变认识，达成了一致。

善本从严治军，要求部队做到的事，自己要首先做到。尤其是飞行安全这一关，他更是以身作则。每次开飞前，他都要对每架飞机进行认真检查，发现事故苗头马上防患未然。比如一次，他推动操纵杆感到吃力，让机务一查，原来是一块擦飞机的布卷在了操纵杆上。多亏问题发现及时，才避免了一次在空中的严重飞行事故。

1950年夏天，刘善本又接到一项新任务：担任空中领队、组织新中国成立后第一个国庆节空中检阅。这是一个光荣而艰巨的任务。空军部队刚刚组建，战斗队的任务也很繁重。善本双肩挑起重任，一边抓防空作战任务，一边狠抓编队表演训练。三伏天里，他和飞行员们坐在闷热的驾驶舱，一遍又一遍起飞、飞行、降落。为保持空中队形，他们必须计算、把握好速度、距离。内行人都知道，大机群编队，最怕的是空中集合时撞机。正如老航校学员王铁政所说："每个飞行员，既要保持好队形，又要保持好前后、左右的距离。你不能掉队，你若掉了队，就要追赶，追赶时就要加油门，加多大？加多长？加得小了，长时间赶不上，加得大了，加的时间过长，飞机就冲到前面去了。它不像开汽车一样，赶上了踏踏刹车。这需要经验，必须在演练时加以解决，否则就有飞机相撞的危险。"一旦撞机，生命、财产损失巨大，其他飞行员的情绪也会受到影响。指挥空中编队往往是费力不讨好的事情，如果在阅兵中发生事故，就是严重的政治事故非同小可，因此聪明人是要躲掉这类任务的。善本不躲，他知道空中受阅关系到国威军威，他要力争达到准时、安全、整齐、壮观的要求。多少个白天，他们汗水湿透飞行服；多少个黑夜，他们在推算、策划中苦熬。终于，1950 年 10 月 1 日，善本作为总领队，率领 28 架飞机，准时与地面机械化部队同时出现在人们视野。大机群壮观地通过天安门上空，受到天安门广场上 40 万人民群众的热烈欢迎。看着这次阅兵，善本不禁想起一年前的开国大典，那时只能拼凑出 17 架飞机，为了有声势，部分飞机要在天安门上空飞两圈。仅仅一年的时间，我们的空军发展真快啊。

就在完成国庆阅兵后，战斗训练和准备任务更紧迫了。出于保家卫国需要，应朝鲜人民政府请求，10 月 19 日，中国人民志愿军赴朝参战。就在 19 日这天，美国已经占领平壤，企图迅速占领整个朝鲜，并公然声称："在历史上，鸭绿江并不是中朝两国截然划分的、不可逾越的障碍。"而且，美国飞机已经多次侵入中国领空，轰炸丹东地区，战火即将烧到鸭绿江边。10 月 25 日，志愿军打响了驻军朝鲜后的第一仗，拉开了伟大的抗美援朝战争的序幕。

所有中国军人的血脉都在贲张，所有中国军人都时刻准备着跨过鸭绿江参加战斗。作为人民空军的建设者，善本越发感到责任在肩。

"创建强大的人民空军，歼灭残敌，巩固国防。"这是毛泽东主席对空军提出的要求。"努力学习，掌握技术，为建设一支新式的强大的人民空军而奋斗。"这是朱德总司令激励空军的题词。"强大的人民中国必须有强大的人民空军与民航事业。"这是刘少奇副主席斩钉截铁的判断。"为建立人民空军而努力。"这是周恩来副主席的殷殷嘱托。"强大的空军和强大的陆军结合起来，我们将是无敌的！"这是西南军区政治委员邓小平的热情希望。因此领导人对空军的建设寄予厚望，空军的强大对于国防事业有着极其重要作用。尤其在外敌压境，战火纷飞的时候。

1950 年底，中央军委决定以混成四旅为骨干，扩编成若干个歼击、强击机师和轰炸机师。就这样，混成四旅就像人民空军的种子，开始在新中国的土地上生根、开花、结果。这一次调整建制，空军作战部队是从第二师开始依次编制的。为什么没有第一师呢？刘亚楼司令员说："一师的番号留着，你们哪个师在抗美援朝中打得最好，就请他担当航空兵第一师。希望大家来个杀敌竞赛，争当光荣的空军第一师。"

第二师由刘善本任师长。

1951 年 1 月，中央军委又命令在南京成立航空兵十师（轰炸师）。刘善本任师长，王学武任政委，蒋亭任参谋长，司中峰任政治部主任。当时比十师还早两个月组建的有轰炸师八师，其师长是一航校时期的副校长吴凯。

师领导班子和管理干部绝大部分都是刚从陆军调来的，不懂飞行是很突出的矛盾。这种情况跟混成四旅创建时差不多。作为领导中唯一懂飞行的技术专家，善本又一次承担起业务重担。飞行部队驻大校场机场，主要训练机型是图 -2 轰炸机，任务是突击训练，迅速提高战斗力，准备在短短几个月时间参加抗美援朝，这对善本的压力很大。善本驾驶的是直属飞行中队 000 号图 -2 轰炸机。

练为战。怎样才能在战场上制胜，更有效地打击敌人呢？但实情是，我们没有制空权也没有强大的护航机，一旦上战场就会处于不利位置。所以，我们的任务是不仅要消灭敌人，还要保存自己的有生力量。怎么办？最好的办法是夜间偷袭敌人。善本想到了他在美国受训时实践过的夜航训练，而且他的夜间轰炸科目成绩是最优秀的。

想到就要力争做到。在空军训练工作会议上，善本提出轰炸机要进行夜航训练的建议，讲解了夜间作战的必要性：1、我们没有强大的护航机。2、白天轰炸目标大，作战的成功率低，只有夜间作战，也就是偷袭，才有可能成功。不过，要进行夜航训练，还存在一个难题。我们的训练飞机和技术支持来自苏联，而苏联空军没有进行夜航训练，苏联顾问对夜航训练没有经验，自己也没飞过夜航。再说，目前轰炸师里的飞行员多是速成的，白天飞行的时间和公里数还不足，也不是全天候的飞行员，不具备夜航条件。因此，善本的建议在会上被否定了。

善本有一个特点，亲戚朋友笑他时称之为"犟"，夸他时叫"执着"。凡是他认为对的事情他就要坚持。眼见用常规轰炸战术"上战场"危险度极大，他坚持认为夜间轰炸是最适用于我们的战术。到北京参加会议期间，一天晚上，善本在怀仁堂看戏，恰好毛主席也在场。他略一思忖，就走到毛主席身边，向主席报告了自己想夜航训练作战的意见，并以二战时期日军轰炸珍珠港"之所以成功在于偷袭"为例，说明夜间轰炸作战的重要性和成功性，听完善本的话，毛主席说："近战、夜战是我军的光荣传统，为什么空军不能用。"

1951 年 3 月，空军批准空十师进行夜航训练。

就这样，战鹰变成夜鹰，飞行训练的级别更高了、难度更大了。

接到指示后，善本马上在 10 师三个飞行团中挑选飞行技术熟练的飞行员，组成 10 师 28 团夜间轰炸大队。他挑选的领航员张执之、栾一男等人，就是老航校第一期领航班的学员，当年的领航班可是他一手创建的。现在，他的学员都成长起来了，能在祖国需要的时候挑起大梁了，善本有说不出的安慰。他挑选的飞行员，姚长川、王恩泽、白云、邹耀坤、王中等人，也都是自己在老航校任副校长和一航校任校长时亲自带飞出来的得意门生。当然，他也以慧眼发现了刚从航校毕业的新飞行员张国祥、李增发等人。

团队组建好了，就要开始夜航训练了。说实话，善本的心提了起来。

夜航是难度很大的科目，因为夜间看不见机舱外情况，主要靠看仪表飞行。当时大多飞行员白天飞行的水平还不高，骤然转入夜间，无疑是拔苗助长。他们最大的问题，是仪表飞行不过关。仪表关不过就会导致错觉造成事故。可是，即便文化程度较好的飞行员，仪表学习也很吃力，何况这些飞行员文化程度参差不齐，有很多只有高小水平呢？怎么办？就算是拔苗也要拔。仪表学基础和原理比较艰深枯燥，善本先以通俗易懂的方式提炼出重点讲给飞行员们，再结合自己夜间飞行的经验，尤其夜间视觉感觉和心理经验，总结暗舱仪表的注意事项。为了带出夜航飞行员，善本必须自己首先进行夜航训练。他重新捡起中断了 5 年的夜航飞行，先恢复夜航的地面练习，熟悉暗舱仪表飞行，觉得有把握了，再开始夜间飞行练习。于是，大校场机场上，有一架飞机每天天亮前半小时起飞，天亮后飞回来；太阳落山后起飞，夜色中着陆。对，它就是刘善本驾驶的 000 号图 -2 轰炸机。就这样，善本晨昏不废、一日两飞，摸索着很快恢复了夜航技术。

活塞式轰炸机

为了让更多飞行员早日积累夜空中观察环境的经验，善本申请从空军运输独 3 团，要一架利 -2 运输机，因为图 -2 轰炸机一次只能带一个飞行员。组织上批准并借到运输机后，他们便开始了有计划的练习。虽然起初并不顺利，但他没有气馁。好在他还有一个得力助手——10 师技术主任邹耀坤。邹耀坤是1949 年 1 月国民党撤退台湾前起义的飞行员，他也曾到美国受训，从西点军校开始的学员，他技术扎实，为人忠厚。两个人一起试飞 3 个起落成功，确有把握了，就先带飞团和大队的干部，再带飞飞行员们。

夜航轰炸大队投入了紧张的训练中，飞行训练争分夺秒，空勤机组每月都要飞 40 多个小时。飞行科目是：黄昏起飞，低空出航，单机跟进，夜间航行，照明轰炸。为了夜航训练，善本就像拧紧了发条的机器人，每天的工作进度分秒必争。他一面主抓全师安全训练工作，一面带飞夜航和白天放单飞的新学员，一面坚持给飞行员讲课，尤其结合训练中出现的问题讲课，他操心着各种细节。譬如，为了增强视力、防止夜盲，在夜航训练期间，他还特别通知空勤灶，伙食要加菠菜炒猪肝，因为猪肝对视力好。他常常一天十几个小时的带飞，经常是一天只能睡4、5个小时。善本就是这样责任在肩，与战争抢夺时间，忘我的为人民空军培养第一批夜航飞行员。

刘善本——这个铁打的汉子，以惊人的体力、精力和娴熟的技术、丰富的经验，只用了5个月时间，就培养和训练出了一支夜间轰炸飞行大队，为人民空军成功开辟了夜航训练的科目！而他自己，则成为中国空军夜航飞行的创始人。

1951年6月20日凌晨，刘善本下达命令："全师进入一等！"

警报声在大校场机场响起，全体指战员紧急集合，各就各位。伴随着发动机的轰鸣声，第一批轰炸机腾空而起，在清冷的夜空上划出美丽的弧线。这批轰炸机分为三个机组，以一大队大队长姚长川为长机，在空中4架驱逐机掩护下，飞向战区，支援我地面部队作战。37分钟后，第二批轰炸机起飞。三大队大队长王恩泽为长机，依然在4架驱逐机掩护下，向战区方向飞去。这是一次为了打赢实战而进行的联合军事演习，是空军战斗化部队组建半年多以来，第一次各类战斗机型的联合作战，也是建国以来的首次大规模的陆、空军联合演习的河川战斗。"参战"的地面陆军部队均使用当时最先进的装备，有炮兵、坦克等机械化部队。空军有歼击机、强击机、轰炸机和运输机等机种。空军司令部决定：空军参战部队由十师师长刘善本统一指挥，其他兄弟部队密切配合。为了圆满完成演习任务，善本又渡过了多少个不眠之夜。

因为演习中，空中战斗队达到了队形整齐、照相轰炸战绩良好（不是真投炸弹，投弹时，只有照相的光感亮，所以称为照相轰炸）、按时返航等要求。这是第一次的陆空大协同作战演习，十师得到总部和军区领导的好评。在各兵种兄弟部队看来，空军这次的任务完成的非常漂亮，演习结束可以庆祝一下了。善本却不这样想，他以实战检验、找问题为出发点，不庆功只找过。在讲评时，他总结演习中存在的不足是："对时间时，只对时针，不对分、不对秒。几个机组就相差出一两分钟，三大队迟到3分钟，地面已拉响了假设炸弹，空中战机还未到达目标上空，使战斗中空、地实际行动脱节。如果实战，会给地面部队造成伤亡和损失。"为此，他提出从难从严达到分秒不差的训练要求。

一支战斗队的成长从来不是一帆风顺的。夜航训练有时候是要以生命为代价的。7月末的一天，甲团中队长阎春行飞单机夜航起落科目时坠机，机组4人全部牺牲。此前，空中战斗队也发生过一次一等飞行事故。机毁人亡，善本组织机务主任吕挺豪等人查找了机务机械、技术、设备、组织等各方面的原因。事故初步判定为夜航起飞时，探照灯光直接射驾驶窗正面，造成飞行员眼前极强光，出现一片视盲，导致飞行员心理恐慌，不看仪表，以错觉造成偏航，最终撞到机场建筑上机毁人亡。总结沉痛的经验与教训。善本的心很悲痛，但他忍住悲伤，要求大家运用辩证法的矛盾转换规律，坏事变好事，就是认真找原因，吸取教训，找出解决的办法，杜绝今后再出现这类事故。这个事故善本牢记在心。60年代，作为中国科学院心理研究所特聘的客座教授讲授航空心理学时，善本特别以这次事故为案例，探讨了飞行过程中视觉误区造成飞行员心理错觉引发事故的可能。

的确，事故是可怕的、严重的，但是牺牲不能使我们颓唐，而会使我们变得聪明起来。我们的目标始终如一：战鹰，翱翔，捕猎。

二、首次夜袭

1951年9月9日，师长刘善本传达了军委空军的调令，命空十师赴朝参战。全师即刻行动起来，当天就召开了师党委紧急扩大会议，研究刘师长制定的转场实施方案，讨论后批准即付诸实施。这是十师首次参战，政治工作走在前面，师党委提出了五项要求，并对部队进行临战前的政治总动员，同时又开了欢送上前线大会。9月13日，先遣部队出发，随后是空勤编为空中梯队，刘师长总带队。机群以跟进队形、途经济南机场落地加油到辽阳机场。地勤和师机关部分参战人员在政委王学武的率领下，由 28 团团长陈海林、政委丁植民等协助下，分 3 个地面分队，共 6 个列车奔赴辽阳市。

刘师长率 28 团夜间轰炸大队转场到达辽阳机场，师部驻在北大营，离机场 30 公里。部队到了前线，开了战前誓师大会，因为充分认识到战前训练基础，是决定战斗胜负的重要因素，提出了"战前多付出准备，战时就多赢来胜利"的口号。紧接着，刘师长就指导 28

1951 至 1952 年抗美援朝
参战时期的善本

团投入战前的紧张训练。首先了解和熟悉新机场、轰炸靶场，然后飞战斗科目。紧张训练到 12 月底，在战斗科目中，又加入了新的连续轰炸科目训练 119 次，长途飞行 450 小时。从实战需要，组织了第二、三大队飞行员跳伞训练。战斗任务就在眼前！刘师长想尽办法，通过敌前练兵、战斗训练相结合的方式来提高部队的战斗力。在这种持续不懈的训练下，飞行员的技术和部队战斗力有了突飞猛进的提高。26 个乘员组，有 25 个能在白天一般气象条件下执行单机和大队的战斗任务，其中 17 个机组进入夜航战斗训练，14 个机组在夜航一般条件下能执行单机及跟进战斗任务。经过刻苦的训练，严重事故明显减少，部队组织纪律显著增强，一支空中铁鹰队已经待时而飞了。

他们的目标是北朝鲜西海面。

在北朝鲜的西海面上，铁山半岛的南端，有一群岛屿，比较大的是大和岛、小和岛等，距鸭绿江口只有 70 公里。敌方白马部队约 1200 余人盘踞在这一带，想把这一带当作侵略中国的跳板。岛上敌人没有大型杀伤性武器，但是敌方的指挥电台就设在大和岛上，敌大功率的雷达随时监测我军的动向，并指挥敌轰炸机，针对我安东（后改为丹东市）至平壤一带的交通运输线及新建的机场不断的轰炸。同时，大和岛以东及东北附近的海面上经常有敌军舰出没，敌舰经常炮击朝鲜人民军阵地。

中国人民志愿军决定虎口拔牙，消灭敌人这个海上据点。命令空军配合陆军第五十军歼灭以大和岛为中心的白马部队，并占领该岛。中朝空军联合司令部司令员刘震、政治委员周赤萍与副司令员常乾坤、王琏（朝方）等研究决定：安排三次轰炸任务，并命令驱逐机二师、三师派两个大队掩护配合轰炸机，轰炸大、小和岛的作战方案。

刘善本带领的空军部队，就是要来参与完成这项轰炸任务的。

11月6日16时，第一次轰炸按计划执行。东北的冬天太阳落山早，下午四点钟已经暮色四合。暮色中，第八师第22团第2大队大队长韩明阳带领的9架图–2轰炸机起飞了。很快，这群战鹰到达大和岛上空，利用黄昏前敌机昼夜间交接班的空隙，在驱逐机掩护下出奇制胜地投下炸弹，命中率高达95%。敌人毫无准备，惊慌失措，等他们打算还击时，我们的战鹰已经回到了辽阳机场。这一次轰炸任务圆满完成，志愿军空军旗开得胜，士气大振。

不过，敌人也不傻，这一次失利后，他们马上加强了防备。并且，此后一段时间里，他们每晚21时至次日1时，仍派2～3艘军舰，炮击大和岛东侧海面上我方的岛屿阵地。舰上火炮的威力比较大，我地面部队很难实现抢滩登陆。

面对眼前的困难，善本认真分析了敌我双方空军的实力，在联指召集的作战会议上，他说："当前在没有制空权的情况下，敌空军从装备到数量都占优势，尤其是在我轰炸成功一次后，敌人早有防备，下一步根据毛主席的战略战术思想，我们可采取避实就虚战术，出奇不备，攻击敌人。"夜袭敌巢？他的大胆提议有理有据，获得了很多人支持。于是，他迅速和有关人员共同研究，拟定出了夜袭大和岛的作战方案，并坚决要求亲自带领机群去完成战斗任务。

他的提案很快被前线指挥部批准，并被要求尽快施行。但是，从志愿军总司令彭德怀到空联指司令，都不同意刘善本亲自带机群去执行轰炸任务。因为将才难求，何况刘善本的政治影响力非同一般。善本明白，这是组织对自己的格外关怀。他点点头，全心投入到夜袭的组织指挥工作中。

这是一次绝对保密的奇袭计划。除了少数当事人外，谁也不知何时到何地去轰炸敌人。因任务属偷袭，这次没有安排护航机。联络方法也有特殊要求，起飞时，不准用无线电通话，而用规定的信号。同时，空中指挥非十分必要时也不得用无线电通话，而用电报指挥。我们只能尽力避免一切意外发生，力争确保这次首次夜航轰炸任务的成功。

据当时最新侦察情报，敌2艘巡洋舰、1艘炮舰停泊在大和岛东侧海面，具体位置为方格坐标XXX。我们轰炸大和岛的任务部署如下：

中国人民解放军空军第十师作战命令：司作字第十二号

1951年11月29日2时，于辽阳北大营。

使用地图：1950年12月版55万分之一陆空海军共用图。

一、活动在大和岛以东（小和岛以南）敌军舰一至二艘不断，于每日21时至次日1时炮击椴岛及灰岛我军阵地。

天气预报另行通报。

二、本师奉命出动10架飞机轰炸大和岛以东海面上敌人军舰。

三、余等决心28团以10架飞机对上述地区敌军舰进行单机连续照明轰炸，并限于29日20时作好一等准备待命起飞。

执行上述任务由该团一大队大队长姚长川领队。

四、使用炸弹及信管应按下列规定；

第一架飞机（领队机）带250公斤爆破弹二枚，55公斤照明弹九枚，延期（0.2秒）信管2个，定距（6-10秒）信管九个。

第二、三、四、五、六、七、八、九架飞机各带250公斤爆破弹二枚，100公斤爆破弹四枚，55公斤照明弹，延期（0.2秒）信管六个，定距（6-10秒）信管三个。

第十架飞机带100公斤爆破弹九枚，延期（0.2秒）信管九个。

五、航线：辽阳—浪头机场—舟山（378 高地为进入起点，该处设有三角形火光标志）——目标区—大江南品——（返航起点）——义川—辽阳。

高地、航线高度、轰炸高度、返航高度均同于下列规定：

第一架 2500 公尺，第二架 2300 公尺，第三架 2100 公尺，第四架 1900 公尺，第五架 1700 公尺第六架 2500 公尺，第七架 2300 公尺，第八架 2100 公尺，第九架 1900 公尺，第十架 1700 公尺。

六、每架飞机间隔时间一分半钟，各架均作一次进入，如在照明范围内不能发现军舰，亦须将炸弹投入海中，严禁带弹回航［危险在于，如果带弹着陆没有成功，如着陆时的震荡会导致炸弹爆炸。］。

七、"我是自己飞机"及"雷达识别信号"根据军委空司规定，"陆军联络信号"根据空联司 11 月 1 日所颁发之规定执行，上述规定应在起飞前一小时传达。

八、安东（浪头）为夜间预备机场。

九、执行任务的每架飞机均需严格遵守所规定的航线，高度及间隔时间。

十、对表勤务以北京中央人民广播电台时间为准。自 29 日 12 时起团指挥室每小时向师指挥室对表一次，作好一等准备后领航员应对准飞机上时刻。

十一、战斗报告：任务完毕着陆后，团于半小时后向师作口头简报，二小时后团应向师呈送书面战斗要报。

十二、起飞指挥归师辽阳基地指挥所，进入航线后即归安东前指指挥所，返航通过义川后归师基地指挥所指挥。

十三、师基地指挥所设在辽阳机场 28 指挥室内，自 29 日 18 时，余等即在该处指挥。

此令

师　长：刘善本

政　委：王学武

参谋长：蒋　亭

副参谋长：黄汉基

一次冒险的夜袭部署就这样完成了。既没有护航机，为了隐蔽行动又要关闭每架飞机上的灯光。关闭灯光容易发生自己飞机空中相撞事故。因此，最有效的自我保护方法就是：执行任务的每架飞机均需严格遵守所规定的航线、速度、高度及间隔时间。早在出征前，善本就对飞行员们提出了要求：轰炸机飞行员应该是勇往直前，义无反顾。绝不改变航线、队形。即便被敌机击中着火，也不跳伞，而是带着火焰直奔轰炸目标，按程序操作投弹；如果目标是敌军舰，就带火一头栽到舰上，与之同归于尽。

当然，我们还要尽量周密计划，避免损失。勇敢和血性我们志愿军历来有，聪明和智慧也不缺乏。为了防止敌雷达探测发现我机群，善本想出了最简单易行的电子对抗办法。他派人去卷烟厂买锡箔纸裁成丝，亲自组织每架飞机都携带一大麻包锡箔丝，由空中射击员在航线上连续投放，以干扰敌方波长不等的雷达。使敌人的雷达无法监测出我机群的出现。

布置完任务后，各机组紧张地画航线、做计算、研究协同。地勤机械：对每架参战飞机做再一次的机械检查，确保执行战斗任务的飞机处于良好的战斗状态，执行任务中不出机械问题。因夜间气温很低，为了防止机头上玻璃窗结霜影响空中视线，地勤把大衣脱下来盖在玻璃窗上。18时接到侦察机情报，敌舰位置仍在方格号，与上午情报毫无变化。

从18时开始，夜袭大队机组人员在外场休息室待命，一直到22时，夜空中腾起几颗绿色信号弹，这是行动命令。各机组人员迅速跑步登机。按照战斗计划，10架飞机编成单机跟进队形。驾驶第一架领队机的是大队长姚长川，他按命令准时迅速起飞。其他飞机每架间隔一分半钟起飞，航线上保持高度相差200米。前1–5架为第一梯队，后6–10架为第二梯队，第二梯队由副团长王恩泽任长机。到达安东上空，进入航线前，空中射击员每隔半分钟撒一把锡箔丝，这样敌人的雷达监视荧光屏上只见布满雪花样的闪烁，无法发现我方飞机。飞到鸭绿江口，按地面灯光指示直接飞向目标，发现目标后，每架飞机先投照明弹为跟进的飞机和自己照明，再瞄准目标投下炸弹，而后直接返航，一切按计划行动。

10架战机在大队长姚长川的率领下，迅速消失在暗沉沉的夜空里。23时12分40秒，到达第一转弯点，鸭绿江就在机翼的下面。通过鸭绿江后4分钟，发现三角人工火把地标，机组人员将机关炮上了膛，对正火把不到1分钟，就看到陆军向大和岛猛烈发射喀秋莎排炮，炮弹的曳光连成一片，形成巨大、惊人的火舌。这是陆军兄弟在为空中指示目标，陆空协同作战的场面如此壮观。23时22分10秒，机组准确进入了轰炸起点。

但是到达战区后，领队长机姚长川发现预定目标敌舰已逃离，他当机立断，按照备份计划，马上通知后续飞机将炸弹投向预备目标——敌岛上雷达设施。23时25分，"战鹰"投下第一枚照明弹。接着，只见一架又一架轰炸机跟进，将上万吨爆破弹全部投入海里和岛上。

震耳欲聋的爆炸声中，岛上火光四起，石头、建筑物碎片乱飞；海面夜空如昼，无数高达几米的浪柱似要冲上云霄；燃烧弹的熊熊烈火照耀着漆黑的夜空，岛上、海上明亮如白昼。此次轰炸过程仅用15分钟，守岛的美伪官兵们乱作一团，溃不成军，躲在掩体里不敢出来。23时37分，姚长川率领的10架图-2轰炸机，在新义州上空转弯返航。当第10架轰炸机飞离目标区后10分钟，敌喷气式F-86驱逐机群赶到目标区，扑了一个空。24时20分，10架飞机在辽阳机场陆续安全着陆完毕。此次任务机组总飞行时间1小时48分钟。

这天深夜，空联指全体人员都在指挥掩体内等待前方的消息。从机群出发后，没有人多说话，甚至连大声呼吸都没有，整个掩体内，只听得见钟表的响动。这是我们的战鹰第一次出征夜袭，这些飞行员还都没有实战经验。万一敌人提前发现了我们，万一没有找到目标，万一没有保持好间隔和高度，万一……所有的人，都为十师承担的首次夜袭任务而捏一把汗。当轰炸成功的消息报来，整个指挥所都沸腾起来，大家欢笑着、跳跃拥抱着。空军司令员刘亚楼连声称赞道："好、好，真了不得！"而在志愿军总指挥部，彭老总听到这个振奋的消息时，他那一向紧绷的脸，也绽开了笑容。

因为计划周密，行动迅捷，这次轰炸未遇敌机任何反抗，我机无任何损伤，按规定目标及时、准确地将炸弹投下，摧毁了敌人军事设施，沉重地打击了敌人的气焰，显示了中国人民志愿军空军是训练有素的精湛部队，不仅在白天能够进行轰炸，夜间同样可以大规模地歼灭敌人。

刘善本训练培养出的这支年轻的夜袭大队，虽然只经过了5-6个月的突击训练，却经得起实战检验。这次行动的现实意义是：使飞行员对飞机性能有了进一步了解，提高了对自己战斗力的信心，消除了夜间载重飞行的顾虑（每架飞机载弹量为1065公斤）。其更为深远的意义则在于：这次夜袭成就了中国人民空军战史上的几个"第一"。1.首先，这是我空军第一次夜袭，揭开了人民空军夜战的序幕。2.第一次以10架飞机、2个梯队单机跟进的机群行动（平时只训练过2-3架飞机的单机跟进）。3.首次采用电子对抗技术。4.采用跟进照明轰炸技术作战。5.同时也是志愿军陆、空军联合作战的成功典范。6.夜间轰炸大和岛是十师建师以来的第一次空战，首战告捷！空联司给予十师荣立集体二等功。

夜间轰炸大和岛的成功，使敌人闻风丧胆，敌军舰再不敢来炮击我军阵地。第二天，11月30日晚上，我地面部队50军迅速登陆，在没有任何伤亡的情况下，全歼岛上的"白马团"部队，彻底摧毁了这个插在我军侧后方的尖刀。这次陆、空军联合收复大和岛的胜利，鼓舞了我志愿军、朝鲜人民军志气，给予联合国军和美国空军一个沉重打击。他们原以为中国空军还只是在摇篮中的婴儿，但是几次空战，让他们损失惨重，连二战中的王牌飞行员戴维斯也被击落了。而这次夜航轰炸，让美国远东空军第5航空队大惊失色，他们在给空军司令的报告中陈述："这次的轰炸首次用电子对抗和照明手段夜袭我战略要地，航线两侧竟形成 40 多千米宽的干扰区。"更是令他们震惊,他们以为中国轰炸机部队成立还不到一年的时间,是绝对不可能进行夜航轰炸,一定是苏联空军偷偷参战了,为此想向联合国提出抗议。但是据可靠情报,苏联空军还没有进行夜航飞行训练,29 日夜间轰炸"确系黄种人所为",对于中国空军的发展速度,美国新闻报导称:"美国空军总参谋长凡登堡惊呼:'发展之迅速令人吃惊,一夜之间成为空中大国!'""不久的将来即名列世界前茅。"

面对不得不承认的事实,美国人依然百思不解的是:中国空军怎能在短短的时间里就有这种飞行技术能力,进行夜间轰炸战术?因为当时只有身为空中大国的美、英、德、日的空军才可以夜间作战。美国人没有想到,正是他们为中国培养的杰出轰炸机飞行员——刘善本,刘善本又精心培养和训练出来了一支技术精湛的夜航轰炸大队所为。这是学生以他所学到的技术回敬了他的老师,用行动告诫老师——不要以大国自居,不要挑起侵略战争,一切非正义的战争必将失败!

夜袭大和岛的成功,在国内也引起了巨大反响。1951 年 12 月 12 日《人民日报》专题报道了此次战斗。1952 年 3 月 5 日出版的第 40 期《人民空军》杂志刊登的《夜炸敌巢》,是对刘善本指挥的夜袭大和岛战斗的全面叙写和歌颂。

刘善本成为中国空军夜航、夜战的创始人!他并没有想走进历史,历史却铭记了他。

直到今天,"大和岛战斗"还被作为经典战例,保留在空军以及国防大学的教学中。

夜间轰炸大和岛一战之后,刘善本的轰炸师又有了新任务:为配合志愿军总指挥部的战略部署,把美国佬打上谈判桌,配合板门店的谈判,准备好三架轰炸机,跟进轰炸南朝鲜汉江南金浦机场。

1952 年 2 月 8 日夜,刘善本指挥长机姚长川队长将战机滑向跑道待命,三架飞机也已做好准备,只等一声令下,就会再次执行夜间跟进式轰炸。根据侦察,美军空军在金浦机场停机近 100 架。此前,十师派出 28 团副团长乔子扬为首的目标侦察员近百人，分成 3 个小分队，分别担任对空、机要、导航任务。出发前，刘善本下达任务，提出了到朝鲜后必须注意的事项：1.注意分散和保密。2.立即开展工作，随时准备引导我机群前往轰炸目标——敌机场。

出发前执行任务的三个机组一起开了党小组会，机组成员纷纷表态要报效祖国，并提出：1.保证完成任务。2.保证不到中立区。3.保证不当俘虏。他们已做好为国捐躯的准备，掏出身上所有的钱，交了最后一次党费。正当刘善本师长拿起话筒要按计划下达起飞命令时，指挥部电话响起，空军联合指挥部电话通知战鹰停止起飞。善本发出新命令："打红色信号弹，退场。"姚长川等摩拳擦掌准备执行任务的飞行员很失落，跑到塔台来问："为什么不让起飞出战？"刘善本解释："是周总理亲自下命令，停止这次出国轰炸任务的，主要怕引起外交上的连锁反应反而不利。"

1952 年 5 月底，荣立集体二等功的十师夜间轰炸大队完成了作战任务，在刘善本率领下胜利返回。这时的善本，那颗提着的心慢慢放下来，提在胸口的气也缓缓松了下来。之前，在紧张的战斗计划和准备中，他像陀螺一样旋转，从来没感觉到自己身体的存在。而紧绷的弦一松，登机前他就感觉到了自己在发高烧。按说，他该马上去打点滴，可是整个部队的机群行动他不放心，他仍然率队驾机向南京大校场机场进发。飞行中途，机群在锦州机场降落加油，他因身体不适没有下飞机，但他不许警卫员小杨告诉别人。就这样一直坚持飞了 5 个小时，飞机在大校场机场安全降落后，他已经站不起来，自己下不了飞机了。警卫员把他扶起来，搀着他慢慢下了飞机，一量体温，40 度 3。这把随队医生吓坏了，这么高的体温还在飞行？！马上送医院！他却坚决不同意，只让警卫员通知家里热水泡澡，喝稀粥吃西瓜降温，因为第二天他还有会议，还要对这次转场进行总评，一堆的事儿都排在那儿等着他，他没有时间住院休息呀。第二天一早，他又出现在机场，绕着飞机询问机械师问题。刘师长高烧 40 度还在天空飞行，这在老十师成为佳话被传颂。

对别人的夸奖，善本从来都轻轻一笑。他总说：我参加革命晚，我要用更多的时间工作，报答党和人民对我的信任。

三、技高一筹

随着刘善本在共产党阵营声望越来越高，在他感召下起义的国民党飞行员越来越多，国民党当局对他是越来越痛恨。

在国民党空军中，善本的人品和技术、威信都很高，同行们对他都非常敬重。从他 1946 年第一个驾机起义到新中国成立前后，先后有 40 余架飞机 100 多人，像善本一样飞离国民党空军队伍，飞向了新中国。空军起义影响大，可谓"惊天动地"。因为一个飞行员的培养不容易，一架飞机更是价值不菲。刘善本率先起义，他带来的示范效应，严重扰乱了国民党空军的军心，对此蒋介石极为恼火，下令一定要刘善本的命。

别看新中国已经成立了，潜伏着的国民党残余特务在建国初期也很猖狂。他们曾几次试图暗杀刘善本。即便暗杀不成，能恐吓便恐吓，让刘善本身边总是"闹鬼"，也是他们的目的之一。

1950 年 5 月初，哈尔滨一航校。这天没有月亮，夜里 11 点多伸手不见五指的漆黑。突然，几声清脆的枪响炸开了寂静。枪声是从航校外面校长政委住所方向传来。警卫连紧急集合，迅速赶到现场。到了现场，发现警卫战士警惕的隐蔽着，询问知道，有人朝这放冷枪。警卫连四下搜寻，没有发现可疑行踪，马上向当地公安局报案。经公安局调查分析，认为这是国民党特务以刘善本为目标的暗杀。为此，航校警卫连派了一个班的警卫住到校长政委的院子里，以保卫首长的生命安全。

不过，这还没完。

1951 年 1 月的一个夜里，南京十师驻地。大光路一栋三层的小楼，一层的灯亮了。是叔璜在开灯给儿子金平喂奶。突然，一声清脆的枪响，屋子的玻璃窗碎了。善本一个机灵翻身跃起,伸手就熄了灯,接着他迅速掏枪,并告诉叔璜不许开灯,不要起来。他闪身出屋,正好警卫员杨廷振已握枪冲到他门口。杨廷振解放战争时期在陆军当过机枪班长,他枪法好,艺高人胆大,想出去看看。善本制止他,因为他怕小杨出去后,一开院子大门,使特务趁机而入,伤害到同院子住的王学武政委家人。很快,师警卫连赶到了。这时,他们看到:大门外的警卫已受重伤,倒在血泊中。这次枪击事件之后,师里加强警卫,由一人上岗改为两人。

1951年春天,正是善本刚刚开始组织十师进行夜航训练的季节。

一天,警卫员杨廷振告诉善本的司机曹佩然:"今晚师长夜航,你把车准备好。加足油!可别半道上熄火。""放心吧!没问题。"老曹满口答应。这天晚上,因为下起了小雨,夜航提早结束了。回来路上,车在一片小树林里熄火了。"油烧没了。"老曹小声嘀咕。善本在国民党空军任作训参谋时,上级给他配过美式小汽车让他自己开,对汽车的一些简单故障,他是会处理的。他亲自试了一下,没别的,确实是车没油了。小杨冲老曹瞪起了眼睛:"不是特地嘱咐你加满油嘛!"老曹低下头:"唉,我,我忘了。"平时,曹佩然是个挺靠谱的司机,行车保障都没出过问题,这还真不像他的风格。没办法,善本要求老曹留下守车,他和两个警卫员步行回师部,让师部给送油来。小杨起初反对,觉得黑夜里不安全,但善本认为留在野地里更不安全。于是两个警卫员把他夹在中间,三个人都拔出了枪,小跑回去。本来,按照部队编制,师长应该配一个警卫员,但因为善本的特殊身份和敌特破坏活动不断,组织上特地给他配了两个警卫员。第二天,警卫员就向师保卫科反映了问题。不过,因为没有找到其他疑点,这件事暂时放下了。

半年后,十师抗美援朝部队刚到辽宁辽阳机场,台湾广播电台即马上广播:叛匪刘善本的轰炸部队,已经进驻辽阳机场,准备侵犯韩国。十师的指战员们都很吃惊:"真是见了鬼了!怎么我们师长到哪儿,老蒋他都知道?"善本也只能无奈摇头:"这真是敌中有我,我中有敌呀!"这也是为什么在夜袭大和岛时任务严格保密，出任务机组在师指挥室旁的休息室待命，登机前一个小时才知道任务具体内容的原因。

又过了几个月，一天善本不在师部，警卫员报告说南京来人有急事相告。他坐上老曹的车立即返回师部。来人是华东空军肃反办公室的工作人员，他带来的信息让善本惊愕不止——司机曹佩然是潜伏在刘善本身边的军统特务，屡次参与了暗杀未遂的活动。

能把曹佩然查出来，说起来还是叔璜立了一功。老曹随十师去辽阳机场后，他老婆收到一封家信。因为不识字，平时跟叔璜关系又不错，她就拿给叔璜帮她看。家信是老曹家乡的大老婆请人写来的，告诉老曹，他父亲已经被共产党镇压了。老曹老婆不胜惊讶，因为她从来不知道老曹在家乡还有一个老婆，而从信的口气来看，他家乡的老婆也不知道他在外面又娶了一位。一是两头撒谎，二是家庭背景复杂，叔璜赶紧向保卫科反映了这个情况。保卫科开始认真调查曹佩然，发现他果然隐瞒了身份，原来他之前是国民党军队某汽车营的营长。于是，到辽阳把他拘捕。

对自己的特务身份，曹佩然也供认不讳，说自己的任务就是配合暗杀刘善本。那天夜里枪击师长住的房子窗户，是他提供的路线和方位，刘善本部队赴朝参战的动向也是他传递给台湾的。去年春天夜航，是他通知的特务组织，特务要他配合暗杀行动，计划是：在返回时让汽车熄火抛锚在小树林附近，特务提前埋伏在树林中，以车灯闪三下为信号，三闪之后特务就开始射击。但是，因天气原因，那天夜航提前结束，特务还没有到位。同时，他想到平时师长和爱人周大姐在生活上关心帮助他，常常给他东西，有病有灾还给钱（当时是供给制，没有津贴），另外他也怕一旦开枪自己也活不了，所以他也没有闪三下车灯。朝夕相处的老曹是特务，这件事对善本是个情感打击。但他相信，老曹做这些事儿也很痛苦，在组织上要严惩老曹时，善本从尚未构成杀人事实、他能积极揭发其他人罪行等方面为老曹说话，使老曹获得了宽大处理。最后，曹佩然被开除军籍，押送回地方监督劳动改造。

158

曹佩然的问题查清后，善本身边不再"闹鬼"了。仿佛一个噩梦，叔璜说：只要想起来就后怕，特务都安排到身边了。多亏那些年组织上重视，警卫员就住在家里，子弹上膛，枪不上保险，随时能应付突发的情况。如果不是这样，特务岂不有机可乘！

身边险情排除，空中险情却依然是善本心头放不下的惦念。说起空中历险，善本可算得上身经百战了。老航校人都知道善本能驾驶各种机型的飞机，对他的技术能力钦佩不已，而对于他遭遇险情、临危不乱、技高一筹的故事，更是口口相传。

飞机轮子是飞机起落时保持平衡的重要支撑。掉了一个轮子的飞机能安全降落吗？一天，在还不够完善的唐山机场，刘善本驾驶雅克–12式飞机起飞时，飞机的一个轮子竟然被跑道上的水泥块撞掉了。当时的指挥员张宪章副师长紧急呼叫："你的飞机轮子撞掉了一个！""明白。"刘善本沉着地回答。谁都知道飞机要三足鼎立才能保持平衡，现在少了一条腿，迫降很可能会"翻跟头"。怎么办？善本并没有其他更好的办法，他只能靠技术和心态完成迫降任务。首先，他要就近选择机场，其次，降落时他要努力控制飞机。他选定了北京南苑机场。请求迫降后，他没有降落在跑道上，而是冒险将飞机迫降在跑道一侧的草地上，起初飞机像醉汉一样在草地上滑行了一段，但很快，飞机就平安地停住了！

另一天，善本正在空中正常飞行，突然听到指挥员周兆平的呼叫："000号，你的飞机富油冒黑烟。""明白。"刘善本沉住气，一边驾驶飞机，一边迅速检查各个仪表和操纵系统的工作情况。地面上，人们看到师长座机那道黑烟越来越浓，一个个心急如焚。飞机发动机富油、贫油都可能造成空中停车，而如果飞机在空中起火爆炸，那必然机毁人亡。这时，机场主跑道上有几十架飞机停在那里待飞，善本的飞机不能马上落地。他镇定地发出指示："请你们准备一下，跑道上的飞机还可以再放飞几批。"周兆平立刻下令："前面9架继续起飞，后面的飞机迅速滑出或推开，立刻腾空主跑道。全力以赴，注意安全，防止相撞，动作要快，越快越好。"地面工作在紧张地进行，空中，冒着黑烟的飞机还在盘旋。

因为飞机油满箱，要着陆很容易起火爆炸，善本一面等待主跑道腾空，一面消耗掉部分航油。当看到机场主跑道空出来后，他的飞机才对正跑道，带着黑烟不疾不徐地降落下来。飞机落地平稳，可见师长没有受到事故影响。地面上响起一阵掌声。真是好险啊！一架在天上出了故障的飞机，因为果断合理的处理，安全回到地面，刘善本又一次化险为夷。

又一天，晴空万里，善本驾驶的飞机正常飞行。塔台指挥员突然听到刘师长的声音传来："飞机有故障，发动机停了一台。"什么？塔台指挥员一时有些难以置信。飞机发动机"空中停车"，就好比人的心脏停止跳动，这种九死一生的大祸发生过，结果就是机毁人亡。只有极优秀的飞行员，在另一台发动机保持工作时能够控制飞机的飞行高度和速度。虽然人们确信刘师长是万里挑一的飞行专家，可是，谁能保证飞机听他指挥呢？这种时候，最好的自救的办法当然是跳伞，在飞机掉下来失速之前跳，最可能成功！就在塔台进入死一样的沉寂时，师长的声音又传来："不要紧。"他沉稳地说："我想把它原样带回去研究。"作为飞行员，既要防止在飞机无法挽救时盲目尝试，延误跳伞逃生的时机，又要防止在飞机可以挽救时盲目跳伞，放弃挽救飞机的可能。飞行事故往往发生在电光火石之间，尤其是在低空更是如此，瞬间做出准确的判断太难了，在尝试挽救和弃机跳伞之间稍微一犹豫，可能就是天堂和地狱的区别！所有人的心都快停止跳动了，因为大家都明白：也许几秒钟之后，这场大祸就会发生，而他们无能为力。十多分钟后，人们终于看到：刘善本的飞机倾斜着出现在空中。可他是否能安全着陆呢？这时候弃机跳伞还来得及。但是，善本的飞机一直在不平稳地降低，再过一会儿，在跑道上安全停住了。

大家围上来，王学武冲上前紧握着善本的手，声音还打着颤："空中停车？咱师有谁还活着回来过？没——有——啊！你这个'刘大胆'啊！""刘大胆"坦然一笑："好在是单发停车。今天，空中单发停车让我碰上了，是坏事。也是好事。"然后，他就兴奋地转向机务主任吕挺豪："挺豪，咱们赶快检查，看看问题在哪里。"刘善本和机务人员一起检查发动机。经过认真检查，发现空中停车是由一个引擎漏机油造成的，而漏机油的原因是密封垫破损。师党委根据师长以生命为赌注换来的经验，按照师长的意见，发动地勤对全师飞机进行机务大检查，尤其认真检查了每台发动机，以把隐患消灭在萌芽状态。

在飞行训练中，飞机出现的进入螺旋现象一直是善本心头解不开的结。所谓螺旋，是指飞机失速后，产生的一种急剧滚转和偏转的运动，伴随滚转和偏转，飞机机头向下，同时绕空中某一垂直轴，沿半径很小和很陡的螺旋线急剧下降的飞行状态。这时候，飞机因无法控制而急速下降，就会造成机毁人亡。目前轰炸机部队出现进入螺旋的原因有是技术上的，也有机械上的，尤其因为图-2是双发动机，苏联飞机上的油门大，喷出的油污会附着在发动机上，越积越厚，造成发动机在运行中停机。而在双侧发动机正常运行过程中，一侧突发停机，另一侧仍在运行，飞机必然失去平衡，进入螺旋，导致机毁人亡。对此，国外也没有好办法。为了寻找原因，师长刘善本和机务主任吕挺豪拉上技术主任邹耀坤，这个"铁三角"技术组，又开始了大胆的试验。这一次，他们的行动是背着苏联专家的。因为在苏联专家眼中：为改进螺旋问题而进行试飞是很冒险的，这个技术试验过于高精尖难，还不是步履蹒跚的中国空军所能胜任的。悄悄进行这种危险性极大的秘密试飞，在当时为违章飞行，在飞行条令中是严禁的。这在中国是第一次。事前，他们做了计划没告诉苏联顾问。

为了使飞行员遇到此故障时能够正确处置，化险为夷，善本的"铁三角"秘密开始了失速飞行训练。这又是一次以生命为赌注的试验，善本亲自驾机试飞，邹耀坤做副驾驶，吕挺豪负责记录。

只见善本驾机飞到2号试飞空域：爬升到8000米高度、最大时速570千米时，飞机抖动，吕挺豪紧张地记录着相关数据。邹耀坤眼看着师长使飞机失速进入了螺旋，飞机在空中旋转起来了，瞬间便像秤砣一样直直向下掉去。这真是令人头晕目眩的瞬间，只一闪念的功夫，飞机高度便从8000多米掉到6000多米。但见善本丝毫不慌乱，他先是发反舵到底，制止飞机旋转，然后回舵放平，正中推杆向前，减小迎角。当飞机进入俯冲，速度增加后，他又拉杆退出俯冲。

在这异常危险的情况下，善本把飞机改出了螺旋！接着，他驾机重新向上攀爬到8000多米。然后，他重复做了一次失速螺旋，飞机旋转起来，直直掉下去，他再重复发反舵、回舵、推杆、拉杆等动作，飞机再次恢复正常。终于，他们的改螺旋试飞成功啦！这场赌博的赢家属于刘善本！

后来，善本的"铁三角"又试验了空中单发停车。以往，他们只是在空中做一个关油门的假动作，然后就再开油门、开车，这次，他们真的在空中关掉一台发动机飞行，摸索在只有一台发动机工作情况下，保持飞行高度和速度的动作要领。这项试验，善本也做成功了。

当时三个轰炸机部队在训练飞行中都发生过进入螺旋事故，这给飞行员飞行训练极大的思想压力。刘善本改出螺旋成功，给飞行部队解决了难题。为此，空军在锦州办了个集训班，把各师的飞行尖子集中起来，专门由刘善本进行改出螺旋技术训练。30多年后，轰八师战斗英雄韩明阳回忆了他在锦州学习改出螺旋训练的过程：刘师长让我们蒙住眼睛，他自己把飞机搞成进入螺旋状态后，再教我们操作改出。有时，飞机在一个劲儿的往下掉，把我急的满头是汗，刘师长不急，降到一定的高度，他才镇静地让我起来亲自操作。经过刘师长的反复训练，我们都熟练地掌握了改出螺旋技术，但是必须经过他的考核后才能毕业。这些飞行员们在锦州学习结束后，回到自己的飞行部队迅速推广了这项救命技术。就这样，刘善本以命为注的改出螺旋的试验使空军轰炸师部队有效防止了飞行严重事故的发生。

李增发（原空西指师长）曾经参加过夜袭大和岛之战，他在十师飞行时就发生过两次进入螺旋，他沉着地按照师长传授的方法操作，都顺利改出，没有发生事故。因为他改出螺旋技术好，组织上还经常派他到兄弟部队去当老师传授经验技术。1953年，苏联援助了中国13架图-4轰炸机。图-4是苏联仿造美国"超级空中堡垒"B-29远程轰炸机研发出来的新机型。说起来这里还有一个有趣的小故事。二战期间，苏联一直非常渴望拥有先进的轰炸机，卫国战争开始后，斯大林依据租赁法案多次向美国表达希望能得到B-29，但均被美国政府拒绝，美国只愿意向苏联提供中型轰炸机、战斗机和运输机。然而，1944 年 7 月至 11 月，短短四个月间，美国先后有三架轰炸日本的 B-29 远程轰炸机迷航，迫降苏联海参崴。于是，苏联军方扣留了飞机。在获得三架向往已久且完整堪用的 B-29 后，通过研究分析，苏联开始了仿制 B-29 的绝密计划，即"图-4 计划"。1953 年，13 架图-4 到中国后，我空军成立了轰炸机独四团，和独三团一样隶属空军作战部，要求十师的夜间轰炸大队全部调属独四团，任命十师夜间轰炸机大队大队长姚长川为独四团团长，十师的十架夜袭轰炸大队机组人员全部调走。李增发就是在这时候调到独四团的。李增发他们到独四团后，改装飞图-4，原十师夜间轰炸大队十架飞机的十个飞行员都是正驾驶员，成为独四团的技术力量。而李增发自己，在一次飞图-4 时也发生了进入螺旋，他还是运用老师长教的改出螺旋技术，防止了飞行事故的发生。

一说起老师长刘善本，十师的老飞行员们总赞不绝口。他们说老师长的飞行技术令人佩服，他还有更深奥的理论，只是怕他们水平不够听不懂。他们感谢他无私地、严格地把技术传授给他们，使他们成为优秀的驾驶员，在多年的

1951 年在空十师和部队指挥员在一起强调安全飞行问题。

飞行中防止了事故的发生。老师长常常讲：熟练掌握飞行技术，一丝不苟操作，是保证你们自己生命安全的需要，是保证国家和人民不受损失的需要。飞行中，他们体会到了老师长这句话的真谛。

老航校机械班三期学员、后来十师的机务人员王铁政在《怀念刘善本同志》中写到："老航校的人都晓得刘善本能驾驶多种飞机，日本的、意大利的、苏联的、美国的。美国的 B 系轰炸机，C 系客运机，甚至 P 系战斗机都能驾驶。据说并非他对这些飞机都学过，而是由于他对飞行原理、驾驶技术、领航技术、航行技术、飞机发动机构造原理及其使用、航空知识和英文都学得颇深，基本功打的扎实。""对于这些飞机，只要他手中有一本技术说明书，不管是中文的还是英文的，经他看上几遍并加以飞行准备，只要飞机、发动机工作良好，即使缺少仪表的飞机，也敢上飞机飞行。"

国民党的"刘太平"变成了共产党的"刘大胆"。他之所以技高一筹，全在于有一颗为新中国飞行事业奉献的心，刻苦钻研精神和不怕牺牲的勇气。

除了改出螺旋、单机停车等试验，刘善本还通过顺浆训练、小转速飞行试验，摸索出了节油方法。一天，他驾驶 000 号机从辽阳机场起飞，细心地使用自己苦心钻研试验出的小转速和小油门技术，终于实现了中途不加油直飞南京的计划，开创了图 -2 轰炸机航程的新记录，也创造了节油的最新记录。

这一次，苏联顾问终于发现了刘善本他们的"秘密"活动。继而发现，他们已经搞成功了好几项试验，不由称赞说："我们很佩服你们这种大胆试验的精神。""秘密"公开后，刘善本在全师推广改螺旋、顺浆和小转速节油等新科目的训练，并取得了较好的效果。

小转速飞行，合理调整贫富油，保持合适的温度，这种科学操纵法在全师推广开来，大大节约了航空油料。当时购买燃油都要用外汇，对正在起步的新中国是一笔不小的国家经费。善本钻研的节油方法，让十师成为了全空军的节油标兵。《人民空军》刊登沈为农的文章《二七三〇部队（即十师）节约了大量燃料》指出：从 1952 年 1 月到 1953 年 6 月，善本所在的 2730 部队"共节余汽油700吨，占全部规定消耗量的百分之12.8，平均每飞行一小时，节余60公斤汽油，如每公斤油以人民币2万元计算，合计节余人民币140亿元（当时面值），可购置10架战斗机。"编者按：总结十师节油的方法和意义："二七三〇部队节约燃料的成绩和做法，是一件极其重要的事例。这个事例首先告诉了我们：第一，只有飞行员正确地采用发动机的最有利转速，才能避免油料的大最浪费；第二，同时，正确地使用发动机，有助于飞行质量的提高和延长发动机的寿命。""这样的问题。是和周密地组织飞行工作有密切的关系的。本文陈述的节约燃料的方法，应引起各部队的重视，并根据本部队的情况参照采用。""上述文章，是飞行、机务干部和一切空地勤人员必读的。"刘善本成为空军为国家节约燃油第一人。

当年十师的飞行员张国祥（参加抗美援朝夜间轰炸战役，后任空西指司令）回忆说：一个飞行员离开航校最关键就是前两年，我今生有幸能够分在刘善本这个师，每次师长带飞，都使我受益匪浅。当年抗美援朝，十师的飞机和部队都已经转场到辽阳机场，因为我的飞机维修需要晚走，师长问我"飞机维修好了吗？""维修好了"通知我第二天飞辽阳机场。我问："师长，没有领航怎么办？"师长说："我给你领航。"我又问："5个小时呢，中途在哪里加油呢？"师长说："不用加油。完全够了，降落以后还应该节约30公升油"。张国祥说：当时我不相信，怎么可能？！但是师长说了，就按他说的来吧。第二天，飞机起飞到了一定的高度后，师长说："小张，你从窗户往外看，看机尾排什么烟。"我说："排黑烟。"师长说："排黑烟在燃油，我告诉你怎么做，你手抓住你的操纵杆，慢慢的往回拉，一边拉一边看着机尾的尾气是什么颜色，如果是白颜色马上停止，因为是在烧发动机，如果既没有黑颜色也没有白颜色，就固定住操纵杆，按照这个速度往下飞。"5个小时以后，我们降落在了辽阳机场，一检查油箱里确实还有30公升油。我特别吃惊！没想到师长居然能够对飞机的燃油情况了解的这么精确！从那以后，我只要飞行都用这种方法来节油。所以十师是空军节油标兵，我张国祥是十师节油标兵，还给我荣立了一个二等功。

跟纯科研人员一心搞科研的工作模式不同，在深入研究应对事故、节约油料等方法的同时，刘善本一直在接受和完成国家的其他重大任务。1952年，军委空军特别任命刘善本担任国庆空中受阅总领队。这一年，空中受阅规模空前，各种飞机多达158架。

空军参加受阅临时编队的4个航空兵部队，统一由刘善本训练指挥。在编队训练过程中，来自轰炸二十师的60团一大队发生了僚机撞长机，空中爆炸、机毁人亡事故。60团是二十师技术力量最强的团，但当年2月刚刚开始飞行训练，技术还不扎实。事故原因是僚机左转弯时掉了队，为了追赶上来，经验欠缺的飞行员加油过猛，导致僚机骑到长机背上，螺旋桨打着了长机油箱，油箱起火，两架飞机空中爆炸。

事故后空军领导来参加事故会议，考虑60团不再参加阅兵任务，大队长张伟良含泪做了事故检讨，并代表60团全体飞行员表达了要完成检阅任务的决心。这次事故虽是二十师60团的飞机事故，但是算在十师事故记录上。会上，刘善本深刻检讨了自己没有深入了解到这个团的技术情况，只看表面现象，没有注意到技术基础不牢的问题，他看到事故后，全团的表现很好，有信心有决心，同意该团留下参加训练，但是要严格提高技术水平。而为了提高60团的飞行技

1955年在空十师任师长时期

术，善本单独给他们吃小灶进行技术补课，逐个带飞、检查、辅导。

终于，10月1日上午，空军参加受阅临时编队的4个航空兵部队，分别由唐山、北京西郊、天津杨村和北京南苑等机场起飞，到达通县以东上空集结，编好队后，在刘善本的率领下，与地面的机械化部队，浩浩荡荡，准时、安全、整齐、壮观地通过了天安门上空。

而为了这次检阅任务，善本付出了多少汗水，牺牲了多少睡眠时间，连他自己也计算不出来。正如当年10月31日出版的《人民空军》杂志第4期登载的《空军部队参加首都国庆检阅》一文中描写的那样："受阅部队的总领队刘善本同志，经常晨间6时起，就没有休息过，直到午夜12时过了，才回宿舍。有时约摸在刚入睡时，又有人叫醒他，向他报告气象预报。次日凌晨，又去机场开始一天飞行和组织飞行的工作。"这个有着高超飞行技术、强烈责任心和领导指挥能力的人，就是在这样一种工作状态下，完成了一项又一项重大任务。

为了表彰受阅部队，党中央、国务院发出通知，专门邀请刘善本等空中受阅部队的指战员们到北京做客，参观游览，还安排了去西单吃烤鸭、去和平剧院看尚小云演戏。党中央的温暖和关怀让善本更是充满了斗志和力量。

片刻放松是为了更好地战斗。1953年初，十师再次接受抗美援朝的战备训练任务。善本抓紧战前练兵，他更加令行禁止，培养部队过硬的战斗作风。他还专门制定了飞行四个阶段的制度，使飞行训练逐步走向正规化。

8月初，十师转场齐齐哈尔，师部住小民屯，部队驻三家子机场。在这里，他们的任务是改装苏联先进的伊尔-28喷气式轰炸机。伊尔-28是大型轰炸机，载油量、载弹量及耐航时间都比图-2轰炸机多得多，但机组人员却只需3个：飞行员1人，领航员兼投弹员1人，射击员兼通信员1人。这种飞机的特点是：速度快、性能好，但设备复杂完善，动作多而细致，容易发生操作错误。

刚开始试飞不久，就先后发生了两起重大事故。刘善本心情之沉重无可比拟。他带领全师官兵痛定思痛，提出"为飞行服务，对安全负责，安全第一"的原则。从事飞行事业近20年来，善本遇到的大小事故不计其数，他最经常说的是

"唯物辩证法矛盾的转换，坏事变好事，才能"吃一堑长一智"。每次事故发生，他都是亲自和机务一起查找事故的原因，认真的总结解决事故的方法，在讲评中反复强调，平时反复提醒，在训练中根据问题加强训练。让我们的空军必须在"吃一堑长一智"中成长。从十师建师以来，在飞行训练中做为第一任师长的刘善本，就严格注重严防飞行事故的发生，制定了一系列的安全措施，比如飞行训练前，驾驶员要和机械长互通飞机的机械状况，帮助发现遗漏问题，促使飞行员进一步了解自己驾驶的飞机状况，做到心中有数，一旦发生问题，心中有底、遇事不慌。在飞行时发生螺旋等事故时，领航员在驾驶员身后负责提醒驾驶员改出螺旋和单发停车、顺桨的操作部署。（杜-2，机舱小，领航员就在驾驶员的背后）同时，政委也和他密切配合，从第一任政委王学武起，每当发生事故后，政治工作即密切配合安全整顿工作，大大减少了事故的发生。十师终于连续十年保证了飞行安全，创造出举世闻名的飞行安全奇迹。1964年及1984年国防部授予空军航空兵十师，两次分别为安全飞行十年和安全飞行三十年"飞行安全红旗师"称号。虽然刘善本已经离开十师和已故16年了，但正是他担任师长的5年，为十师的安全意识、安全训练打下了扎实的基础。《空军报》两次报导中说："这是与第一任师长刘善本严格的工作作风和一丝不苟的安全态度分不开的。"1968年刘善本被迫害致死后，被打成真特务假起义，三反分子（反党、反毛主席、反林副主席）而把他所编写的条令（飞行、轰炸、领航条令）都封住不让用，飞行部队事故频繁发生，75年刘善本平反后才使用他当年编写的条令。因此1982年的《航空杂志》就曾因某部队发生了一起严重飞行事故而重新刊登了刘善本二十四年前的一篇遗作，《从飞行条令562条谈起》。

"编者按"指出："为了不使历史教训重演，希望读者重温刘善本同志的文章，从中领会飞行条令的科学性、严肃性……"

从此，刘善本被称为十师和空军飞行安全的奠基人。

这个国民党驾机起义第一人、老航校创始人之一、空军第一支战斗化部队的奠基人之一、夜航训练的首创人、安全飞行的奠基人，无愧于他获得的如下殊荣：

1954 年 9 月，首届全国人民代表大会，空军从数十万名官兵中推选出三位代表，其中一人即刘善本。此后他连任第二、第三届全国人大代表，直至离世。

根据毛泽东的提名，首届人民代表大会上，刘善本被推选为第一届中华人民共和国国防委员会委员。此后他连任第二届、第三届国防委员会委员，直至生命终结。

1954 年国庆，十师刚改装飞伊尔 –28 不久，便接受了空中检阅任务。刘善本再次担任空中总领队。国庆当天早上有雨，能见度差。一早，善本自己先观测了气象，又让技术主任邹耀坤飞天安门一带上空进行实际观察，以确保万无一失。阅兵总指挥罗瑞卿询问："空军能否起飞？""有没有把握不出问题？"善本都给予了肯定答案。10 点钟，刘善本率领大机群与地面装甲车同时通过天安门时，得到苏联代表团团长、赫鲁晓夫大力赞赏。赫鲁晓夫对毛泽东、周恩来说："这种天气，红场阅兵空军就不起飞了，你们空军真厉害！"这是善本第 4 次光荣地领队通过天安门受阅。这次阅兵十师集体荣立三等功。他本人获得全师国庆受阅讲评会"会议嘉奖"。

1955 年在空十师授衔、授勋。

1955 年 9 月，全国人人常委会授勋决议：刘善本荣获一级解放勋章，同时宣布授予刘善本大校军衔。同时获得一级解放勋章的还有朱德等开国元勋，共 570 人。他成为全军唯一的一位以大校而非将军身份荣获一级解放勋章者。

1955 年国庆，刘善本第 5 次作为空中总领队，率大机群飞越天安门，接受党和人民的检阅。当年 10 月 4 日出版的《人民空军》杂志 125 期中《人民空军接受毛主席检阅》一文有这样一段描写："受阅的机群是由全国人民代表大会代表，某部指挥员刘善本同志率领的，在'十一'国庆节前夕，他荣获了一级解放勋章。当他听到这一喜讯时，激动的说：'在毛主席发布的命令中，授予我一级勋章，为了报答祖国人民给予我的荣誉，我一定要更加谦虚、谨慎，努力提高自己的军事和政治水平，在为祖国社会主义建设，为保卫祖国和解放台湾的光荣任务中贡献更大的力量。'今天，他率领着部队，怀着感激的心情，接受了毛主席的检阅。"至此，善本已经圆满完成 5 次空中阅兵任务。为每次国庆空中受阅任务，他都耗费了无数心血和汗水。他那种勇担重任、一丝不苟的精神，得到了首都阅兵指挥部和空军部队受阅指挥部的高度肯定。从 1949 年开国大典到 2015 年"9·3"阅兵，半个多世纪过去了，在这 66 年里，我国一共组织过 15 次阅兵，空军参加阅兵 14 次（1956 年国庆因大雨空军没有参加），刘善本一人就作为空中总领队，率大机群接受了党、国家领导人和人民的 5 次检阅，可谓创下了中华人民共和国阅兵之最，在我军的阅兵史上留下了不可磨灭的功绩。

1956 年 10 月 1 日，时任印尼总统苏加诺访华观看国庆阅兵典礼，这是一次冒雨阅兵。因大雨，空军没有参加。之后，周总理带领苏加诺到南苑机场参观飞机，特别指示要刘善本陪同。参观中，善本为苏加诺介绍不同型号的飞机，因为随行翻译不熟悉飞行专业用语，翻译过程颇为吃力，总理便说："还是请刘善本同志本人来翻译吧。"于是，善本用流利的英语介绍着不同飞机的产地、出厂时间和性能，苏加诺不由瞪大眼睛、充满惊讶地看着他。总理笑了，告诉苏加诺："刘善本是从美国学习飞行回来的。"参观结束后，总理对善本说："谢谢你啦，你的英语讲的很不错！"善本谦虚地说："总理过奖了。可能因为长时间不用啦，加上年纪也大了，说英语时都感到有些吃力了。"这之后的会议上，总理见到善本就喊他老刘。善本很不好意思地说："总理我还没您年纪大呢，今后我再也不会在您面前说自己老了。"总理爽朗地笑了。10 月 6 日，在南苑机场，人民空军专为苏加诺总统举行了一次飞行表演，主要内容是滚翻、迅速下滑、变队形等战斗机特技，此外还有跳伞表演。空军司令员刘亚楼特别向苏加诺介绍了这次飞行表演的总指挥刘善本，苏加诺边听边赞许地点头，他再次见识了刘善本的能力。

1957年春天，中央决定进行"空防合并"，即军委空军和军委防空军合并，统称军委空军。军委空军成立了军训部，部长由副司令曹里怀兼任，姚克佑任第一副部长。军委于6月23日任命刘善本任空军军训部第二副部长，主要分工负责抓理论技术和飞行训练工作。

1960年4月，空军任命刘善本担任新成立的空军最高学府——中国人民解放军空军学院领航系主任。1962年12月，军委任命刘善本为空军学院副教育长。

1964年，经毛主席亲自提名，刘善本晋升为少将。

这些，都是党和人民对他的极大信任。而他，也担当得起这样的信任！

蓝天忠魂

——刘善本将军传奇

第七章

玉　碎

一、百尺竿头

自从 1957 年春天任空军军训部第二副部长一职，开始主抓理论技术和飞行训练，善本就更注重理论总结和建章立制的工作。这时候，人民空军已经壮大起来，发展到几十个师，数十万人。

作为一个有二十多年飞行经验的老飞行员，善本早想把自己的经验总结出来，形成系统化、条理化的成果，给空军的建设和战备训练提供参考。但是，这么多年以来，他一直忙于筹建航校、组建作战部队、训练带飞、参加阅兵等一个又一个的具体任务，无暇他顾。眼下这个新岗位，刚好给他搭建了一个得以实现自己想法的平台。一方面，他保持热爱学习的好习惯；另一方面，他不

1958 年空军军训部讲评工作。

断进行理论总结。

善本上任副部长职务后，立刻参与修订了部队飞行训练条列条令。既然要主抓飞行训练工作，就要有法可依。在空军训练部工作时，善本就研究过如何贯彻执行飞行条令问题。他曾撰写过约1500字的《从飞行条令562条谈起》，发表在《航空杂志》上。他对训练部机关工作人员说，我们作为上级机关的工作人员，下到部队就是为部队解决飞行中的实际问题的，所以我们平时要抓紧提高自己的业务技术能力，这样才能下到部队指导训练，真正解决飞行中出现的问题。机关同志们认同善本的想法，他们上进心强、学习热情很高，急着想掌握更多的业务知识。只是，谁教他们呢？善本提议能者为师，以推荐和自荐结合的方式确定教员，把大家组织起来学习。陈九峰文化水平高，善本委托他教微积分；鲁开喜是搞探照灯和雷达的参谋，就让他讲探照灯雷达。善本自己也带课，讲领航。除了关起门来互相学习，他还鼓励大家走出去，报名参加北京工业大学的夜校。部里有十来人参加了夜校，为解决交通不便问题，善本派部里的车接送这些"学生"，他自己也和大家一起去听课。因为善本的倡导和示范，军训部里掀起了学习业务技术的高潮。

早在1952年，针对部队训练普遍存在的问题，善本就撰写了一篇题为《进行飞行教育必须贯彻理论和实际结合》的科技文章，刊登在《人民空军》上。现在，他又在业余时间挑灯夜战，继续他飞行技术、训练方法上的理论研究。调任空军训练部副部长当年，他就在《人民空军》上发表了《在飞行技术上也可以展开百家争鸣》一文。之后，又撰写了长文《用唯物辩证的观点，破除迷信，钻研飞行

军训部

技术，改进训练方法》，启发和指导全空军战备训练。《航空杂志》1958年第
8、9两期，连续登载了这篇兼具纲领性和实践性的重要文章。同年，他还在《人
民空军》上发表了《反对单纯技术观点，埋葬教条主义，保证飞行安全》一文。
这些论文，既具理论深度又具应用价值。人们不禁感叹，这样一个从实践中成
长起来的学者型领导干部多么罕见。

下部队

作为飞行一线成长起来的人，对于部队飞行训练的难题，善本一向非常关
注。而在解决问题的一线，也总是少不了他的身影。60年初，驱逐机部队发生
进入螺旋式事故。作为分管技术和训练的副部长，善本迅速组织了一个技术小组，
亲自带领小组深入部队寻找事故的原因，帮助部队解决了技术难题，让自己改
进螺旋的经验再次在战斗化部队推广，防止了飞行事故的发生。

据当年在军训部工作的李裕同志回忆，因为考虑到飞行部队训练中常发生
事故，所以造成有的部队遇到天气不好就不进行飞行训练。善本知道后很着急，
他说敌人不可能因为天气不好就不进攻我们，我们应该加强训练多培养出全天
候的技术过硬 的飞行员来。所以他把重点放在很抓部队的飞行训练上，在飞行
训练科目上，善本想借鉴美国空军的经验，对飞行员进行飞机性能训练，这在
美国是必备的训练项目。他认为这项训练不仅有利于提高飞行员的个人技能，

使飞行员对自己驾驶的飞机性能有全面的了解，而且有利于提高飞行员的心理素质，和应急反应能力，一旦发生问题时不紧张慌乱，能冷静地采取正确的解决措施，防止飞行事故的发生。善本认为，在科研技术包括飞行技术领域没有阶级和国家的界限，它们是人类文明的共同成果。主要看掌握和运用的人，是为哪个阶级服务。为培养我国国防所需的空军战斗化部队，苏联空军先进的教学和训练经验我们应该学，

下运输机部队 34 师检查工作

美国空军先进的经验我们也可以借鉴。因此，他带着一个小组深入飞行部队，进行分组试验训练。其中，一组飞行员按当时常规进行训练；另一组飞行员则进行美国的飞行性能训练，包括超高超低、超速，飞机全载重加速起飞的极限飞行训练，以及改出螺旋、复杂情况的处理等。通过试验对比，他提出："要使飞行员具备技术上的自觉性，真正成为飞行员驾驶飞机，而不是飞机驾驶飞行员。"但是，他的意见在大会上却受到批评，批评者认为他"没有政治上的自觉，怎么能有飞行技术上的自觉？这不是用头在下、脚在上走路吗？"由于各别领导干部不懂飞行，部里又怕这种训练会出事故，加上当时中美关系处于紧张敌对状态，善本的建议未获批准采用，他也被调离了军训部。还有一种说法，《吴法宪自传》中说，58 年因为空军五年装备会议上，一位参谋把会议的记录本给丢了，报上级机关，要求空军一定要找到，彭德怀国防部长来空军检查工

作，问到这件事，刘亚楼司令回答没有找到。彭老总火了，这么点小事都搞不好，我正考虑空军司令是让你当，还是让刘善本当呢，刘善本是飞行行家。（主要是因为刘善本在朝鲜战场成功地指挥了夜间轰炸，给彭德怀留下了深刻的印象。）之后刘亚楼司令以养病，一年不主持空军工作，1959 年庐山会议后，在空军批判彭黄反党集团的空军党委院上，有人提出，彭德怀要提刘善本当司令，刘善本是彭黄死党。刘亚楼司令在会上说，刘善本本人并不知道。这样刘善本没有受到牵连，但是却调离了军训部。（文革中给刘善本定的罪行之一，就是因为这事而定成漏网的彭黄死党。）

如今，时隔半个世纪后，现在的飞行部队已经运用这种复杂情况的性能飞行训练方式了。事实证明，刘善本 50 年代提出的飞行训练的理念是正确的、必要的，如果当时能用于飞行部队，我们飞行员的技术可能更早进入世界一流水平，并且还能防止很多飞行事故的发生，避免更多飞行员的生命和国家财产的损失。

1960 年 4 月，空军任命刘善本担任中国人民解放军空军学院领航系主任。空军学院是随着部队革命化、现代化、正规化发展的需要，1958 年 9 月于北京组建的，以南京军事学院的空军系为班底，院长由空军副司令员刘震上将兼任。这座空军最高学府的主要任务是培养空军的中高级干部。在空军学院的各级领

第二届人大会议解放军代表合影。

导中，有许多是善本在老航校或混成四旅的老战友或学生。就像当年老航校的领航班一样，领航系是空军学院新组建的单位。

还是面临当年老航校领航班的老问题，教员少、教材缺。不过，有了13年前积累的教学经验，这一次的路好走多了。何况，现在学院的条件这么好，再不是大荒野中顶着北风、吃高粱米饭、随时躲避敌人轰炸的时代了。看着美丽如画的校园、整齐的办公楼，善本无限感慨：弹指一挥，换了人间。

善本采取边筹建边教学的办法，在教学过程中逐步充实教员队伍、编写教材。他并没有只做行政工作，还是经常亲自备课任教，给新教员们做示范。他的理论课依然引人入胜，方法灵活，因为他能联系飞行实际，使学员们好懂易记。在教学的舞台上，刘善本的聪明才智充分施展，他勤思好学，注意航空学术研究，善于探索和总结飞行训练问题，乐于动手撰写飞行理论和经验的文章。和他在一起工作的同志，每当看到他写的文章发表时，恨不能一口气读完。作为领航系主任，他还非常关心系里教员的生活问题，努力帮助一些教员解决了两地分居问题。有他这样一位领导，领航系的工作很快风生水起。

1962年2月，一个崭新而有意义的任务又分配到善本头上。他奉上级指示参加空军条令编写组，分管领航条令、轰炸条令及《兵团领航战术教科书》的编写工作。在负责编写条令的过程中，因看到有个别的教员在编写过程中，大量的用毛主席语录替代条令的内容，善本和他谈话：主席的语录和毛泽东思想，是指导我们编写条令的，但是不能替代条令，条令是在飞行，轰炸和领航的实践中总结出来的，具体的规范、规定是必须执行的准则。你拿回去修改重新写一下。（文革中刘善本反毛主席，反毛泽东思想的罪行之一就有这事）。空军的飞行、轰炸和领航条令之重要，因它是空军训练和战斗中必须遵守的规定和准则。过去，中国空军一直使用翻译过来的苏联空军条令。现在，中国空军的飞行条令要由自己来编写。为此，空军司令刘亚楼上将亲自抓，空军党委成立了飞行条令编写委员会。

经过大家共同努力，几个月后，空军第一个飞行条令编成了，并以"总参谋部命令"形式公布执行。这是空军教育事业新发展的里程碑。刘善本花费大量心血编著的《兵团领航战术教科书》，则是空军大兵团飞行行动——作战、检阅、转防的编组、飞行、起降等符合实际需要的训练指南，成为培养空军高级飞行指挥员的教材。善本终于将自己多年飞行实践的经验总结出来，留给了更多的后来者。

1962年，专机部队在夜航中再次出事故，刘善本负责对这次事故做最后的审核。他考虑到中央首长专机的重要性，查阅了大量的技术资料，向空军呈报建设性的意见——在专机上研发安装特殊的装置，一旦有危险事故发生时，首长带好降落伞，按特殊的装置电钮，把首长弹出机舱并自动打开降落伞。这样，即便飞机发生事故，也能确保首长的安全。在报告中，他还列举了国际上几位国家元首因为飞机事故而丧生的实例，以此论证研发这种特殊装置的必要性。他认为，中央领导同志的安全，关系着国家和人民的根本利益，出了任何问题，都是对党和人民的犯罪。他总是走在思想、理论和技术的前沿。

1962年4月第二届人大三次会议军队代表合影，第一排左三依次排列：
罗瑞卿、徐向前、罗荣恒、刘伯承、贺龙、陈毅、聂荣臻最后排左三刘善本，左四王诤。

忙完飞行条令和专机设施建议，善本又针对飞行部队因单发停车而发生严重飞行事故的老大难问题，写出《多活塞式飞机空中单发故障处置》一文。这是他在十师不顾个人安危、冲破教条主义的束缚、亲自进行多次空中试验的经验总结。十师的飞行员比较普遍地掌握了这项技术，使多次空中单发停车化险为夷。现在，通过《航空杂志》1962 年 11-12 期合刊，他的经验被传播给了更多同行。1962 年 12 月，军委任命刘善本为空军学院副教育长。但是，让一个拥有卓越飞行技术的飞行干部分管空军学院勤杂工作，并不是最适合他的岗位。善本不愿意荒废技术，曾多次向空军司令员刘亚楼提出想回航校工作，反复说明自己不想做领导，也不适合做行政事务性工作，还是比较适合承担教导主任或主任教员等教学工作的想法。他希望在自己有生之年能够为空军多培养出几批优秀飞行员。然而，刘亚楼却批评他闹思想情绪，希望他向自己的爱人周叔璜学习，理由是虽然她只是空司门诊部药房的调剂员，但是安心本职工作。其实，善本哪里是闹情绪呢？他一生看淡名利，因此才先放弃美国航校优厚的待遇，回来报效祖国，又为了反对内战而放弃国民党空军的高官仕途。善本只希望能为祖国的人民空军、为国防建设多尽义务、多献力量。

回顾整个 1962 年，正是国民党叫嚣反攻大陆最激烈的时候。这一年，善本还做了件有特别意义的事儿，这件事儿的政治影响远不止于当年。这年春天，刘善本又给国民党空军写了一封公开信。通过广播，这封信的内容传递到了台湾：

"我们抚今追昔，十分关怀被迫困在台湾的老同学、老同事们，我们也深知你们之中有许多人想念自己的父母家庭和可爱的故乡，想回到祖国大陆，但又因为受国民党种种宣传所蒙蔽，存在着矛盾的心情，怕人民政府不予宽大。我的亲身经历就是最好的证明。人民政府对待国民党军政人员的政策从来是十分宽大的，都本着'爱国一家'的原则，采取既往不咎、立功受奖的政策，祖国的大门始终是向你们敞开着的，祖国人民对你们始终是寄与殷切希望的，中国统一的伟大事业一定要实现，祖国台湾绝不能任人分割，台湾同胞一定要回到祖国的怀抱！"

这封公开信晓之以理、动之以情。台湾方向又飞回了一只雄鹰。

1963 年 6 月 1 日，国民党空军第二联队十一大队四十三中队上尉飞行员徐廷泽，驾着编号为 6272 的 F-86 型美制佩刀式喷气战斗机自台湾新竹飞抵福建龙田。按照军委政策，3 天后，徐廷泽即被授予少校军衔，获得奖励 2500 两黄金的奖励证明。徐廷泽来北京时，在机场见到了他慕名已久的刘善本。正是眼前这个高个子大校，指引他走上了弃暗投明的路。之后，周总理接见了徐廷泽，陪同的有杨成武、肖华、刘亚楼、林遵、刘善本、杨思德。在谈话时，周总理特别拉住善本的手，让善本坐在他的右边，左边是徐廷泽。总理的意思是，刘善本是国民党空军起义第一人，正是在他的正义影响下，国民党空军人员继续在走他的道路。

在这次接见之后，善本几次与徐廷泽接触。听徐廷泽一讲，才知道 60 年代台湾生活很困难，一个飞行员的工资喝几次可口可乐就没有了，这让徐廷泽连老婆都不敢娶。一个驾机起义第一人，一个新近归来者，空军联络部特地安排八一电影制片厂，在刘善本家里拍摄了刘善本起义机组和徐廷泽相聚的家庭宴会镜头。

1963 年徐廷泽起义，左起林遵、杨成武、肖华、周恩来、徐廷泽、刘亚楼、刘善本、杨思德。

1963年周总理接见徐廷泽，左起：周恩来、徐廷泽、肖华、刘亚楼、杨成武、林遵、刘善本。

　　过了些天，为自己起义18周年讲话之事，善本应约到王府井《人民日报》社。那天天气很好，王府井大街上人来人往。他突然听到有人喊自己的名字。顺着声音的方向一看，是徐廷泽和空军联络部的人。徐廷泽快步走过来，豪爽地说："走走！一起吃饭去！我请客！"善本连连摇头："知道你现在很有钱！但是应该考虑国家还在建设，该省的还是要省。我爱人也是你们四川人，还是我请你来家里吃她亲手做的家乡菜吧。"徐廷泽不好意思地笑了，老大哥还帮自己省钱呢。

1963年叶剑英代表国防部，接见徐廷泽起义，左起林遵，杨成武，刘善本，蔡廷凯，徐廷泽，左七叶剑英，右一吴法宪，右二甘泗琪，右三傅作义，右四张治中，后排右一肖向荣。

1964年刘善本提升少将，空军报报道时的照片。

回到大陆，徐廷泽找到了自己的另一半，爱人小贾原是空军东交民巷招待所的招待员。结婚后，徐廷泽要到空军航校任副校长了，临走前特地来善本家做客告别。在他和善本的孩子们出去照相时，善本关切地问小贾："你到航校后的工作找好了吗？"

小贾回答："只有服务社售货员。唉，没有合适的，就不想上班了。"善本眉头紧了一下，直接道："这样不好。你工作才可以靠近组织，思想提高的才快。另外，徐廷泽刚过来，还需要你在思想上多帮助他进步呢。再说，你原来就是做服务性工作的嘛，怎么结婚后就不能做了呢？"小贾一时语塞。她感激刘副教育长的直率，虽然觉得他不理解自己。

1964年4月，经毛主席亲自提名，刘善本晋升为少将。

作为一名将军，他对部队的要求是严格的，特别是在组织部队飞行训练方面，容不得任何一点疏忽和懈怠。因为他坚信这不仅关系到飞行员自身的安全，而且直接关系着部队的战斗力、国家的安全和人民的生命财产。他这种严密的组织、严格要求的思想和作风，对部队的影响很大。即便成为将军，他也丝毫没有放松自己的科研工作，1964年，他撰写了《单座机飞行员简易综合航法》，发表在《航空杂志》第12期上。

说到科研，刘善本涉足的领域可是够广阔。除了飞行技术、飞行理论，他在60年代还提出了航空心理学问题——"飞行错觉"。这个崭新的课题引起中国科学院心理研究所的重视，数次请他去作报告开讲座，把他提出的问题列为研究项目，并成立了专门的课题组。因为意识到航空心理学领域在国家是个空白，在大女儿兰平考大学时，善本替女儿选择了北京大学心理学专业，希望女儿能为国家航空心理学做出成就。后来因"文革"受政治牵连的兰平，在毕业时和北大其他被打倒的子弟一起去了山西阳泉，直到父亲平反后她才调回中国科学院心理研究所。看到兰平，所领导感慨万千："你父亲在的话，他的航空心理学的课题一定能有成果。他不在了，我们和空军就再也没有联系了，这个课题也没法进行下去了。唉，你父亲是个多么难得的人才啊！"

这个难得的人才还多次去空四所——空军航空医学研究所，和相关科研人员探讨，提出了关于"飞行中产生的生理反应"这个属于航空医学领域的研究课题。无论航空心理学还是航空医学，善本提出的都属于该领域当时非常前沿的题目。当年在科学院听过他讲座的人，至今回忆起来还在说："在中国的飞行员中，没有一个能和刘善本比的，我当年在科学院听过他的学术讲座，他讲到空气动力学时，我以为他是个物理学家，当知道他是个飞行员出身时，我大吃一惊。真没想到，一个飞行员能把与飞行有关的各类知识学习和掌握的这么精通，确实令人敬佩。"

1959 年军训部时参加地方会议时的便衣照。

1964 年，在中国航空学会成立大会上，刘善本被选为第一届全国理事会理事。他积极参加航空科学技术的学术交流及普及活动。

1964 年 8 月体委航空运动协会成立大会，刘善本当选为第一届协会委员。体委主任是贺龙元帅。贺龙元帅参加了会议，讲了话，还与委员们合影留下了珍贵的照片。

在这个同样忙碌充实的人生阶段，有趣的是，善本始终没有放弃年轻时的兴趣。如果我们不那么健忘，一定记得他到延安时曾想进行新文字改革研究。这个与飞行风马牛不相及的领域，也始终有他一席之地。新中国成立后，他还多年担任中国文字改革委员会委员。

如果想知道刘善本文笔怎么样，不妨读读他应《星火燎原》编辑部约稿，撰写的自述性纪实散文《飞向延安》，这篇文章曾发表在《星火燎原》和《人民日报》上。作品以生动详实的笔墨介绍了当年起义经过，是我们了解他的赤子之心、了解起义经过的第一手材料。

自古以来，中国将才以文武区分，文者通于治，武者精于战。文武双全者有，但屈指可数。在中国空军，刘善本就是难得的能文能武的航空人才。对于他过硬的"两杆子"——操纵杆、笔杆子，身边的人都钦佩不已。因为既是技术权威，又有文字能力，空军发生严重的飞行事故都要由他参与最后鉴定呈报。在作为技术专家的他的笔下，总结出了多少可贵的经验，为我们空军的成长提供了多少参鉴啊！

更可贵的是，这样一个难得的人才，从来不愿特殊化，甚至享受该享受的待遇也不安心。1965 年，第三届人大会期间，善本又见到周总理。因为熟悉，他跟总理聊天很放松。他对总理讲："我已经有几年没飞了，就不要再吃空勤灶了，给国家节约点儿。"总理剑眉一扬："这么大个国家还养不起你一个飞行员？你是应该终生享受空勤待遇的。"于是他又对总理讲，我们国家没有一套完整详细的航空教材，他想着手编写一套包括航空医学、航空心理学在内的全面教材。总理赞道："好啊！我支持你！写完我第一个看。"受到总理鼓励，善本干劲儿十足。这次人大会后，他就开始着手写书的准备。马上做的事，请科学院心理所给他办了图书证。图书证上，证主单位是心理所，学位是副博士，职务是客座教授。有了这个图书证，他阅读专业书籍就方便多了。同时，他还是北京图书馆的常客。一天，他兴冲冲地回到家，一进门就拿出一本灰色、硬皮封面，书比较薄，英文版。他轻轻摩挲着封面，高兴地对叔璜说："真没想到，北京图书馆存书量还真丰富，还有我 1944 年在美国航空学校技术研究所改进高空仪表时写的论文。"遗憾的是，1966 年"文革"爆发后，他被迫停止了编写航空教材的计划。

"文革"，这个一代人的黑暗记忆，在刘善本家里，是永远愈合不了的伤痛。因为它是致命的。

二、铁汉柔情

一如他的好技术、好能力，刘善本的好性情和好修养也是出了名的。这个蓝天上能力超强的铁汉子，在日常生活中却是一个难得的柔情人。无论在家里还是在单位，他的善良温和都像一块带着体温的玉，让他身边的人感到温润、舒适。

认识他的人，第一印象一定是：刘善本是一个英姿勃勃的军人。这是因为，善本是一个注重仪表的人，不论是授课、开会，还是出席活动，他都非常在意得体的装束穿着。他个子高，军人气质好，天生一个衣服架子。无论穿军装、便装还是运动装，都有"回头率"。当年在老航校工作时，他组织的航校篮球队经常参加东安镇的篮球赛，当地很多百姓来看球赛其实就是专为看他来的。在那个年代，他就算有明星效应的人了。但是，在日常生活中。他其实极其简朴率性，他可以外面西服笔挺，里面却是一件大窟窿小眼的旧背心，外面照件白衬衣。

凡是和刘善本共过事或者仅仅见过一面的人，几乎都会为他见博识广的航空知识和高超娴熟的飞行技术所折服，为他热情健谈而又谦逊宽厚、平易近人的性格所深深吸引，留下难以忘怀的印象。人们在这位将军的身上找不到一点儿"官架子"。谁也没有见过他板着面孔训斥下级，却有许多人至今还津津乐道地回忆刘善本和干部战士们一块儿打球、比枪法、聊家常的动人情景。十师的老人回忆说："当时训练任务紧张，别的领导都常发火骂人，只有老师长虽然飞行技术问题上要求很严，但是他从不发火骂人，就是摔了飞机这么严重的问题，他在全师总结会上，只是说话时的频率比平时高了，这就是他激动了。他给人感觉与众不同，非常有涵养，就是个学者的风范。"

上世纪50年代，十师的一位汽车班长要复原回老家，临走前他来看刘师长。他一直羡慕师长抗美援朝获得的奖励——美军将领的大衣和美式望远镜。他说因为抗美援朝在辽阳冬天经常在外面抢修汽车，双腿冻成了关节炎，现在要走了，他想要师长这两件东西。善本一听，立刻就去拿给他。警卫员阻止了一下："师长，这些东西是你的荣誉呀，再说，买都买不到呢！"善本摇头："他是为国家辛劳成疾的，他需要给他是应该的。""冻出关节炎，大衣倒实用，望远镜能治关节炎吗？""这些都是抗美援朝的纪念，不管实用不实用，他当兵一回，上过抗美援朝前线，为国家做过贡献，值得拥有这些纪念。""那您呢？您不更该留着做纪念？"善本再次摇头。他一向对金钱物质看得很淡漠，他常和家人讲："金钱物质这些东西活着不来死了不去，要多也没有用，用在该用的地方就对了。"

善本关心下级，能和群众打成一片，在老部队也是出了名的。他的兵有什么异样，他一眼就能发现。老航校学员、后来十师的机务人员王铁政回忆：一次在机场，师长发现他走路有点拐脚，就问他怎么了。他说自己生脚气癣了。师长当即给他开了个药方：甘油 0.7，硫黄 0.1，明矾 0.1，酒精 0.1。他很纳闷，光有名称、数字，没有单位，这可怎么个配法？师长告诉他：单位由你自己定，你若以一克为单位，可以配一小瓶；若以一公斤为单位，可以配一小桶；若以吨为单位，可以向外批发。王铁政被师长的幽默逗笑了，想师长的药方竟然能举一反三，给人知识的启迪，觉得师长真会给人开脑筋。

陈兰英从 1950 年就做了善本家的保姆，但她从来没觉得在善本家自己是外人。平时，善本夫妇忙工作，陈阿姨打扫卫生、洗衣做饭、照顾孩子们。大年三十晚上，全家吃年夜饭，善本就把陈阿姨请到自己平时坐的餐桌正中间位置，他让孩子们到厨房端菜盛饭摆碗筷，不让阿姨动手。吃饭时，他对孩子们说：老阿姨比我还大一岁，她就是我的姐姐，没有她管理这个家，我和你们的妈妈就不能安心的工作，你们也不能安心的上学。所以老阿姨是我们家的第一大功臣。在生活上，他也尽自己所能帮助陈阿姨。陈阿姨最感谢善本的是，善本帮她的女儿摆脱了童养媳身份。因家里穷，解放前陈阿姨的女儿卖给别人家做了童养媳。可怜的姑娘不但常常挨打受骂，甚至大冬天还光着脚没有鞋穿。50 年代中期，善本知道这个情况后，专门给江苏省写信进行反映。政府很重视这个问题，出面解除了陈阿姨女儿的童养媳身份。之后，善本专门把这个姑娘接到家里来，跟陈阿姨在一起生活。人心换人心。三年自然灾害期间，陈阿姨不辞劳苦地为这个家种菜、养家禽，还经常到河里摸河蚌、捞螺蛳，以给孩子们改善伙食。1965 年，陈阿姨身份改为部队职工。"文革"期间，善本对陈阿姨讲："老阿姨，现在有人在整我。不过，就是我被打倒了，到农村，你也不要离开我们家。你永远是我们家的一员，有我一口饭吃，就有你的一口饭吃。"陈阿姨也始终把自己当作刘家的一员，"文革"中，她和刘善本家人一起挨整，断不肯反戈。因为她不信刘善本是特务，她经历过南京真正的特务开枪暗杀善本的一幕。善本被迫害死后，陈阿姨用自己的工资给孩子们买菜，帮扶刘家。正因为这份不是亲人胜似亲人的感情，让陈阿姨在刘善本家工作了 17 年，（51 至 68 年）陪伴这家人经历了全部的荣辱兴衰。"文革"结束后，陈阿姨已经退休，可以享享清福了，但是她还来到北京，坚持不要工资为刘善本带他的孙子。这时，善本已经辞世 20 年了。而善本的子女们也和父亲一样，把陈阿姨当自家人。陈阿姨老了，90 年代初双眼患了白内障，孩子们接她来家里，给她联系住院手术治疗，她住院期间，孩子们轮班去医院看护，住院费、手术费和治疗费都是七个孩子承担的。这在空军学院老同志中传为佳话，他们都说：刘善本把孩子教育的这么好，孩子们对老阿姨真有感情！如果善本知道良好的家风被孩子们传承下来，相信他九泉之下也会欣慰的。

善本心中，人无高下贵贱之分，每一个人都有他的人格，人与人应该平等的。他怀着同样的爱人之心，怀着对人本身的尊重，对谁都是一样的平等态度。比如部队营房周边农村看场院的老汉，也是他的朋友，有空的时候就在一起拉拉家常。不认识的普通劳动者，他也一样当朋友待。一个雨天，他看到收垃圾的老人躲在他家门洞里避雨，立刻让孩子请老人进家里来避雨。他请老人坐沙发，老人看自己身上脏，不好意思坐，他便劝说："没关系，坐吧！沙发就是坐的，脏了可以洗。"然后，他让女儿给老人沏上一杯茶。老人坐在柔软的沙发上，捧着热茶，善本陪他聊着家常，一直到天光放晴。

1965 年冬天里的一天，善本下班回来，叔璜说护士长告我你去我们门诊部打针了？还碰到个新兵，说你算什么领导和我一样就是个士兵。是啊，善本笑着说"我看电影《哥俩好》，总认为战士和军长换领章是夸张，不会有这种事，今天我信了。"原来善本去门诊部打针，他也坐下排队，坐他边上的是个新入伍的小战士，善本和他聊起来，知道他姓周，是四川绵阳人，家中只有姐姐。小周问他："你是干什么的？年纪这么大了，怎么和我一样也是一个星的兵。"善本想起了《哥俩好》的电影笑着说："我是炊事班的啊。"小周"愿不得呢！"善本又逗他："我和你换下领章吧？"小周"我才不换呢，我还比你多个小飞机。"这时护士长发现善本在排队，就说首长，为什么不叫我们去你那里打针？你那么忙先打针吧。善本说快排到了，但是护士长一再的让，加上开会的时间也要到了，他只好先进去打针。事后护士长说小战士，你不知道他是首长？小周回答："他是什么首长，和我一样也是一个星的兵。"护士长说："傻瓜，人家是将军，他的星可比你的大多了。"以后小周分配在办公大楼的公务班，善本上下班遇到他，主动的叫他小老乡，他不好意思的说："首长我不知道，"善本说："没有什么，我们是老相识了。我爱人也姓周，一笔写不出两个周，加上也是四川人，你又没有父母，今后过年过节就到家里来，让我爱人给你做些家乡菜吃。"在善本的盛情邀请下，小周来家里看望。

"文革"善本被刑讯打死的那天，1968 年 3 月 10 日下午正是小周周日当班，他在一楼值班室听到二楼有惨叫声，他顺着声音找到审讯室的门外偷看，被发现推进去摔在地上就拳打脚踢，他的腰被打坏，关在办公楼地下室，几天后就给他处理回原籍了。1975 年后他知道刘善本平反昭雪，由四川老家来北京反映情况，他写有当时他所看到如何对刘善本行刑昏倒在地，还有人用脚踢踹善本的胸部和腹部。以及对他本人的暴行，使他腰残不能做体力劳动。

对别人，善本是处处为人着想；对自家人，则让她们处处想着别人。

当然，对自己的父母，善本是只有付出没有要求的。虽然反对包办婚姻，违拗了父母的意志，但善本依然是名符其实的孝子。自从他有了经济能力，先是让父母带着未成年的弟弟妹妹从山东老家出来，跟随他所在的国民党空军八大队一路从兰州转到成都再转到上海，解放后又来到哈尔滨。后来，他还接母亲到南京、北京住过一段日子。母亲不在身边的时候，刘善本每月按时给母亲寄钱，直到他自己先于母亲离世。"文革"刚开始时，他还说，等"文革"结束了，要让金平去把奶奶接来住。不想，没多久，白发人送黑发人，他便与母亲阴阳两隔！

善本家人口多，孩子有七个。但善本和叔璜还供养、资助了不少亲戚家的孩子。比如叔璜大姐家的四个子女，不幸的孩子们在两三天内竟经历了父母双亡，最小的一个还不到2岁。而后，四个孩子都是由善本家抚养长大。直到今天，白发苍苍的陈乐平姐弟一提起这段往事，仍不免热泪盈眶。

自从1950年春节跟善本在哈尔滨团聚，叔璜就一直跟随善本转战南北东西，一家人亲亲热热，再也没有分开过。他们的七个孩子分别出生在六个地方，每个都取地名中的一个字为孩子命名：刘兰平（兰州）、刘海平（上海）、刘金平、刘江平（南京）、刘嫩平（齐齐哈尔）、刘燕平（唐山）、刘平平（北京）。

1961年全家福

1950年2月，叔璜来到哈尔滨一航校，就在航校参军入伍。按照当时党对起义人员的政策，家属入伍一律享受排级干部待遇。警卫员把给叔璜的干部服领回来了，叔璜别提多高兴。善本却对她说："干部是经过战争，为革命流血牺牲得来的。你刚来，无功不受禄，还是从战士当起吧？"政委解释说这是军委的政策，善本说感谢组织，但是我是一家之主，自家的事，还是由我自己来决定吧。通情达理的叔璜接受了善本的建议。她已经是两个孩子的母亲，却穿起士兵服，和战士们一起出早操、吃大灶。她被分配在一航校医务室药房做调剂员，干的是在丰都县已经熟练了的工作。后来，她随着善本调动到十师，在十师工作期间曾连续三年获得嘉奖，并荣立三等功一次。这样一个出色的军人，在1955年军队裁军时，却脱下了军装。因为善本是十师师长，55年正是军队大裁军，他要求叔璜带头退役。叔璜多舍不得脱下军装呀，但最终她还是听了善本的话。因为药房缺人手，她继续在药房，义务工作，不算编制，不拿薪水。

在对家人的要求上，尤其在公与私的问题上，有些时候，善本甚至让人感到过分严格，尽管他的态度是温和的。他要求别人严格首先是以身作则，公私分明，从不占公家的便宜。"三反五反"时，群众对师里其他领导都提出了批评，唯独对师长没有任何意见。但是，他还是主动在大会上自我检查，因为他发现自己出任务不在师里期间，空勤灶送到家里一只鸡。尽管他知道后让家里给空勤灶付了钱，但是这事还是说明他对家人管教不严。他说：我在这里检讨，保证今后不再发生这种事情。他有公家配给的专车，但他从不因私事用车。十师的指战员不止一次看到师长和爱人有事去南京市区，都是坐马路边的三轮车。一次叔璜搭乘地勤灶的车出去办事出了车祸，她差点出事。60年代刘善本在空军学院工作，有一次他开会回来，路过空军总院公交站，听司机说职工杨师傅和术后老母亲在等车，他马上让车掉头回去，接上杨师傅和老母亲，并先送他们回家。他一直吃空勤灶，却从不在吃的方面有特别要求。他是山东人，爱吃大葱，但空勤灶常常没有饼，他就用馒头片或面包片夹上大葱，照样吃得津津有味。

三年自然灾害时期，国家要实行票证限量购买物资了。这个决定已传达到一定的级别，善本回到家来，一字不说，还一再告诫家人不要看见别人排队抢购东西就想往前凑，要体谅国家的困难，不许添置新衣服。这期间，因为他吃空勤灶，所以就不发首长生活补贴。家里人口多，生活也很紧张，但他还是把家里的粮食给司机小肖，说司机家上有老下有小生活困难。

在那咬紧牙关的三年里，他经常带着孩子们去营门外的四季青公社田地里挖野菜，带领着孩子们在自家的屋前房后种地掏粪施肥浇地，他告诉孩子们：延安时期毛主席就是让自力更生丰衣足食的。这时候，陈阿姨养鸡养鸭养兔，他就教育孩子们要帮阿姨做事。在父亲的影响和教育下，江平常常课余去割草、捡菜叶，或者跟陈阿姨去河里捞水草浮萍喂家禽。一到周六下午放学，金平和江平俩还去学院大豹子农场摘榆树钱回家，每当这时候善本总是表扬和鼓励孩子们。

这期间，大女儿兰平上高中住校，是班上的团支书。她主动把自己的粮票节省下来，给班上的困难同学。但是，因为长时间饥饿、营养不良，元旦回家的时候，兰平竟在家门口晕倒。她开始浮肿，眼睛眯成了一条缝。叔璜看着一群在长身体的孩子们，做母亲的哪能不心疼？她含着泪对善本说："你能不能打报告给组织，要求些补助？你看兰平都得浮肿病了……"善本低下头，过了一会儿，他语重心长地说："现在是国家困难的时期，全国人民比我们家还要困难得多，连毛主席都带头不吃肉、节衣缩食。我们怎么还能向国家伸手呢？一切自己克服吧。"最后，兰平凭医院的诊断证明书，在粮店买到了两斤黄豆。

不是不爱啊！对孩子们，善本一直觉得有很多亏欠。他平时工作忙，经常不在家，偶尔在家，跟孩子们交流的时间也有限，也不能照顾到每一个孩子。看着他们童真的大眼睛，看着他们每次看到自己时惊喜的表情，他愿意他们分享自己。可是，他不是仅仅属于这个家庭的，他同时是国家的人啊。

不过，这丝毫不影响父亲在孩子们心中的地位。因为善本是个慈爱的父亲，也是个优秀的儿童教育家。在孩子们眼中，刘善本是个慈父，高大挺拔的身材，能把小小的孩子举得高高，脸上时时挂满微笑，说话的声音总是温和的。他不允许打骂和体罚孩子，他认为打人和骂人是无理的表现，不能以理服人才打骂人。尤其对孩子，他们是弱者，更不应该。他常对叔璜说：要想做好孩子们的家长，首先要认真做好孩子们的朋友。就是孩子们做错了，也应该耐心和他们分析为什么会这样？这样的结果会造成什么后果？让他们真正理解下次不再犯。如果发现孩子在欺骗你，不要训斥："你在撒谎！"而应诱导他自己承认说谎了，再分析他为什么说谎？如果说谎原因是怕家长打骂，那么责任就在我们了。因为父亲的慈爱和宽厚，孩子们做错事都首先告诉父亲，希望得到父亲的谅解，然后再由父亲做母亲的工作。在孩子教育中，善本家遵循的是"慈父严母"模式。

善本要求子女们成为诚实正直，学有所长的人，他认为身教重于言教。作为父亲，他更注重培养的是孩子们正直善良的人品。所以，他经常教育孩子们，要学会站在对方的角度为别人着想，要有同情心，平等心，主动帮助身边有困难的人，还鼓励他们学习知识、锻炼身体、相互关爱，他都自己身体力行，率先做到。他最不喜欢孩子们无所事事，浪费时间，在他家中从来不许打扑克。但是，在带孩子们去青岛的火车上，他却提议打牌。他发明了一个新玩法儿，就是出牌的人打出牌后，他的对家马上打出这张牌的公倍数或公约数。他就用这种办法，让孩子们在火车上练速算。善本从不强迫孩子们做不愿做的事，总是注意发现孩子的爱好，再支持鼓励他们发展。他注意培养孩子们锻炼身体，周末有时间就带孩子们步行去八一湖或者颐和园。孩子们走累了，他就鼓励他们相互扶助、相互照顾。晚饭后，他也时常带孩子们到院外的长河边散步或是打羽毛球、打篮球。

每到春节，叔璜在京工作的兄弟姐妹们总是带着孩子来一起过节。亲人团聚的时刻，大人们往往会陪叔璜的母亲——周老太太玩麻将，好让她老人家高兴高兴。孩子们呢？便在一边玩儿自己的。这时，经常是善本关注着孩子们，过来和孩子们聊天，问问他们学习和学校生活，有时还会出一道习题让孩子们速算。一次，叔璜二妹的女儿张丹第一个解答出来，不但被善本表扬，还获得了一点儿奖励。这些往事，至今她还念念不忘。

善本有个优点，只要发现自己说错话、做错事就立即真诚地认错检讨。无论对大人还是孩子。一次参加家长会，女儿江平问他："爸爸，开家长会的时间要到了，你怎么还不走啊？"他漫不经心地回答："家长会一般都不会准时开，晚点儿没事。"女儿说："如果我们班的家长都像你一样想，今天我们的家长会要到几点才能开啊？"他听后，态度立即严肃起来："你说的很对，爸爸虚心接受。马上就走，争取准时到。"他说到做到，起身走到穿衣镜前，整理一下仪表，就带上女儿出发了。

孩子们最盼望的事情是爸爸回家吃晚饭。因为只要爸爸一回来，就有故事听。那是因为善本在新华书店买了一幅《中国历史年代表》，钉在了家里饭厅的墙上。他一回来吃晚饭，就按着中国历史发展脉络绘声绘色地给孩子们讲上一段故事或成语典故。孩子们眼中，爸爸好比一个说书人，他们盼望着他的"下回分解"。

父爱如山。对每个孩子来说，爸爸和自己之间的点点滴滴都是终生难忘的。

兰平小时候，因父亲"通共"，她和母亲遭国民党迫害，所以造成了胆子小、不自信的性格。7岁的她，刚到哈尔滨跟爸爸团聚不久，就伤心地说起在四川学校被同学叫"匪娃"受欺负的事。爸爸用温柔的大手擦去兰平脸上的泪珠，告诉她要坚强，要能经受得住误解。那一刻，她觉得，有爸爸的庇护和支持，她什么都不害怕了。一次，在从机场回家的路上，爸爸故意对兰平说："哎呀！爸爸忘了回家的路，你能把爸爸带回家吗？"兰平惊讶地看看爸爸，小心眼里一阵慌乱。但是，她很快镇静下来，这是她熟悉的路。当她把爸爸带到家时，满心喜悦，眸子亮晶晶的。善本不断夸奖她，说她记忆力好、遇事不慌乱。从这件小事后，她开始变得自信了。24岁那年，兰平已经是一个漂亮的大姑娘了，爸爸就像她的朋友，陪她在长河边散步时，认真地和她讨论选择男朋友的标准。那时候的兰平，心里多么幸福！有爸爸做自己背后的参谋，人生中遇到什么问题，都可以回过头来问一声：爸爸，您觉得呢？

海平3岁多才第一次见到爸爸，躲在妈妈身后不作声。见到爸爸那天晚上，她不断追问妈妈："这么晚了，这个叔叔怎么还不走啊？"但没过两天，她就

1965 年夏送二女儿去军事院校入学全家合影。

和爸爸好得分不开了。海平忘不了，1965 年她考上军校后去协和医院和爸爸告别的场面。爸爸伸开双臂，当她是小孩子似的搂抱在怀里，在她的额头上亲一下，然后一直把她送到医院门口，定定地望着她远去。也许，在爸爸心里，这就是一次放单飞，孩子们大了，一个一个的要飞离这个家了。

文革 1967 年 8 月 27 日，海平所在的空军技术学院、造反派在革委会的带领下，开着导弹牵引车，冲向当地陕西三原县，武装夺权，向地方老百姓开枪，打死十几个群众，他们把亡者拉回，埋在学院的导弹发射场地下。学院革委会封锁消息，不向空军汇报。海平和一些在北京的同学知道后很气愤，在同学何光炜父亲何长工家开会，整理材料向空军党委反应情况。善本知道后，他以一个共产党员的党性和觉悟和女儿海平说：

"人民的军队开枪打人民，把人民军队的性质给根本改变了，这是大是大非的原则性问题。你应该马上给你们学院写信，人民的军队绝不能向人民开枪，要他们立即悬崖勒马停止犯罪。并要求他们将我的信以大字报形式公布于众。"

当时海平担心回学院后遭革委会严整。善本说："整你好啊，说明你没有和他们同流合污，在大是大非上你坚持了立场。"后来他们写的报空军党委的材料被空军司令员吴法宪，转给学院革委会，他们被革委会打成空军技术学院的反革命集团，被隔离审查，批斗劳改，海平加上其父刘善本的问题，成了刘善本伸向学校的黑手在劫难逃，他们这些同学不少父亲都被打倒了，他们有的被定为现行反革命判刑劳改，有的被复原回北京。"9、13"林彪事件后，空军技术学院革委会主任肖荣青因自知罪责难逃畏罪自杀，海平和他们这些被迫害的同学才陆续给与平反。

在齐齐哈尔时，金平才三岁。一次，小金平和小朋友在锅炉房外的下水道井边玩耍，嬉笑着往井里扔石子。可是，这个井没有井台，周围又结了冰。小金平脚下一滑，不慎滑落到井里，被锅炉工人救起时，已冻僵到哭不出声。当地人说不能用火烤，千万不能着急，要慢慢地去暖，孩子体温才能回升。爸爸硬是把金平抱在胸前，一动不动地用自己的体温暖着儿子的小身子。半夜时分，金平终于缓过来，在善本怀里叫出了一声"爸爸"。第二天，爸爸冻感冒了。跟家里的女孩子们相比，只有金平这唯一的儿子，时不时觉得爸爸是"严父"。特别是他在外面"闯了祸"的时候，一看见爸爸，就会条件反射式地立正站好，等着挨训。但是，金平童年、少年时最大的欢乐也来自于爸爸。"文革"开始，学校不上课，父子俩便经常在空勤灶旁边的篮球场上打球，一打就是小半天。从此，篮球成了金平一辈子的最爱，一摸篮球，他总觉得爸爸就在旁边，仍像当年那样不断提醒着：出手、传球、过人、上篮、投啦……

燕平小时候，身上长了传染性脓疱疮（黄水疮），小姑娘又羞又怕。爸爸把燕平抱到自己的床上，带她一起睡。每天晚上，爸爸都一边仔细地给她涂药擦洗，一边轻声细语地安慰她。丑小鸭变成白天鹅的故事，燕平就是这时候从爸爸嘴里听到的。那些天"痛并且快乐着"的经历，成为燕平一生中的珍贵记忆。

江平小学三年级开始看小说，她告诉爸爸，学院图书馆不借给小孩书。爸爸说："只要是爱学习，爸爸给你借。"从此，父女两人经常晚上散步到图书馆去借书。第一次去借书，回家的路上，看着女儿兴奋的脸，爸爸突然说："爸爸为你借书是有条件的。"女儿不解："爸爸你不是说只要爱学习你就支持吗？

197

为什么还讲条件？"爸爸拍拍江平的小脑袋瓜，回答："爸爸的条件是：你每看完一本书，都要和爸爸谈一谈。这本书中心意思是什么？就是它宣扬和歌颂的是什么？你认为这本书哪些地方写得好，哪些写的还不够？"这样，以后江平每看完一本书，都会找爸爸谈谈。这样的谈话不但提高了江平的写作能力，而且锻炼了她对事物的辨析和评论能力。参军以后，江平经常被上级抽调去写文章、写评论，就是受益于此。有一天，小江平在父亲的书柜里发现了林汉达编著的《东周列国故事选》。她翻看了一会儿，像发现了一个新大陆似的对爸爸说："原来爸爸您看着《中国历史年表》讲的故事，都在这里面！我可以自己看了。"爸爸点头："好哇，那你拿去看。"小学五年级的历史课上，庞老师讲秦朝商鞅变法，江平站起来回答问题，她竟然滔滔不绝地从商鞅变法的兴起谈到秦国的强盛，再谈到商鞅最后被五马分尸的悲剧。下课后，庞老师惊讶地问她："你怎么知道这么多？"江平自豪地说："我看《东周列国故事选》！""能借老师看吗？""当然可以啦。"回家后，江平立刻向爸爸汇报了自己的"成绩"，爸爸用赞许的眼光看了她好久。

江平在"文革"中曾质疑她就读的空军学院子弟小学"银燕小学"的校领导，因为校领导在被一些同学贴了大字报后，校领导让各班主任诱使学生将矛头转向了某一位老师。为此，江平写了题为"请校领导回答13个问题"的大字报，贴出后引来一些同学签名。校领导看后，非常紧张，当天下午就到空军学院干部部反映情况，干部部则在当晚召集大字报上署名的学生家长开会，让他们管好自己的孩子。因为刘善本是院领导，干部部没有通知他来参加会。第二天，江平遇到了前所未有的尴尬：不但被年轻的老师围攻，给她扣上了反对文化大革命的帽子，而且前一天在大字报上签名的同学也在家长劝说后纷纷退出。这天回家后，江平对父亲倾诉了自己的委屈，她边说边流泪："我明明没反对'文革'，他们为什么要断章取义？"善本听后，感慨干部部没让他去开会，说如果让他去，他一定会劝家长不要过多干涉孩子们，以让他们自己经风雨见世面。他替江平擦去眼角的泪花，对江平说："我为有你这样的女儿感到自豪，因为你有思想，看问题看到了实质，所以他们才这样对你。你放心！爸爸永远做你的坚强后盾！"然而，即便校领导组织老师围攻了自己，后来运动中，同学们揪斗校领导游街，江平却没有参加，因为她牢记父亲的教导——反对人身攻击。

嫩平小时候发高烧影响到大脑，这一直是爸爸的心病。他生前多次说过：退休后，你们都离开家了，我们只带嫩平和我们一起回老家生活，她帮我提水浇花种菜。

爸爸离世时，小女儿平平只有 10 岁。在她的记忆中，爸爸是她最喜欢的大"朋友"，对她的各种要求，爸爸几乎百依百顺。甚至任她爬到肩膀上为爸爸"梳小辫"。

孩子们的记忆中，家里阳台放了一张行军床，还有一张小茶几。夏天的晚上，爸爸总是在那里乘凉和沉思，而那方寸之地也是孩子们的乐园。多少个夏夜，就在行军床上或是茶几桌旁，爸爸兴致勃勃地教孩子们在夜间如何靠星星辨别方位。北斗七星的形状、大熊星座、猎犬星座的方位……星星闪耀，夜萤飞过，爸爸多么了不起啊！他能把孩子们带到群星的世界！

这个总是将工作排在第一位的汉子，有着平常人想不到的细心。他有一本淡粉色的硬皮笔记本，上面记录着全家人的出生年、月、日和出生地，还有孩子们出生时的医院、体重及身长。他还把孩子们儿时跟他说过的稚幼天真的话，也记在这个本子上，为每一个孩子留下童年美好的回忆。当父亲过早地离开他们后，每当打开这个笔记本，看着父亲洒脱刚劲的笔体，孩子们总是泪流满面，父亲的慈爱和他们在一起的往事深深铭刻在记忆中，伴随着他们的一生。在孩子们的心目中，他是最慈爱的父亲、最渊博的老师、最景仰的楷模、最知己的朋友。

善本热爱生活，喜欢孩子。只要他在家就充满了欢声笑语。他是空军学院的孩子王，自家七个孩子不嫌多，还常常带着邻居的孩子一起玩。有一年春节，因为下雪不能出去，孩子们在家很无聊，就是吃瓜子、花生和糖消磨时间。善本就发明了一个小游戏。他在饭厅里摆放两个小凳子，让孩子们手拿兵乓球拍，球拍上面放个乒乓球，围着小凳子走八字，看谁能三分钟球不掉就奖励糖果。他自己和孩子们一起排队玩。结果，左邻右舍的孩子们也来一起玩，他看着这一大群孩子在饭厅里欢笑，自己也开心极了。

还有一年国庆节，孩子们想在晚上去天安门广场看礼花，善本爽快地答应了。七个孩子都高兴极了，他们的小伙伴们听说后，回家也央求家长带自己去天安门。这时，家长们就纷纷给善本打电话，请他帮忙带上自己的孩子一起去。谁打电话他都答应，结果来的孩子越来越多。最后，他只好要了一辆学院的班车，把所有孩子都拉上。当车开到东交民巷空军招待所后，他开始发挥自己的组织指挥专长，把这些孩子组织起来，分了几个组，大孩子当组长。他对孩子们说，组长要管好自己的每一个组员，一个也不能丢，晚上9点钟必须回到这里来，过了点可就不等了。孩子们着急了：我们没有表啊！善本稳稳地：你们没有表没关系，天安门广场那么多人都有表，你们都可以问。问题一解决，孩子们像蒲公英散向了天安门广场，而到了九点钟，全都准时回来了。他又一个不少地把孩子们都带了回去。

在空军学院孩子们的记忆中，还有一件事跟刘叔叔密不可分。1964年，毛主席提倡游泳训练，刘叔叔就跑到颐和园管理处去谈，把园子里昆明湖的一个支流，划作空军学院游泳场地，日常教学时间，学院的学员和连队战士都可以在里面训练。而一到学校放暑假，家属院的孩子们也纷纷要求游泳。他们到学院暑期学生办公室去闹，暑期办公室就说，你们去找刘教育长，让他带你们去游。那一天，善本还没吃完中午饭，就有一大群男孩女孩在门外喊：刘叔叔，我们要游泳！善本放下饭碗，就带着这一群孩子一起去游泳了。他又进行编队，让会游泳的带着不会游泳的，并叮嘱孩子们，要注意保护不能发生危险，首先是安全第一。他自己也教孩子们游，四五十年后，空军学院长大的孩子们还说，我会游泳还是刘叔叔教的呢。

一有空余时间，他最爱和儿子金平的中学同学一起打篮球。"文革"开始，中学里最先造反。金平的几个同学因在学校运动的认识问题上跟家长有冲突，关系紧张。这时候，他们便来到金平家，来找心中敬重的、平易近人的刘叔叔，对他讲家里发生的事情。善本认真地听，帮他们分析问题症结，还告诉他们应该换位思考。他对孩子们说："文革"是新生事物，认识不同很正常，站在父母角度想想就能理解父母了，矛盾也就不会这么激化了。同时，他还告诫孩子们：积极投入毛主席发动的"文革"运动是好的，但是要遵从主席的教导——要文斗不要武斗。老师有错误，可以批评，但是要注意方式方法，不能体罚、不能人身攻击。金平的同学不止一次感慨：如果我们的家长都像刘叔叔这样和我们谈话通情达理，理解我们就好了。若干年后，当得知刘善本将获平反昭雪的消息时，空军学院里的孩子们都说：刘叔叔的昭雪平反仪式，我们一定要去，他是我们最尊敬最爱戴的叔叔。

这就是刘善本，一个满怀柔情的铁汉。对公，他利益不取半点；对私，他好处不争毫分。对待事业，他尽职尽责胜猎鹰；对待亲友，他和善体贴如春风。谁能知道，他的胸怀多么深广又多么柔软呢？这些不仅是只有他身边的人才体会到的。

三、黑暗时刻

善本不是一个爱写信的人。但 1967 年，他给党中央写信了。这封信，惹来了杀身之祸。

事情还得从 1966 年说起。1966 年 5 月，"无产阶级文化大革命"血雨腥风般地席卷中国大地。

像上足了发条的闹钟，1966 年秋天到 1967 年春天，全国红卫兵运动轰轰烈烈以"大串联"的方式传播开来，这是因为 1966 年 9 月 5 日，中共中央和当时的中央最高权力机构——中央文革领导小组发出《关于组织外地革命师生代表来北京参观文化大革命运动》的通知。全国红卫兵大串联就此拉开了序幕。这场运动规模之宏大、参与人数之众多、形式之怪异，史无前例。在全国各地

1966年"文革"开始前最后一张留影

的公路、铁路，甚至乡间小路上，都活跃着红卫兵的身影。全国各地各级政府都把接待红卫兵大串联作为压倒一切的头等大事，上至省政府下至生产队，层层设有红卫兵接待站。大量的人力物力被调配于认真安排好红卫兵衣食住行的任务中。红卫兵们一队又一队奔向北京，一时间，北京人满为患。这种情况直到1967年2月8日，中共中央、国务院、中央文革领导小组发出《紧急通知》，要求所有串联的红卫兵停止革命大串联、立即返校复课闹革命为止。

在红卫兵大串联阶段，刘善本被空军总部委派到北京市搞红卫兵接待工作，担任解放军接待红卫兵第三支队（后改为第七支队）队长。队部在左家庄国务院新盖的宿舍楼里。接待期间，善本和他的战友们共收编了一万多红卫兵，把他们编成班、排、连、营、团、支队。除了保障供给，他们3次带红卫兵到天安门广场接受毛主席检阅。这3次检阅，比他之前5次组织空中阅兵还累。但是，红旗飘，红歌谣，红宝书，红袖标，激动着他的心，他愿意在"文革"中经受进一步的精神洗礼，使自己党性更强，更红更专。

1967年春天，当他完成接待红卫兵的任务，返回空军学院后，惊讶地发现：学院里已经改朝换代，老领导、老干部顷刻间都靠边站了。因为平时待人谦和，尤其对服务人员平易近人、从没有官架子，群众基础好，没有人贴他大字报。比起其他领导，他虽然幸运，却很迷茫。

空军学院造反派分成"联合兵团"和"硬骨头兵团"两派。两派都多次派人找他谈，希望他能加入他们的组织，让自己的组织多结合领导干部。善本总是给出同样的回答："我按照毛主席的教导，领导干部不参加派性。你们那边做得对，我就支持，那边做得不对，我就批评。"他回家嘱咐叔璜："你不要参加任何派性组织，不要让群众组织认为我带有倾向。"一天，造反派在学院礼堂批斗"成刘何"，请善本参加。他去了后，看到小将们把成钧、刘震、何廷一等老将军推推搡搡地揪上台，善本的血就开始往脑门上冲。接着，小将们又揪住他们的头发让他们"坐飞机"。这是一种残酷的体罚，由两个小将抓住批斗人的胳膊，向后上方拉起，作机翼状，再将他的头向前推出，摁下脖子，就像个机头了。善本实在看不下去了，他非常气愤地站起来就走，以示抗议。之后，他告诉造反派："任何人在工作中都会有错误，批评批判都可以，但是不能用暴力，你们可以让他们坐在台上，提问让他们解答吗，为什么要用揪斗的方式？你们应按毛主席的教导要文斗不要武斗。我们党历来讲政策，对俘虏还要优待呢，更何况他们不是敌人，他们年纪都大了，他们也有人的尊严。"可是这时候，意气昂扬中要改天换地的小将们，谁会听他的呢？他们一旦习惯伸手打人，再想用嘴讲道理就困难了。

不久，空军司令吴法宪直接插手学院的"文革"运动，因他公开支持"硬骨头兵团"，就把"联合兵团"和"东风"相继挤垮了，因为这一派跟空军报社林豆豆的"愚公移山战斗队"拉上了关系。林豆豆大名林立衡，是林彪唯一爱女。因为吴法宪的态度，之前的"联合兵团"和从"联合兵团"分离出来的"东风"派倒了台，"硬骨头兵团"夺了权。之后，他们开始在学院实行全面专政。学院系主任以上的领导几乎都被打倒了，不少人被关在他们私设的公堂——那个被群众称之为"老虎监"的恐怖之所。整个空军学院被搞得乌烟瘴气，批斗会三天两头地开，那些朝夕相处、功勋卓著的老首长、老将军们纷纷被打倒了，他们随时随地被揪上台，在台上随时被飞脚踹倒在地、随时"坐飞机"。善本一向好人缘，即便他不参加批斗会，也有不少被斗人的家属把打掉的牙、揪掉的头发拿来向他哭诉。看到的、听到的，让善本的心一阵又一阵发紧。他一天比一天更焦虑。他仿佛游在车辙积水里的一条鱼，水在一点点蒸发，氧气越来越少，他快要窒息了，可是还找不到自己的河流和大海。空军学院的现状，上级知道吗？中央知道吗？他觉得空军学院教育长、革命委员筹备组组长白云和教员、副组长刘宝文没有对上级反映真实情况。作为一个深爱着党的共产党员，他不能装聋作哑，不能坐视不管了。于是，善本几次打电话给吴法宪司令员，请求当面向他反映学院运动中存在的问题。但是，吴法宪总是以工作忙为由，始终不见他。

武斗还在升级。这与中央发布的"516"指示"要文斗不要武斗"的精神是相违背的。一次次设法向司令员反映，一次次遭到婉拒。1967 年 5 月，做事谨慎、交际拘束的善本平生第一次给党中央写了信。

上书党中央，这是一个为他招来杀身之祸的决定。在给毛主席和中央军委文革小组的信中，他写道："运动不能这样搞，不能把经过几十年战火考验的老同志统统斥之为走资派，更不能搞逼供信，搞武斗……"他把自己的忧虑和空军学院的困境和盘托出。他万万想不到的是，这封信没有转到中央军委主席毛泽东的手里，而是由江青转给了吴法宪。这下子，吴法宪火了，他觉得刘善本在告自己的黑状。他说，刘善本是自己跳出来的，他是个通天的人物，很危险。依据 1980 年 12 月 9 日特别法庭对吴法宪庭审时，吴法宪自己的交代：他把刘善本的信转给了造反派，并对他们说："叶群主任对我说，文革就是要整那些反对你的人。"此前，在 1967 年 3 月 27 日接见空军学院白云等人时，吴法宪指示他们说："要打击主要目标。不能放了那些坏家伙，——首先要把这帮家伙搞臭——大斗争一周可以搞两次，小斗争可以天天干，——这是你死我活的斗争，你不斗倒他，再反扑过来就要杀我们的头。我们如果对敌人仁慈，就是对自己狠。"有了吴法宪的旨意，白云便在空军学院大搞法西斯专政，顺我者昌，逆我者亡。系、处级以上干部绝大多数被打倒，院领导一级除白云外，全部打倒。本来碍于没有群众揭发，没有什么口实打击刘善本，自从有了这封"黑信"，也算有了把柄。1967 年春天开始，林彪曾多次对吴法宪等人说："要把军队一小撮不好的人，都揪出来烧掉。"在大搞"揪军内一小撮"运动中，白云及"硬骨头派"造反派，便把刘善本算成是空军学院第二次向党进攻的黑后台。1967 年 11 月 22 日，他们设立了"刘善本专案组"。

从此以后，刘善本深恶痛觉的暴行，被变本加厉地落到他自己身上。

对造反派来说，网罗罪名从来不是难事。他们对善本的起义提出质疑。国民党曾在 50 年代运用离间计，给善本发来信件提出帮助他逃离大陆计划，当时善本就把这信交给了组织，组织上也已查清。现在，以白云为首的造反派再次拿这封信说事儿，让善本说清楚他和特务如何活动等问题，并且将他为党做的对台瓦解工作诬蔑为特务活动。甚至，他们还将他 1962 年为保护中央领导生命安全，以西方几位国家元首因为飞机事故而丧生的实例为依据，提议研发的专机安全保护措施，说成是把我们伟大领袖与反动头子们相提并论，是居心叵测的表面搞保护暗地里妄图谋杀伟大领袖。此外，他们还诬陷他有国民党给的特务经费存在国外银行，让他交出银行账户。对这些莫须有的罪名，善本据理力争，于是，批斗体罚成了家常便饭。英姿勃勃的飞行员，智慧超群的飞行专家，开朗乐观的共产党员，维护和平的民族英雄，变成了被小将呼来喝去、打骂任意的"特务"。

一天晚上，善本回家很晚。小女儿平平扑到爸爸身上，爸爸像往常那样抱起她，但显得吃力。小姑娘当然注意不到这一点，她伸手就要去摘爸爸头上的棉帽，这是她每天的"专利"。奇怪的是，爸爸非但没有伸过头配合，反而向后一扭脖子，然后腾出一只手捂住了帽子。小姑娘不答应，还要再来，爸爸说话了："平平乖，爸爸今天头疼，怕冷，不摘帽子了，好不好？"平平懂事地点点头，从爸爸身上滑下来，自己去玩儿了。晚上睡觉时，善本慢慢摘下了帽子，叔璜惊呆了：善本浓密的黑发稀疏了，有几绺被揪掉的还贴在头皮上。有两块头皮被撕脱，有淡淡的血迹渗出。再一看，善本的身上，也是青一块紫一块。叔璜的眼泪如断了线的珠子："他们……怎么能这么狠毒……你没在抗日战场上受伤……倒被自己人打成……这样……"善本轻轻捂住她的嘴，慢慢抚摸着她的脊背，劝慰道："别哭，别难过，别让孩子们听到。这些人不代表党。我相信，只要毛主席、周总理知道我现在的情况，一定会解放我的。"

面对重重诬陷，面对非人道的批斗，善本的骨头始终是硬的。但是，他的心有多柔软，受了多少伤害，谁能知道呢？领航系教研室的一位教员，当年爱人在昆明厂站当气象员，两地分居。善本在领航系做系主任时，主动跟34师师长胡平联系，把他爱人由昆明厂站调到西郊机场做气象员，解决了两地分居问题。没想到，这时候成了"刘善本专案组"人员，来善本家里抄家时，他比谁都威风、凌厉。因为大家都知道，他爱人是刘善本调来的，所以他要反戈一击划清界线。1962年，善本提副教育长以后，院办公室的生活秘书安文新，也是长期两地分居，他的爱人在石家庄国棉三厂工作。为了帮他解决生活困难，善本亲自给当时的北京市副市长万里同志写信，请求帮助把安文新爱人调到北京。万里批了，他爱人便调到清河制呢厂。这时候，他竟揭发刘善本与北京副市长的关系，让善本的罪状中又多了一个旧北京市委落网分子的罪名。看着这些他关爱过的属下，以如此面目回报自己，善本的心如被鞭笞，但是，他不怨怪他们，他们要和自己划清界限，他只是默默地想："文革"把潘多拉魔盒打开了，把人性都扭曲了。

由于善本拒不认罪，造反派决定对他处理升级。白云向吴法宪汇报：刘善本情绪波动大，不稳定，为防止他叛逃，拟对他进行监管保护。

1968年2月底的一天，金平路过汽车连时，开摩托车的通信员小陈喊住他，神色异常紧张。小陈是个山东兵，和金平很熟，平时见面总是笑嘻嘻的。这次是怎么了呢？金平心底奇怪。凑过去，小陈悄悄地告诉他："他们最近要对你爸动手了。"金平明白，小陈说的"他们"就是造反派。小陈一边说着，一边塞给金平两把摩托车钥匙。金平认得这两把钥匙，因为跟钥匙匹配的那两辆摩托车他都在小陈注目下开过。

金平装下这个秘密，自己也半信半疑。当时，只有金平一人和爸爸住在二楼，家里其他人都住一楼。3月1日晚上，金平把这个消息告诉了爸爸，他不断催促爸爸快点离开家，绞尽脑汁帮爸爸出主意。有了！金平一拍脑袋："爸，我开摩托车把您送到胡子爹家吧！"提起孩子们的"胡子爹"王震，善本的嘴角浮现出笑意。善本和王震的交情不浅。50年代初新疆平叛时，西北局认为王震搞了扩大化而批判他。正好善本执行任务飞到新疆，出于对善本人品的信任，王震托他给毛主席带去了一封申诉信。回北京后，善本设法把信转交毛主席，之后是毛主席为王震说了话，保下了王震。因为相互敬佩、相互信任，王震和善本的情谊越来越深厚。四年前，善本女儿海平升入师大女附中，因家远，就住在王震家里。海平看到，王震书房写字台的玻璃板下，压着善本全家 50 年代照的、当时只有五个孩子的全家像。善本想，如果是战场上，王震一定会保护自己，但在目前这种看不见硝烟的战争中，王震也被"打倒"了，文革开始农垦部斗王震，总理知道后给予保护。在 301 医院刘善本带女儿海平到医院看望，王震紧紧拉着他的手。善本想到，他自身难保、爱莫能助。他摇摇头："农垦部的造反派正在整他，他的日子也不好过啊。"金平见爸爸不动，虽然着急，也再想不出更好的去处。不管怎样，离开家再说。金平还是穿好了皮大衣，并抱起爸爸的棉大衣，催爸爸快走。

在儿子催促下，善本的脚已经移动到了门口，却又突然停了下来。沉默片刻，他说："主席不是说要'经风雨见世面'吗？他们能把我怎么样？！"说完，就扭头回到了他自己的房间。金平知道，再说什么，爸爸都不会改变这个决定了。他只能把摩托车钥匙还给小陈，两人相对叹气，谁都没有说话。

不用麻烦别人。真理不灭，正义不倒，善本无所畏惧！他坚信，眼前的一切都是暂时的。前面是龙潭虎穴又能怎样？他照样要为自己申辩，他还会努力使造反派们清醒。他觉得，被"带走"也没有那么悲观，没有那么恐怖，因为希望还在。虽然这时候，躲避也许是智慧的，但挺身承担厄运，又何尝不是一种刚勇？在躲避和挺身之间，他选择了挺身，他愿意挺身去面对黑暗时刻。只是，万一他回不来了呢？

3 月 2 日晚上，善本沉思了很久，把兰平叫过来，交给兰平一封自己写给周总理的短信，信中反映了空军学院状况和自己遭遇。他嘱咐兰平，先把信保存好，在他被监禁后送饭时，看他眼色行事。看到约定的眼色，就迅速设法把这封信交给邓颖超大姐，让邓大姐转给总理。显然，善本一方面感觉到了潜在的危险，另一方面又确实心存希望，不到万不得已的时候，他不想惊动总理。交代完这封信，他就平心静气地等待着传说中那个充满恶意的敲门声。

3月2日深夜，敲门声如约而至。这声音粗野、杂乱，惊醒了叔璜和孩子们。善本一直没睡，他大踏步走到门前，打开门，专案组的人涌了进来。叔璜惊恐地冲到善本身边，抓住善本的胳膊，善本轻轻握了握她的手，深情地看了她一眼，说："别怕，我不会有事。"不成想，这就是善本对叔璜说的最后一句话。

就这样，善本被专案组人员押走了。监管保护为名，非法监禁为实。善本被抓走后，又一群人闯进来，楼上楼下抄家搜查。他们把全家人都叫起来集中到楼下餐厅，每个人都遭到搜身，保姆也不例外。蜂窝煤被一块块查，看有无情报；收音机被搬走，看有无发报机；叔璜用胶卷做的毛主席相框被拆开，查里面有无情报；就连保姆的东西和家信也都不能幸免。他们想找出善本是特务的罪证，但一无所获，最后，他们拿走了善本的书、笔记本、日记、手稿等，并对叔璜宣布：从现在开始，我们对刘善本实行无产阶级专政。

8天后，从空军学院办公大楼西北角的"老虎监"里，传出一个惊人的消息：刘善本畏罪自杀了！

晴天一声霹雳，震碎了叔璜和孩子们的世界！昔日欢乐温馨的家顿时被哭声淹没。8天，说起来很短，但对叔璜来说多么漫长。专案组不允许家属探望，叔璜只能天天焦灼地等着善本的消息。谁想到，3月10日晚上，专案组来人把周叔璜和大女儿兰平带到了学院门诊部一间屋里，他们通知周叔璜：刘善本已于今天下午畏罪自杀。叔璜大惊："不可能！他怎么可能自杀！""啪！"工作人员一拍桌子，厉声道："周叔璜，你放老实点！这是考验你跟不跟党走！"叔璜不服，要求验尸。她要为善本申冤啊！但是，造反派不但不答应她的合理要求，反而呵斥她是向无产阶级司令部反攻倒算，是站在自绝于党、自绝于人民的刘善本的反动立场。伤心过度、悲愤过度的叔璜当场昏厥。门诊部的医生给她打了一针，她慢慢醒来，重新面对现实的残酷。善本会自杀？善本是挺身迎头而去的，他对未来是有坚定信心的，他知道阴霾必定过去阳光必定重临。

叔璜的第一判断是：善本被他们折磨死了。她虽然悲痛，但还有智慧和理性。她立刻追问："他是怎么自杀的？""上吊自杀……"专案组的人吞吞吐吐。

叔璜要求看现场。于是她和兰平被带到办公大楼二层东拐角的一扇门前。推门进去，是两间屋，屋里墙上标语的浆糊还没有干。专案组的人指指里间，说就是在里面那间上吊的。一边说一边拿出了一条腰带，告诉叔璜："他是用自己的腰带勒的。"但是，叔璜知道这不是善本的腰带，因为叔璜的腰带的卡扣坏了，善本给她修理，把自己的给她用了，修好后善本就直接用了叔璜的腰带，叔璜当然认识自己用了多年的东西。但是，现场早已不复是现场，因为专案组的人早把善本遗体偷偷拉到空军总医院太平间去了。叔璜又要求马上去总医院看遗体，却遭到了粗暴拒绝。直到第二天凌晨，母女两人才回到家。一夜间，叔璜苍老了许多，她呆呆地坐在床边，始终不能从这个噩耗中清醒。

经叔璜一再要求，第三天的晚上，专案组终于准许家属看遗体。兰平陪着妈妈，来到了空军总医院冰冷的太平间。阴气沉沉的太平间里，只有一盏瓦数很小的绿灯发出冷森森的光。冷冻柜的一个抽屉拉开了一小截，善本孤伶伶、直挺挺躺在那个抽屉里。光线太暗，距离太远，看不清抽屉的编号。只见善本蒙着白布，只露出头颅。泪水遮住了叔璜的视线，触目所见已让她不能承受。那是善本吗？那是几天前还健康、温存地站在她身边的善本吗？他真的去了另外一个世界吗？他真的什么也不知道了吗？他看不见她和孩子了吗？他永远回不来了吗？叔璜本能地想上前拉开抽屉多看、细看，却马上被专案组的人拉住了胳膊，叔璜站不住了，她瘫倒在地上。兰平抹着眼泪，也奋力要去拉开抽屉，她想揭开蒙在爸爸身上的白布看个仔细，几条彪形大汉拦住了她。这几条大汉挡前挡后，生拉硬拽，使母女二人近不得前，只能隔开两米看一眼善本的遗容。这一眼，也足以让人心碎，她们看到：善本牙关紧闭，上嘴唇有一排黑紫的牙印。很快，她们被拖出太平间，永远永远没有机会再看到亲爱的丈夫、亲爱的父亲！

53岁的刘善本，这个蓝天骄子，这个共和国将军，这个心胸坦荡的堂堂男子，在短短的8天里，被残酷迫害致死，永远永远离开了他始终满怀善意注目的人们和这个世界。

为了封锁刘善本已死的消息，一方面，专案组迅速毁尸灭迹，另一方面以"保护"为名，派人住到刘家，有一人就和叔璜同睡一床。这样，叔璜和孩子们被24小时监视起来，她们和外界的一切联系都被切断了，善本死讯不可能由她们泄露出去了。神思恍惚中，叔璜仿佛回到了1946年夏天的上海，那时候，也有人住在她家里看管着她，那是善本驾机起义后国民党对她的软禁。

为了控制住叔璜，造反派又开始罗织她的罪名。按照他们的逻辑：既然刘善本是"假起义，真特务"，那么周叔璜就是特务的助手、帮凶。他们以此为据，开始对叔璜实行专政，不许她在药房工作，只能劳动改造，去消毒器械、打扫卫生和接受批斗，还要她揭发刘善本的反党和特务罪行。并且，他们在全学院掀起对刘善本的批判高潮，学院贴满攻击诬陷刘善本的大字报。公开罪名有：反党反毛主席反林副主席的"三反分子"，是"假起义，真特务"，一直为国民党反攻大陆提供情报，是当年漏网的彭德怀死党，是与旧北京市委有密切联系的反党分子等等。造反派头头白云因迫害和处理刘善本有功，被提升为空军副参谋长。

刘善本的死讯被严严实实隐瞒起来，直到1969年5月黄天明起义归来。1969年5月26日，国民党空军军官学校上尉教官黄天明和飞行学员朱京蓉驾驶1架美制T-33教练机从台湾冈山机场起飞，在广东省博罗县观音阁的东江河滩迫降。不久，他便接到进京通知，是周总理要接见他们。这一次，周总理指示一定要刘善本出来参加接见。吴法宪变不出个刘善本，不得不告诉总理：刘善本已经死了一年多了。总理异常气愤，他沉痛地说："我们没有保护好刘善本同志，他的死是对我党我军一个重大损失。"如果一年多前被押走前那个黑暗的晚上，善本能听金平的建议，躲出去，再想办法跟党中央联系上，他应该会得救的。但是，那不是刘善本。他只愿替人分忧，他只会心怀希望。在善本遭到迫害时，毛主席自然也不知道善本的不幸遭遇。直到1971年9月13日"九·一三"事件，"林彪反党集团"被粉碎。这之后，造反派对周叔璜的管制和监督劳改明显放松放宽。善本的二女儿海平，从新疆请长假回北京，帮母亲整理父亲冤案的申诉材料。她把材料送到了"胡子爹"王震家里，"胡子爹"说："你父亲是个非常好的同志，他的起义在解放战争中是有功的。回去告诉你母亲，材料我一定给转上去！"林彪事件后，李德生主持军委工作，总理曾委托李德生解决刘善本问题，但是因为空军的阻力太大，一直无法解决。后来，善本的大女儿兰平由山西阳泉回北京探家，也把申诉材料上递，送到了毛主席的老师徐特立家里，徐老的儿媳兼秘书徐乾对兰平说："你爸爸和徐老一样，参加革命是不为名不为利，从不向党伸手要待遇，是一个非常好的同志。"申诉信托徐老转交给了中央。这样，毛主席才知道已痛失刘善本。他指示："在三军的积案要重新调查：空军的刘善本，海军的陶勇，陆军的唐金龙。"

根据毛主席的指示，中央军委于1973年3月组织了对刘善本一案的复查。虽然作为林彪集团一员的吴法宪已下台两年多，但因为牵连的人很多，有些人还在台上继续掌握着空军学院的大权，调查阻力很大。同时，以往迫害刘善本的人，已经建立了攻守同盟，咬定刘善本是"自杀"。为了防止有人为刘善本翻案，白云曾亲自修改上报材料，捏造事实，隐瞒真相，现在他们也保持统一口径。这次调查没有新进展，以失败告终。

1974年，中央军委再次组织调查组调查刘善本案。这次调查中，根据审讯记录，看到刘善本在被关的8天里，被审讯、逼供达14次之多。其中，有3天是白天晚上连轴的车轮大战，逼供长达十几个小时。这是"刘善本专案组"从"彭德怀专案组"学来的经验：精神战术，轮番批斗，不给"专政对象"喘息的机会，要从精神上把他们搞垮。尤其值得注意的是，3月8日晚上审讯时，刘善本警告那些造反派说："我又给党中央、周总理写了信，这是我作为一个共产党员应有的权利！"于是，这一晚的审讯、批斗从19点40分起，一直到翌日清晨6点止，时间长达十小时二十分钟。而据善本家人陈述，就在3月8日当晚，专案组有人曾直奔兰平而来，凶神恶煞地跟兰平要善本写给总理的信。因为始终不让家属探望，兰平没有机会送饭，她还没有得到爸爸的暗示将信送出。

那封信，就被从她手上夺走了。两天后，也就是 3 月 10 日，就有了"刘善本畏罪自杀"的结论。不难推断，3 月 8 日长达十小时的批斗对于刘善本来说意味着什么。调查组欲找"刘善本专案组"副组长阮钟汉调查，但是他已喝敌敌畏自杀了。不过调查组没有因此怯步，他们继续调查，澄清了所有生加于刘善本头上的莫须有的罪状，终于为刘善本翻了案。1975 年 1 月，调查组向空军党委呈报了《关于为刘善本同志恢复名誉的报告》，阐述了刘善本蒙冤被害的过程，指出吴法宪是迫害刘善本致死的罪魁祸首，白云负有不可推卸的主要责任。

1975 年，邓小平同志主持军委工作。改组空军领导班子的当月，1975 年 10 月 14 日，邓小平代表党中央亲自批准给刘善本平反昭雪。他指示说："刘善本同志的骨灰盒就安放在八宝山革命公墓第一室。对他的家属要照顾好。党委还要做个决定发给部队。"在座的海军苏振华政委插话说："就像海军对张学思那样？"邓小平微微点头，接着特别嘱咐："要抓紧，要快搞，不要拖。"当时，小平同志一人顶着"四人帮"的政治重压，他已预感到自己主持政府军队工作的时间有限，因此强调要快，不要拖。他坚持党性和人性，以一个伟大政治家的魄力，为"文革"中诸多被迫害致死的老同志平反昭雪。1975 年下半

1975 年 10 月 28 日刘善本同志昭雪平反骨灰安放仪式。

年到小平同志再次被打倒前的这段时间里，八宝山革命公墓经常举行平反昭雪、骨灰安放仪式活动，哀乐声声，撕人心裂。空军马上落实了邓小平指示，把关于平反昭雪及骨灰安放仪式的程序上报军委传阅，军委副主席叶剑英元帅批示：三大总部各派领导参加，有关部委各派领导参加。

　　根据中央的决定和邓小平同志的指示，空军党委于 10 月 24 日发出了《关于给刘善本同志公开平反，恢复名誉决定的通知》。通知指出："刘善本同志参加革命 20 多年来，忠于毛主席革命路线和无产阶级革命事业，努力学习马列主义、毛泽东思想，密切联系群众，团结同志，光明正大，勤恳工作，为党为人民和空军建设事业作出了积极贡献，是我党的好党员，我军的好干部。"通知肯定了："刘善本同志政治历史清楚，政治上没有问题。在无产阶级文化大革命中英勇捍卫毛主席路线，同林彪及其死党吴法宪一伙推行的反革命修正主义路线进行坚决的斗争。"通知还告诉空军广大指战员："刘善本是受林彪吴法宪一伙政治迫害致死的革命领导干部，予以昭雪。对他们强加给刘善本同志的种种莫须有罪名予以公开平反，恢复名誉。"随后，刘善本的平反大会在空军学院召开。空军学院传达了中央关于给刘善本平反的指示，宣读了空军党委的上述决定。

1975 年骨灰安放仪式。从右起马宁、李真、肖华、王震、李达、王诤、黄玉昆，讲话的为高厚良。

1975 年从左排起王震、肖华、李真、马宁等领导同志和刘善本家属。

1975 年 10 月 28 日，军委空军在八宝山革命公墓举行了刘善本骨灰安放仪式。善本当年被匿名火化，骨灰是在空军学院门诊部库房一个柜子底部的一个小破纸盒里找到的。骨灰安放仪式上，空军副政委高厚良致悼词。他号召空军广大指战员们要化悲痛为力量，既要"加速空军建设"，又要"为加强军队建设而努力奋斗！"参加仪式的三百余人来自党政军各部门。其中包括国务院副总理王震、全国妇联主席康克清；军委三大总部领导有总参李达、总政黄玉昆、总后李真；有关部委的负责人是：中调部罗青长、统战部金城、中联部冯炫、全国人大武新宇；还有各兵种的领导：肖华、刘震、董其武、钟期光、王铮、刘道生、旷伏兆、王宗槐、吴克华、向守志、陈鹤桥、周彪、沈启贤、邓东哲等等；以及善本生前好友：刘景范、徐乾、夏之栩、林遵、邓兆祥、任继愈等；还有和善本同机起义的张受益（"文革"中死于五七干校劳改中）的遗孀夏华、唐世耀、唐玉文、以及他一生的好友杜道时、李曦森、陈九英、徐廷泽等数百人。此外，空军及空军学院广大指战人员共三千余人，沉痛悼念刘善本，并向周叔璜及子女们表示亲切慰问。

这一天，中国人民解放军总政治部向刘善本家属颁发了"革命军人牺牲证明书"。

骨灰安放仪式，王震问候刘善本遗孀周叔璜。

为刘善本昭雪平反仪式，康克清代表朱老总慰问遗孀周叔璜。

　　刘善本的名誉虽然恢复了，但是他的死因究竟为何？他真的是自杀吗？还有诸多疑点需要解释：1. 为什么叔璜多次提出验尸要求，不仅不被允许，还遭到威胁、批斗。2. "文革"中用刑最狠的打手葛佩荣，在刘善本被迫害致死后，很快入党提干，但不久就转业复员了。其提升的速度与转业的安排极不正常，3. 办公楼公务员战士小周住在一楼，夜里听到二楼传来惨叫声。他跑到二楼偷看被发现，也被拖进审讯室。这时，他看到刘善本昏死在地上，葛佩荣还用穿着皮靴的脚使劲儿踢踹他的肚子。这一次，小周被打坏了腰，关进地下室。不久就复员回原籍。当他知道刘善本首长平反，特地从四川赶来反映情况，还写有文字材料为证。4. 按照造反派的说法，刘善本是在二楼他自己的房间里上吊自杀的。但事实上，刘善本被关押的房间是四楼"老虎监"。当时被打倒的老同志都关在四楼，所以四楼被称为"老虎监"。审查组复查刘善本一案时，有两个老干部张希望、贺威分别证实，晚上上厕所时看到过刘善本从四楼被提审时和他面对面走过去。同时证实，刘善本就关在他隔壁，他听见过他的咳嗽声。但是，他没有死在自己四楼的房间里，而是死在二楼审讯室里。那天是星期天，因为没有人上班，是整人最凶猛的一天。5. 造反派给家属看的"上吊"腰带并不是刘善本的，因为他用的是叔璜的腰带。这一点，叔璜最清楚。6. 一个人，如果是吊死的，那么他一定会张开口吐舌头，这是不以人的意志为转移的。但在太平间，叔璜和兰平看到：善本牙关紧闭，上嘴唇有一排黑紫的牙印。7. 据造反派说，善本是脸对墙、利用暖气管上吊的。但是，以跟善本同样身高的人做试验，他站在墙角暖气管旁，脸朝墙，将腰带挂在暖气管上，却根本无法完成上吊动作，因为墙上的暖气管的接头和墙太近，腰带的角度勒不住脖子。8. "刘善本专案组"副组长阮钟汉在贵阳干校，是派去监管空军学院被打到的各级领导干部劳动改造的。"9·13"后，干校传达了中央对林彪反党集团的文件，在干校劳动改造的空军学院的干部北沙和施谛问阮钟汉：刘善本是怎么死的？你能不知道吗？只这一句话，阮钟汉回去就对老婆说：我有罪，这下可跑不掉了。他当晚就服敌敌畏自杀了。这是为什么？

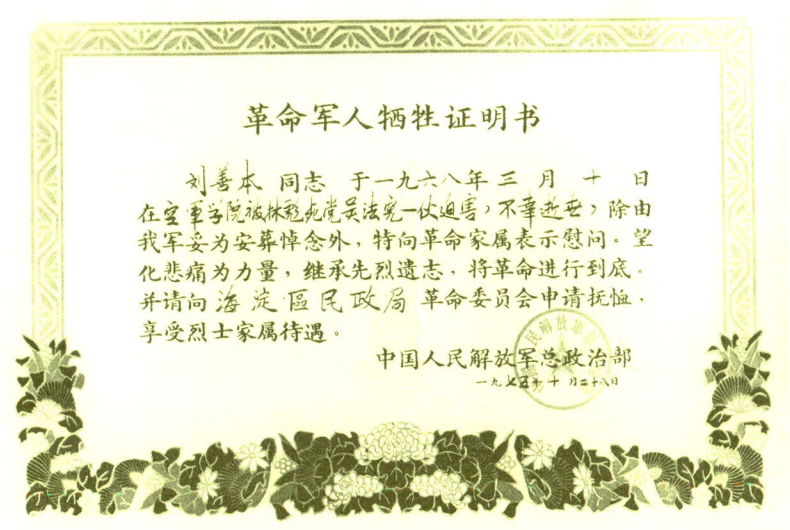

革命军人牺牲证明书

刘善本 同志 于一九六八年三月 十 日
在空军学院被林彪死党吴法宪一伙迫害，不幸逝世，除由
我军妥为安葬悼念外，特向革命家属表示慰问。望
化悲痛为力量，继承先烈遗志，将革命进行到底。
并请向海淀区民政局 革命委员会申请抚恤，
享受烈士家属待遇。

中国人民解放军总政治部

一九七五年十月二十八日

烈士证书

　　这些疑点已经让善本是被迫害致死的事实昭然若揭。根据这么多的疑点，刘善本案审查时，空军学院原副院长、老红军沈启贤，向组织上提出：因刘善本一案疑点很多，建议由公安部刑侦立案侦查。这是一个很好的建议，如果能实现，凶手必将受到法律制裁。但是，这个提议被空军学院领导否定了。因为1975年10月后，邓小平同志再次被打倒，他被免去一切职务。刘善本的问题又成为北大梁效反攻倒算的"炮弹"，他们称刘善本的昭雪平反活动是牛鬼蛇神大聚会，是翻案，是向"文革"示威，梁效在《人民日报》发表文章，批判邓小平是"兴灭国举逸民，替国民党大特务鸣冤叫屈。"于是，空军学院又有人紧跟，处处刁难周叔璜，停了她家的电话，对家属落实政策设置阻碍。虽然毛主席说要对刘善本一案一查到底，可是这个平反复查，就这样草草结案不予追查了。

　　1976年10月6日，党中央粉碎"四人帮"，彻底结束了祸国殃民的十年"文化大革命"。全国人民自发涌上街头，举国上下欢欣鼓舞。直到这个时候，刘善本的家人才真正获得了精神解放。

　　1978年10月19日，距刘善本被迫害致死已10年，《解放军报》在第一版刊登了为刘善本平反昭雪的消息，题目是《刘善本同志冤案得到平反昭雪》。

11月15日，《人民日报》在第一版以《刘善本同志冤案得到昭雪》为题，全文转载了《解放军报》的文章。11月16日，《解放日报》以及军内外的其他报纸，也相继报道给刘善本平反昭雪的消息。1980年12月23日，《空军报》评论员文章《惩治犯罪，严正国法》报道："继最高人民法院，审判林彪、江青反革命集团十名主犯之后，空军军事法院于二月十九日开庭，对参与林彪反革命集团案犯李伟信等十二人开庭审判。他们按照林彪、吴法宪的旨意，伙同一些人在空军机关，院校和部队残害久经战争考验的空军领导干部，打击迫害广大持不同意见的干部、战士、职工。在他们指挥和影响下。全空军出现冤案、错案三千三百三十九起，受诬陷迫害的达三千六百八十一人，刘善本、顾前等一百三十位同志被迫害致死。"

新中国国防科技领导人张爱萍将军的夫人李幼兰老家有位亲戚叫夏功权，曾是蒋介石在台湾时期身边的人。他后来讲到，当蒋介石知道刘善本被迫害致死后，咬牙切齿地说："活该！让你背叛我，这就是投共的下场！"因刘善本起义动摇了国民党空军军心，蒋介石曾几次派特务追杀刘善本但均未得成。刘善本在"文革"中被整死解了老蒋心头之恨。上世纪80年代，国民党出版了一本名为《下场》的书，贺龙、彭德怀等人是首当其冲的严讨对象，刘善本也位居其列。这就是"文革"造成的、令亲者痛仇者快的不可挽回的错误和损失！

第六届全国政协妇女组合影（邓颖超后面左边是周叔璜）

　　1984年2月5日，《人民日报》第五版刊登了一篇题为《怒向云天锁光明，甘为真理捐忠骨》的文章，这是空军指挥学院宣传处专为怀念老战友、老同事刘善本而作的。1986年6月，统战部为纪念刘善本起义40周年，举行了专题纪念活动，并特邀革命老人徐特立儿媳兼秘书徐乾老同志和当年参与营救刘善本家人的安全部顾问华克之（副部级，曾用名张建良）参加纪念活动。华老是我党隐蔽战线的传奇人物，他在安全部讲课中多次讲到，他参与刺杀汪精卫和盗走日本在上海军火库五卡车军火，以及冒着危险当着特务的面，用暗语把周恩来的指示通知给刘善本的夫人周叔璜的传奇经历。华老写材料证明，周叔璜1947年是在周恩来同志的指示下离开上海到原籍四川等待时机。因此周叔璜应为1947年参加革命。1996年6月，军委副主席迟浩田上将批示，责成总政联络部、空军政治部纪念刘善本起义50周年。6月26日总政联络部、空军政治部为纪念刘善本起义50周年举行了纪念活动。

刘善本夫人周叔璜90寿辰全家子女、孙辈和从孙辈的合影

　　经总政提名，政协批准刘善本夫人周叔璜当选为第六、七、八届全国政协委员，这是党和人民对刘善本功绩的肯定，是对刘善本事迹的缅怀，也是

因"文革"的错误对刘善本及其家属的补偿。周叔璜终于拥有了安稳幸福的晚年。在生命的最后两年里,她常常对孩子们说:"我梦里见到你们的爸爸了,他说'你看这么多的孩子们多好!你替我多陪陪他们。'你们的爸爸最喜欢孩子啦!"她于 2014 年 11 月 30 日去世,享年 95 岁。想来,刘善本正在天堂等待着她。

刘善本将军一生从善、向本,光明正大,一身正气。毕生追求"推动社会进化,促进人类文明"。在倒行逆施,没有国法、没有党性、没有人权的文革浩劫中,他这位富有正义感,人格完善的人,是不会视而不见,更不会同流合污。他宁为玉碎,无愧天地。

近年,纪念刘善本将军的活动、著作、文章、影视专题节目,日渐增多。网络上还有民间自发创建的各种刘善本纪念馆,包括天堂纪念馆。有很多素不相识、正直善良的人们祝愿他在天堂活的更有价值、更有尊严。

今天,时隔 47 年的那个冤案中,刘善本的具体死因、直接凶手等问题早已不重要了。因为那些在历史的暗角隐藏着的施虐者,必定要受到自己良心的谴责。重要的是,中国渡过了她的黑暗时刻。虽然黑暗中她牺牲了那么多优秀儿女,但在光明开启处,他们获得了重生。

他们重生在历史中,重生在现实里。

刘善本——这个传奇英雄,这个"一唱百和"的爱国者,这个老航校的奠基人,这个中国空军的开拓者,他,就活在我们中间。

蓝天忠魂
——刘善本将军传奇

尾　声

2015 年 1 月 25 日，刘善本诞辰一百周年。习近平总书记在 2015 年新年致辞中说："对一切为国家、为民旅、为和平付出宝贵生命的人们，不管时代怎样变化，我们都要永远铭记他们的牺牲和奉献。"

2015 年 2 月 12 日刘善本诞辰百年《解放军报》刊登了刘善本子女纪念父亲的文章《闪耀蓝天的碧血丹心 ——怀念父亲刘善本》。

人民不会忘共和国蓝天将星刘善本：

是他，首举国民党空军起义大旗，成为"领头雁"、"第一人"；

是他，参与创建第一所航校——东北老航校、第一支战斗化部队，为党和人民空军培养出第一批种子飞行员，成为人民空军的创始人之一；

是他，首创夜航训练，开创空军夜间作战史，战争中首创运用电子对抗技术，在空军发展中为人民空军做出了杰出的贡献；

是他，为反对十年浩劫中的倒行逆施而英勇献身，成为光荣的革命烈士。

是他，用自己的才华和智慧、热血和生命，书写了一部蓝天忠魂。

2015 年，是刘善本将军诞辰一百周年。马上要迎来的 2016 年，是他驾机起义 70 周年。

谨以此书，作为刘善本将军百年祭奠的献礼，表达对他驾机起义事迹的缅怀。刘善本将军，业绩不朽，英魂常在！

蓝天忠魂
——刘善本将军传奇

代后记

跨越时空的思念

我从来没见过爷爷，因为他在我出生前十年已经去世了。我从小就和奶奶住在一起，这里也是我爷爷、奶奶、爸爸工作的地方——空军学院（后为空军指挥学院）。

尽管没见过爷爷，但童年的记忆与他分不开。院里的人一说我总是说"刘善本的孙子"。从我记事起就听很多人说起他，说得最多的当然是奶奶。对我来说，爷爷是传说，是故事，是那张挂在我家墙上照片中天天都以慈爱的目光望着我微笑的脸庞。等我长大了，爷爷不仅是我崇敬的偶像，还常常觉得爷爷是个谜。

我每年都到八宝山革命公墓第一室去"看望"爷爷，在心里默默地和爷爷对话。前年（2012年）清明节，我独自一人驾车来到爷爷出生的地方寻根。乡亲们告诉我，这里，就是当年爷爷家的庄园。我久久地望着眼前这一片田地，感慨万千。刘家大院的红火、爷爷一生的辉煌，统统在历史的长河中随风逝去，距离今天的我们已是遥遥远远，那么，爷爷留给我们后人的究竟是什么呢？

无论别人怎么评价，我都认为他是一个充满正义感、性格刚毅、勤奋有为的军人。这一根本铸就了他的一生。说实话，我曾经怀疑过，怀疑他1946年的决定，怀疑他1968年的选择。但是当我体会到了这一根本之后，我放下了所有怀疑。爷爷的性格决定了他的一生，即使重来一次，他仍然会做出相同的决定。爷爷选择了自己的道路，并且一路走得辉煌。现在，在我的心里，爷爷就是正义的化身，是顶天立地的英雄，是一个大写的人！

应该说，爷爷是幸运的。他的才智胆识在他所选择的航空领域得到了尽情施展。他创下了后人难以企及的纪录，一次次挑战，一次次零的突破，一次次化险为夷，一次次创造奇迹，那只有他，只有在那个年代，才有可能。

爷爷从1946年驾机起义到1968年被残酷迫害致死的二十多年（31岁到53

岁），正好和中国共产党那些年的轨迹完完全全地相吻合。党辉煌的时候他辉煌，党遭遇十年浩劫的灭顶之灾时，他的生命戛然而止。

爷爷为了理想宁愿抛头颅、洒热血，家庭的重担就落在了奶奶的肩上。她凭着惊人的毅力在爷爷驾机起义后独自支撑着这个家，又在爷爷蒙冤被迫害致死后忍辱负重，熬到了平反昭雪，熬到了子女团圆。十年浩劫结束后，奶奶曾任第六、七、八届全国政协委员长达十五年，还担任北京航空联谊会的顾问，建国六十周年中国邮政总公司发行的巾帼英雄邮票中，就有奶奶。

家里每一个人都知道，爷爷是奶奶的天，是奶奶全部的精神寄托。我是听着奶奶的重庆口音长大的，在讲爷爷的故事时，经常看到她眼里闪着泪光，她时不时拿手绢抹眼泪的动作我至今难忘。近几年，奶奶数次被报"病重"、"病危"，每一次转危为安，她都说是爷爷让她再多陪我们几年。重庆女性泼辣、坚韧的性格特点在奶奶身上体现得淋漓尽致。

谨以这篇文章纪念爷爷诞辰一百周年，同时也献给我亲爱的奶奶。

刘笑鹏

2014 年 11 月 30 日于北京

蓝天忠魂
——刘善本将军传奇

附　录

飞向延安

刘善本遗作

请读一读这篇文章吧！在当年那样艰难的环境下，这样一位冒着生命危险，驾机投奔革命的同志，竟被林彪、"四人帮"一伙诬蔑为"假起义"，强加以种种莫须有的罪名，残酷迫害致死。今天，刘善本同志的冤案已经昭雪，我们发表他的这篇遗作，作为沉痛的悼念。（空军报的编者按）

一九三五年，我在北平大学附属高中毕业。"九一八"事变以来，日本帝国主义已经侵占了东北四省，这时又侵占了冀东。日寇制造的所谓"冀东防共自治政府"就设在北平（北京）东郊的通县。北平的地位也已经有些特殊化。亡国奴的命运就在眼前，还有什么心思考大学。于是决心投笔从戎，幻想着"航空救国"，考入了国民党航空学校。

在国民党空军里并不宣传反抗日寇侵略，却宣传"攘外必先安内"。长官把黑的说成白的，下级也得答应"是"。我开始苦闷，悔恨自己不该听信国民党的那一套"航空救国"的欺骗，误入歧途，大有上了贼船之感。我对飞行也没有兴趣，想快些技术淘汰，我抓紧时间复习物理、数学、英文准备考大学。

在洛阳航校自修英文中，从一本外文杂志上读到了美国新闻记者斯诺写的一篇《共产党领袖毛泽东访问记》，上边还有毛主席一张戴八角帽的全身照片。

毛主席在答问中，不仅表示了坚定的抗日决心和必胜的信心，而且分析了情况，提出了抗日前途，提出了组织抗日统一战线、动员全民抗战等一系列抗日的方针和策略。这和国民党所叫嚷的"武器不如人，训练不如人，战必败，抗日必亡"的失败论、亡国论，成了鲜明的对比。这些思想对我是多么新鲜！

报国无门

七七事变发生，抗战开始，我十分兴奋，随国民党航校由杭州辗转到了昆明。在昆明先飞驱逐机（歼击机），后飞轰炸机。敌机到昆明滥肆轰炸，时常有空袭警报。警报一响，人们就离开机场跑，我却向机场里边跑，为的是拣一架飞机飞上去痛击日寇侵略者。拣过一架侦察机，很可惜在空中机枪不能上膛，原来是根本未装子弹，拣过一架新出厂的 AT-O 型飞机，飞到空中才察觉尚未装机枪。这事不幸被校领导发觉，要严厉处分我。但是要处分我，首先要处分值班的军官失职，有警报不到机场去驾机疏散，自己却逃命。他们为了不把事情闹大，我才幸免于处分。

一九三八年底，我从航校毕业，到了成都。在这里不仅没有作战任务，连飞行都很少。一九四〇年调到国民党唯一的远程轰炸大队——第八大队，同样是没有什么作战任务。可是这时敌人的飞机却经常到成都疯狂轰炸。特别到一九四一年，敌机低空扫射，猖狂万分。我们的任务就是驾飞机跑警报。

一九四一年，我们飞到了兰州，由兰州又飞到了嘉峪关，在嘉峪关还怕不保险，又飞到了接近新疆省的安西。等到再回到兰州时，飞机摔的摔、坏的坏，剩不了几架了，就在兰州闲呆起来。

真是抗日有志，报国无门，苦闷至极！

一九四三年国民党空军派一批飞行人员到美国去受飞行训练，接收重轰炸机，我也是其中一个。国民党把美国宣传成天堂，我也很想去看一看。在美国将近两年的时间，使我初步认识了资本主义社会的腐朽性。

谜底揭开

我殷切盼望着回国的日子，我想，中国人民进行了八年抗战，为抗日才学航空的我至今还没能出一点力。能早一天回去，参加到抗日战斗的行列中杀敌报国，也是好的。一九四五年五月我们终于离开了美国，跨上了回国的旅途。但是到了卡拉奇（前巴基斯坦首都）就住了下来。我们运回来的飞机在机场上生锈，人在营房里整天呆着。没有想到已经走到祖国的大门口，却不让进去！这是为了什么呢？

这一年的八月十五日，日本侵略者投降了。我们终于胜利了，我兴奋万分！我在幻想着我们可以和平建设祖国了。我们接到火速回国的指令，很快就回国了。当中国人民在前方，在敌后浴血抗战的时候，我们这支借抗日为名培养起来的部队，却被送到西北、送到美国、留在卡拉奇，休养、训练、闲呆。如今，日本投降了，我们被火速调回是为了什么呢？中国今后往何处去呢？我又往何处去呢？我带着满腹的问题踏上了祖国的大地。

我们住进了上海大场机场。我整日目睹耳闻的，都没有丝毫和平建设祖国的景象。

过了几天，伪航空委员会主任周至柔和政治部主任简朴到我所在的伪第八大队"训话"。周至柔说："我们有四十个美式机械化师，美国给了我们几百架作战飞机，三个月以内一定可以消灭共产党。"

原来如此！八年抗战，人民涂炭，美蒋又要把中国推进内战的深渊！我堂堂七尺之躯，不能为祖国人民效死于抗击侵略者的疆场之上，却要被人驱逼着向自己的同胞、尤其是抗战有功的共产党军队投掷炸弹，杀害中国最优秀的儿女，我决不能！

真理的召唤

经过北四川路，走到老靶子路三民书店门口，心想买本什么杂志，以排除胸中的烦闷。书摊上有一本《新民主主义论》。翻开第一个标题——"中国向何处去？"引起了我的兴趣，于是就买了一本带回去。我一开始看，就再也不愿意放下了。书里精辟的论述，好象一只巨手掀开了遮住我视线的帐幕，突然使我看清楚中国人民的前途。

我曾听说延安有广播电台，一天晚上，我独自留在机场的办公室里，打开收音机仔细寻找。不久，听到一个微弱然而清晰的声音，女广播员的音调与别的电台迥然不同。我心想："这一定是延安广播电台！"果然一段播送完了，就听到电台的广播呼号。从此，每天晚上，我都关掉屋里的灯，倚在收音机旁，聆听着延安的声音。后来又找到了经常转播延安广播的张家口广播电台。从这些声音里我听到了许多难得的消息，给了我许多崭新的思想，在我眼前展开了正确的全国形势的图画，展示了祖国前途的远景……。

听从真理的召唤去延安？还是留下来，替美蒋卖命，残杀同胞？是应该决定的时刻了。

我知道，飞向延安，途中埋伏着多少危险。我知道，飞向延安会给我的妻儿老小的生活直到他们的生命，留下多大的危险。我也知道，面对翻天复地的变化，我的思想，我的身体，要经受多大的考验！不管怎样，巧克力糖和可口可乐换不去我的良心，决不能对准真理开枪！

时机一到

就在这时候，我们接到了蒋介石手令：限令八大队在六月二十三日前将昆明美军移交的全部无线电器材空运成都。很明显，这是国民党准备将这些无线电器材送往内战前线使用。八大队也开始投入内战的赌注上来了！但是我要用自己的行动，给蒋介石一个响亮的耳光！

这次共派出七架 B-24 型飞机。我是作战训练科的飞行参谋，借口需要人掌握气象和各项飞行中的问题，争取参加了飞行。

日期太紧促，可是决定起飞的不是蒋介石，而是我！十九日，我说："天气不好，不能飞！"二十日，还是"天气不好。不能飞！"——事实是：我有许多准备工作要作，不能飞。

二十一日晚上，我回到迪斯威路（现改名栗阳路）麦加里（麦盛里）家里去，安排了一下。第二天一早就到机场去起飞了。七架飞机各飞各的，并不编队。我的副驾驶员，大家叫他小受，是个炮筒子脾气。其他五个人，有四个都是年轻小伙子，和我也合得来。只有绰号"鬼样子"的领航员比较差劲些。他平时，国家大事不闻不问，只想跑单帮赚钱享受，最近又准备结婚，这架飞机上的香烟，大都是他贩的，指望赚一笔大钱。给他晓得要去延安，准会出事。为了避免意外，我决定一概不向他们透露。

飞机在昆明，装上器材，准备二十四日早晨飞往成都。

二十四日早晨昆明天阴，我借口询问成都天气，跑到气象台要气象图看。糟糕！陕西、山西、绥远一带正下大雨。好象当头浇了一盆冷水，我楞了好半天，只好走向停机线去。

其他飞机起飞，我也只好起飞了。爬到白云海上，蔚蓝的天空悬着明晃晃的太阳，分外耀眼。我们把自动驾驶仪调整好，对正成都的航向。飞机平稳地飞行着，发动机发出单调的音声象催眠曲一样，副驾驶已半入梦乡了。我的心涛也像白云海面那样起伏，这趟就这样失败了吗？不，我还得尽最大努力抓住这个时机去解放区。

我调整了一下无线电罗盘[1]，没有找到延安导航台。美国制的无线电罗盘使用波长范围是在二百到一千七百五十千周之内。延安广播电台是短波不能用，延安机场的导航台在导航资料上注明"要求开放"，预先没有联络不行，显然今天没有开放。张家口广播电台波长在一千三百千周附近，它的广播时间我早已记牢，完全可以利用来导航。现在西北天气不好，看来只有飞张家口。我偷偷量了一下地图，从昆明飞张家口，要经过重庆附近。我想，不如先飞重庆，

---

1 飞机上无线电罗盘是一种导航仪器，将这种仪器调整到地面上某一个电台的发射频率上，就能指示出飞向这个电台的相对方位，不管看不看见地面，就可以朝电台飞去。

到人烟稠密、交通方便之处，向他们说明，不愿去的可以跳伞，他们顾虑少，也就会愿意了。

于是我把副驾驶放在我们俩座位中间的手枪里子弹夹悄悄取出来，又把机械员放在我左边地图盒里手枪的子弹夹取出来，统统装进了我的裤腿口袋里。随即唤醒了副驾驶，把领航员、机械员都叫来说："你们听，新津（成都附近）的导航台直到现在还没有出来，重庆台的声音却很大，现在又看不见地面，我看不如先飞重庆，再飞成都，免得迷航。"

谁知他们都不同意我的意见，认为经过重庆太绕路，在云上飞行不会迷航，何况地面已经通知新津，导航台一定会打开的，而且我们也可以直接要求新津打开外导航台。我的理由本来不充分，无法说服他们，只好作罢。只是心里非常懊恼，眼看这满飞机的无线电器材是送不到延安了！

在降落之前就把机械员的子弹夹放回去了，只是副驾驶的枪摆在众目所视之下，不能放回去。只好等到飞机停在停机线上，他们都下飞机了，我才从飞机窗口里问谁的子弹夹丢在飞机上，扔给了副驾驶。

在新津机场上，遇到成都无线电修造厂的副厂长老陈，我们运来的器材就交他们接收。他说这些无线电是安装在汽车上的，拿到华北、东北平原地带指挥作战。他和我是老熟人就畅谈起来。老陈表示想搭我们的飞机去昆明。

"好极了！"这时候，一个念头在我脑子里触动了一下，"我们后天走，老陈你来吧，你有多少东西都可以带得了。"

二十五日晚上，我躺在床上读了当天的《华西晚报》，上面登着：毛主席发表声明反对美军事援蒋法案，上海群众反内战游行，要求停止内战的上海请愿代表马叙伦、阎宝航等在南京车站被国民党特务殴打等消息。我的心潮和窗外的暴雨和着，激腾不已。

失败一次算什么，明天继续干！

险途斗争

六月二十六日，早晨起来，雨已停止，天空还是阴沉沉的。我们坐上汽车，经过红牌楼接上老陈，一块儿来到新津机场，准备驾原机飞回昆明。

我首先跑到气象台问天气。工作人员无精打彩地回答说：还没有收到任何地方的天气报告。我要最近的天气图看，他们回答说老早就不画天气图了。满屋灰尘乱纸，航空地图扔得到处都是，颇有些仓惶撤退的景象。我顺手拣了些地图，心想没有能带无线电器材去解放区，带点航空地图，也可能有点用。

老陈正在机前等我，三十岁左右的年纪，神气显得很干练。他和我们机上的人都不认得。从他身上我突然想到一个新的主意。于是我在同机人员面前，替他吹嘘了一通。然后我跑过去搂住他的肩膀，在机前拍了张相，又拉他跳上吉普车，在机场里兜了两圈。

吃完早餐，一个气象员来报告，"昆明的天气来了，可以飞。""其他地方的天气怎么样？"我希望了解一下西北天气情况。他摇摇头说："没有收到其他地方的报告。"我考虑了一下，成都这一夜大雨，说不定是西北的坏天气推过来的。我判定西北的坏天气已经过去了。

起飞后，很快就穿到云上去，对正了昆明的航向，调整理好自动驾驶仪，飞机自己平稳地飞行。这时老陈站在我的座椅后看我飞行。我便站起身来，暗暗拍了一下老陈的肩膀，他便跟着我出了驾驶舱，穿过炸弹舱，来到后舱。

这时，我用极其严肃的口气说："老陈，我们前边几个人要飞到延安去反对内战，你老站在前面，他们会怀疑你的。"他一听，脸色顿时掺白，"老刘，你知道我才结婚呀……你借个降落伞，我跳下去算了！"

"不行。你看，我们在云上，下边是山是水也不晓得。如果掉到大山里饿死了，怎么办。我保证到那里后，把你送回来。"

老陈听了，一屁股坐落在二层甲板上，两眼发直，一声也不响。这时，我回头一看，在尾甲板上横竖地躺着几个人。我记起来，这是通讯学校的毕业生，去昆明探家的。来的正好，倒可以壮壮声势。于是，我把后舱门闭上，可惜不能上锁。到了驾驶舱，把门拉下来，我就向通讯员要手枪。他正在收发报，没有说什么，就把枪递给了我，我把它插在口袋里。

"糟了，糟了！"我装着惊慌万分的神情，实际上心里也很紧张。

领航员、机械员和副驾驶都连忙围上来问："出了什么事？"

我上座椅时，一边用脚把小受放在座椅中间的手枪踢到我的座椅下，一边伸手把自动驾驶仪转弯旋钮转动，嘴里说："先转回成都再说，老李，把无线电罗盘调到新津导航台。"

等他调到新津导航台，我才紧张地低声说："糟了，后边全是共产党，他们拿着手枪、手榴弹，威胁我一定要把他们送到延安去，否则就和我们同归于尽。"

驾驶舱里顿时轰动了，你一言他一句地骂起来："他妈的，场站真混蛋，怎么让他们上我们的飞机！"我趁他们乱哄哄的时候，悄悄把我座椅下手枪的子弹夹取下来，放进裤腿口袋里。机械员的枪放在我座椅旁的地图盒里，我去后舱时，已经摘下了他的子弹夹。好了，飞机上的全部手枪都在我的掌握中了。

"我的朋友也是共产党。事情已经这样了，你们看怎么办？"我征求他们的意见。

大家沉默了一会。小受突然从座椅上站起来，大声说："我去跟他们讲理去！"

我一把拉住他："无论如何不能去，你毛里毛燥的，准坏事；你一个人惹了祸，大家跟你遭殃。"这一说，大家慌了，都不让他去了。他坐下来，叹了一口气说："管他的，去就去，反正延安也不是外国地方。"

小受这一句话打开了窘境，我趁势说："对，反正延安也不是外国地方。我们抗战八年没死，这样死了多冤枉！就送他们去延安。老李，你找出地图来量一量。"

大家都回到自己的位置，只有"鬼样子"眉头打着结，嘴唇披拉着，我知道他是在想歪点子了。果然，他一拍他的图囊说："没有带西北的地图，这可没有办法啦！"

其实我提包里有西北地图，但直接说出来不好。同时，刚才小受想到后舱去说理，倒使我想起万一后舱的人跑到前面来，西洋景不就戳穿了吗？得到后舱去一下。我就说："我去告诉他们，没有西北地图，不能飞延安！"

老陈两手抱着头．躺在后舱二层甲板上。我一叫，他猛地坐起来。我说："老陈，你知道我们要到延安去，性命攸关的事"，我拍拍腰间的手枪套："你可千万不要到前边去！否则，发生了性命危险，莫怪我做朋友的没关照。你也告诉他们。"我指了指躺在机尾甲板上的几人。他们大概因为初次乘飞机，都晕倒了。

说过后．心中轻松不少，把炸弹舱门关好，急急回到驾驶舱宣布道；"我的朋友说，他们话已说出口，不管怎么样，一定要送到延安。地图，他说有，就在那里。"我指指暖水壶后边从气象台拣来的那一堆乱七八糟的地图。领航员过去，翻了翻，没有。这时，我也过去翻，又在我提包里翻，最后，把西北地图拿出来。我说："共产党真有办法，什么时候把地图塞到我提包里来了！"

小受说："准是你和他兜风的时候。瞧你朋友那副神气，我就知道来头不小，老资格地下工作者。"

领航员在地图上量过后，告诉我从新津到延安的磁航向和距离，跟我过去量的差不多，这说明他没有搞鬼。于是把磁罗盘的指标调在延安的航向上。这时，依旧在云上飞行。不久，无线电罗盘指示过了新津导航台，便扭转自动驾驶仪，把飞机对准了延安的航向。

越往前飞，云层越厚，云顶越高。因考虑到若在更高的高度上作长时间飞行，需要用氧气，便把飞机调整在三千七百米，钻入云中。从地图上看，我们航线距成都西北一个拔海五千多米的山，只有几十公里，为了避免撞山，便向右转了九十度，飞了三分钟，又向左转，对正了原来的航向。

云里的雨越来越大，雨点打得飞机刷刷响，玻璃窗上水直流，好象飞机在水里钻。云也越来越黑了，起初两个机翼尖看不见了，后来连外侧发动机也看不见了，座舱里黑暗得很，但机身却一点也不颠簸。过去飞行，从来没有遇到过这样恶劣的天气，这样浓黑的云。原来估计西北坏天气已经过去，谁知竟还是这样严重。我不禁有点担心：人的问题初步解决，起义还会被气候破坏吗？

这时，"鬼样子"伸过头来说："我们在云中乱飞一气，把后边的人摔晃昏了，抓活的！"我没有想出理由反驳他，便信口哇啦了几句，连自己也不知道说什么，好在发动机声、雨声响得很，他听不清，看到我表情是坚决不同意，便缩回头去。

过了一回，"鬼样子"又说："我们前边都有伞，我们干脆跳伞，把后边共产党摔死！"我又对他哇啦了几句，表示不同意。

检查地图，秦岭最高峰是四千多米，这时无法判定飞机的确切位置，便只好把飞机上升到四千三百米飞行。

领航员的鬼点子又来了。"他们后边没氧气，我们继续上升。把他们憋死！"我心里真有点生气。就是这家伙一而再、再而三地在谋算着破坏飞延安，不刺他一顿，他不死心。我太声说道，目的是想让大家都听见："鬼样子，你怎么啦？你是跟我们大家过不去是吗？共产党遍天下都有，你整死了这几个，你还想活吗？俗话说，为朋友两胁插刀，你却要拖我们往死路上走！"

小受是躁脾气，一听这话，火了，也哇啦啦向他吵了一顿。接着，我又点了他一下："你不想回上海结婚啦？"

这一反击，果然有效，"鬼样子"缩着脑袋，变乖了。

把这个家伙制住了，完全放了心。过了一阵，鬼样子又说："现在天气这样坏，西北山又多，没有无线电导航不行，要他们告诉我们延安导航台的波长呼号。"

我说："问过了，他们说按照导航资料上的波长呼号。"于是把我准备好的那本导航资料丢给他。他按资料调整无线电罗盘，立刻找到了。我很奇怪，我本是搪塞他的，延安导航台是要求开放，可是我们预先没有联络，莫非碰巧他们正在开放？仔细听了听，原来是他听错了无线电呼号前一个字母的电码，西安是 HA，延安是 YA，他把西安听成延安了。我也不好说明，便把无线电罗盘关掉说："节省电，反正距离不远，归航不可靠，等到近了再用。"我深怕按着这个电台归航，引导到国民党的飞机场去。而我心里有底，延安飞不到，飞张家口是没有问题的。

飞抵延安

过了秦岭，按计算再有三十分钟就到延安了。地图上这一带的山都在海拔二千米以下，我们便调整飞机，下降到二千三百米飞行。这时雨小了，云也没有刚才那么黑了，灰白色的云，一阵阵从机头掠过。座舱里也亮多了。看来越向北飞天气越好，心放宽了不少。

忽然发现下方有团黑暗，原来是个云洞。在浓云大雨里飞行了一个多小时，乍看见地面很高兴。立即关掉自动驾驶仪，推机头下去，猛然发现前方一座长满青葱树林的高山插入白云里，我急忙把机头一拉，重新进入云中，又上升到原来的高度。好危险，几乎撞山！

飞了一回，又看见一个云洞，推头下去一看，云和山峰已经离开几十米。我们就在云下山上飞行。这时外面还在下着小雨。

左下方发现了一条河，河东边有一个城市，按方向、速度、时间计算和地形、河流看，应该是甘泉，但用的这张日本出的地图上，甘泉是在洛河西岸，这时"鬼样子"已经变得无精打采，既不向外看，也不看地图。我只好把地图拿过来，自己计算。假定是甘泉，从甘泉到延安要八分半钟，于是改飞航向十度。一路上尽是连绵起伏的山岭。飞行了约九分钟，过了一座山岭，忽然看见有三条河岔，一片开阔地展现眼前，依地形看，应该是延安了。但是，既看不见城市，也没有机场。我们就在这个岔上空盘旋寻找。

几年前，我问过到延安的飞行人员。他们都说延安的机场很不好，就是一块平地压了压，莫非这几年已经种了庄稼？但城市还应该有呀。在隋唐小说上就写到过大破延安，延安应该是个很不小的城市才对。

"看，那边有房子！"小受忽然喊起来，他手指的方向，果然有一座青色砖瓦房子（后来才知道这就是杨家岭礼堂）。

我立即向右转弯，一条明显整齐的跑道出现在眼前。我高兴极了，对正跑道右边山飞去。这才看见左边山腰上一排排密密麻麻的窑洞房子，原来延安城在这里。

我又突然想到危险。我们距山顶只有几十米，下边一开炮不就打下来了吗？绕过宝塔山，飞过跑道，我急忙喊："放下起落架，全关油门，全放下襟翼"，飞机向左急转弯，对正了跑道，我将机头一推，迅速下降，便着陆了。原来跑道是这样平直，也相当长，用了一点儿刹车，飞机滑到跑道另一头，便停住了。

可是，我的心又被另一个念头抓住，万一不是延安，而是国民党机场，那就糟了。我没有关掉发动机，坐在机舱里待了一会，准备随时重新起飞。这时，外面还在下着小雨。我一眼看见左边深草里有两个穿灰色军服的士兵两手端着枪，弯着腰向飞机走来。看到他们含有敌意的行动，我十分高兴，后来又清楚地看见了他们衣领上的红布，这一定就是当年的红军，我完全放了心，伸手把四个发动机全部关掉。

直到这时候，我紧张的心情才随着飞机的发动机平静下来。也是直到这时候，我才真正意识到：我是确实到了延安——全中国人民的希望所在。一阵狂烈的喜悦涌上了心头，涌上了眼角。我掏出手帕擦呀擦呀，可是眼睛怎么也是模糊的，我真想仔仔细细看一看延安，看一看我多年来梦想的地方，我从窗口伸出手去，热情地向那两位战士招手。他们立刻看出了我的友谊的手势，便直起身提着枪走过来。

我拿起所有的手枪便往下走。领航员拉了我一把说："让后边的共产党先下去好了。"我说："没关系，我先下去看一看。"

我跳下飞机，跑到一位带手枪的同志面前，紧紧地握住他的手说："我们是来反对内战的。"说着，就把带下来的四支手枪全部交给了他。

"这是到了什么地方？"有人在后舱窗口问。

"延安到了！"我拉长了声音回答，音调中充满着愉快、兴奋。

到达延安的第五天，七月一日晚上，毛主席、朱总司令和中央其他首长亲切接见了我和机组全体人员。敬爱的周总理也多次接见我，给予亲切的鼓励。当我握着毛主席的手时，许多话奔涌喉头，一时不知说什么好，好容易才说了一句："主席，我终于到你这里来了。"

刘善本起义后的广播讲话

（1946 年 7 月 9 日）

全国各界同胞们，空军朋友们：

我是国民党空军第八大队三十五中队 B-24 型 530 号轰炸机的机长，是空军上尉，名字叫刘善本，现在我飞到延安来了。今天，借用延安广播电台，向全国同胞，全国空军朋友们讲几句话。

民国二十七年，我在中央航空学校第八期毕业。抗战中，曾经先后随空军到成都、兰州等地服务。民国三十二年被派到美国受 B-24 型轰炸机的训练，是去年回国的。上月二十六号我由成都驾 B-24 型 530 号轰炸机，来到了延安。同机来延安的还有十位朋友。我为什么要到延安呢？原因很简单，就是我深深感到残杀自己的同胞，不是我们爱国男儿应该做的事。我下定决心要退出内战。我不是共产党员，我只是一个三民主义的忠实信徒，我是一个爱国的中国人。我参加空军，原来是为了打日本的，现在抗战胜利以后，却叫我驾驶飞机，去轰炸中国自己的地区和自己的同胞，这完全违反我的良心。最近国民党当局为了积极准备内战，从海上运军队到青岛，从徐州空运军队到济南，并且从四川运出大批军粮和军火到各战区，以便进攻山东共产党的区域。我们第八大队就是负责空运昆明的通信器材到成都，再装运陆空联络汽车，准备用在北方平原作战的。我所驾驶的这架 B-24，就是其中的一架。政府用这么多船只和飞机去

241

运载军火打内战，却不肯运输粮食到湖南等地去救济一下灾民，眼看着千百万的同胞饿死，难道这就是奉行总理的民生主义吗？

我们知道，如果不是依靠美国帮助的话，政府是没有办法进行内战的。现在国民党当局为了要进行内战，维持独裁，不惜把任何丧权辱国的事情都做出来了，甚至于要求美国驻军直接和间接来帮助国民党进行内战，这跟北洋军阀和日本缔结的二十一条件又有什么差异呢？最近杜鲁门总统在美国国会报告说：帮助中国政府运输军队解除日军武装，仅仅空运就费去运输费三万万美元。他们运输中国军队到东北，名义上说"帮助解除日军武装"，实际上是进攻东北的民主联军，而三万万美元的花费，不用说是要中国老百姓来分担的。现在就要签字或已经签字的七万万美元贷款，又是用来作什么呢？美国战争剩余的军火，正好作这贷款的物资运到中国来给国民党打内战。政府当局的这种媚外外交的结果，已渐渐使中国降为一个帝国主义的殖民地，成为菲律宾第二。中国内河可以让美国轮船自由航行，放弃关税自主权，让美国货自由倾销中国市场。现在美国货仅仅是来了一部份，已经使国内的民族工业站不稳脚，倒塌下来了。比如克宁奶粉倾销的结果！上海已有两家中国牛奶厂关了门，第三家奶厂正在准备关门，而上海的中国牛奶厂总共才三家，岂不是全部垮台了么？但美国是有长远打算的，听说第十四航空队的司令官陈纳德将军，正在组织一个大托拉斯，经营美国对中国的输出品，从飞机、大炮，一直到日用品的毛巾、肥皂、雨衣、皮鞋。请诸位想一想，国内民族工业还有生存的余地吗？这样，民族工业还如何谈得到发展？这和一年前日本人统治下的中国又有什么两样呢？难道从日本军阀的奴役下刚刚解放了十个月的中国人民，又要做另一个国家的奴隶吗？所以，当我在上海的时候，对于中国的现状就已经不能忍耐了。等到上个月我飞到成都，从新中国日报上看到中国共产党主席毛泽东先生的"反对美国军事援蒋法案"的声明，更感到局势严重，中国不能再打内战，不能让外人武装干涉中国内政。为了响应上海十万群众反内战的号召，我自己要作一个实际行动，就是说，有退出内战的必要。我不赞成中国人自相残杀，更不赞成用外国武器去屠杀自己的同胞。当我驾驶着美国飞机间接地运送军火，去屠杀自己的兄弟时，良心和正义不断地谴责我，使我不能不退出内战飞到延安来。

全国同胞们，中国绝不能再内战了。八年的抗日战争对中国的人力、物力、财力，难道损失的还不够么？中国迫切需要的乃是和平民主，这是全国同胞的愿望。只有这样，中国才能走上繁荣、幸福、康乐的道路。我们希望全国同胞继续争取和平民主运动，援助上海马叙伦先生等赴京请愿团，反对现在政府当局的依靠外力坚持内战、坚持独裁的错误行为！

空军朋友们，过去我们空军，在抗日战争里有过光荣的历史，尤其是驱逐队的同仁们，为了祖国的生存，不少人曾经牺牲了生命，流尽了鲜血。现在我们的抗日爱国战争已经结束，我们爱国志愿已经得到了偿还。我们绝不能参加内战残杀同胞，玷污我们过去的光荣。中国的政治纷争，只能用政治协商的方式求得解决，绝不需要用武力去解决，这样将会加深中国老百姓的灾难。当空军朋友们驾驶着美国的飞机在中国解放区上空飞行，射杀和轰炸自己同胞时，请你们想一想：这对得住我们的良心么？我希望空军的同事们拒绝内战，拒绝运军火，拒绝替少数好战分子当内战的工具。这样，使战争没法子打下去，和平才能有希望。我们犯不着为了一个月十几万元法币，就替这些官僚资本家去拼命，去残杀无辜的同胞。

空军朋友们！解放区和国民党管辖地区，实在是两个世界。在国民党管辖的区域里，湖南一省已经饿死了三百二十多万人，还有几百万人也快饿死了。去年冬天，在上海市，据时事新闻报载，一个星期就冻死了五百多人。政府对这些作过任何有效的措施没有呢？国民党政府现在不但逼得穷人没法生活下去，就连民族资本家也被逼得走头无路了。我们空军人员，也没有被他们当人看待。大概大家都还记得在上海发生的那件八大队打维也纳舞厅的事情吧？两位射击的同事被判处了四年有期徒刑，还有轰炸员林荣上尉和唐启汰上尉，并没有参加这件事，也被判处了徒刑，一位三年，一位四年，据说罪名是管理不严。国民党政府对汉奸也没有如此严厉，象大汉奸新新公司经理李泽，也不过判处了三年徒刑。为什么他们对维也纳舞厅这件事这样判决呢？听说其中的内幕是维也纳经理送上了几根金条的结果。如果有钱的老板，肯多送上几根金条，岂不是空军军官的性命都要送掉了么？而维也纳老板是一个什么东西呢？过去在上海勾结敌伪，是一名汉奸。有钱的汉奸居然能操纵我们空军军官的性命，你们看看，我们空军是多么可怜。我们如果还不觉悟，还帮助好战分子去残杀无辜而正直的人民，那实在是太不值得了。我们空军光荣的抗日历史也要被一扫而光。各位朋有们，我飞来延安，看到边区，不但没有饿死人的事，连一个乞丐都没有。这里的人民都能安居乐业。如果你们肯退出内战，你们随时都可以飞到解放区来。这里有许多为正义为真理而奋斗的人们，都在热望着你们的降落。希望大家赶快退出内战漩涡，为和平民主共同奋斗。一旦和平民主实现，我们就能更好地为国效劳，把我们的国家建设成一个光明的乐园。

这里的人情是温暖的

——刘善本空军上尉广播词

一九四六年八月十四日，星期三：解放日报第四版

空军的朋友、同事、同学们：

我是太平，今天是"八·一四"空军节，我本想写信去问候你们，可是，我怕对你们有不方便的地方。只好借延安新华广播电台来谈一谈。

我到延安来已经将近两个月的时光，身体好，精神很愉快。尤其使我高兴的是，这里的西瓜，比起京沪一带、四川的西瓜甜多了。这里还有美国种的西瓜呢。价钱又便宜，只要一百多法币一个，两百元一个的，已经是很大的了。如果有我们自己的飞机来，我一定带一些送你们尝一尝延安西瓜的味道。要是你们自己来的话，一下飞机，我一定先请你们吃一个饱，再请你们带些回去送给别人吃。

我来到此地只有一个多月的时间，许多事情我还没有看见，或者没有看清楚，我不敢冒然下结论，告诉你们这里是好或是坏。我还是在冷眼旁观，以我亲身所感到的，这里的人情温暖的。我保证，延安绝不会有上海的阮玲玉、北平的言慧珠，因为人情冰冷而自杀。在这短短的时日里，延安已经使我留恋着她，像留恋我的故乡一样。蒋主席所提倡的亲爱精诚，在这里充分的表现着。不但在他们的同志中间是如此，就是对国民党人也是同样的。有一件事情，使我这乍来延安的"老憨"很不了解。有一天，我看见院子里进来几

位带了枪、穿着国军制服的军人。我非常惊疑，以为是国民党派人来抓我的呢。随后打听，才晓得是路过延安的国军。他们还招待国军吃午饭呢。西安的民盟重要负责人李敷仁先生，在五月间被特务暗杀，当地老百姓把他揪出来，送到边区。枪伤已经治好，现在也在延安修养，我去看过他几次，他吃的比起共产党员来好的多了。

我细想，延安人情的温暖，并不是偶然的。这里的人们，没有经济利害的冲突。你到我这里来，我绝不会想到你是向我借贷的。跟朋友一块出去，也不用担心谁请客吃饭。不在本机关里吃饭的时候，就可以领饭票，拿这张饭票，到那里都可以饱餐一顿。至于因为欠钱不还，而发生的事，更是绝对没有的。你去跳舞也不必顾虑你的口袋里有没有足够的钱，别人也绝对不会疑心到你是个穷尴尬，把你赶出到欢娱的气氛之外。在延安每个星期六和星期日晚上，照例是有几处跳舞晚会的。在我的印象里，好像每个延安住的人都会跳舞似的。像在美国一样十来岁的女孩、男孩都在跳舞。六十岁的老头子老太太也在跳舞。绝对不像上海的跳舞，在一般人都认为是有钱的浪荡子弟玩的事。这里也绝没有军人不准进娱乐场的条例。给你送茶捧水果来的人，转身也去找女同志跳舞。新华社的汽车司机，跳舞最漂亮，认识的舞伴也最多。就连我现在也跳得差不多了呢！

到此地不到两个月，我知道了几十位老朋友、老同学、老师、亲戚、还有弟弟妹妹们，他们都在解放区工作。收到他们很多信，我相信你们每个人也有不少熟人在边区。而且可能还会在这里见到传说早已失踪的、你认为已经死了的老友，那时，你真会怀疑你自己的眼睛是见了鬼。所以在你们轰炸扫射的时候，要想一想，很可能在下边就有你们多年没见面的老朋友或者老同学，甚至是你的亲兄弟、姊妹。他们时常在怀念着你们，他们见到一个空军人员，便打听你们的消息。单在延安这个小城市，空军里被提名问过的，我所认识的，已经牺牲了的有：佟彦博、英亚崙、康宝忠、潘万全、翁心翰。还活着的就更多了。他们不好写信给你们，你们是可以写信给他们的，有些人你们晓得他们也是在

解放区，他们的通信地址是：延安交际处。他们不在延安时，只要你的信寄到

交际处，也会转到的。你们的只字片纸，都是他们所渴望着的！我也希望你们

给我写几封信来，告诉我一些自从我离开以后，空军里一般情形。我是多么的

想念你们呀！我以后会再借延安广播电台告诉你们我们的近况。

人民不会忘记

——纪念刘善本诞辰一百周年

空军指挥学院宣传处：舒关关

2015 年 1 月 25 日是刘善本将军诞辰一百周年，人民不会忘记：是他，首举国民党空军起义的大旗，成为"领头雁"，是他，在创立我军第一所航校、第一支作战部队以及空军发展中做出重大贡献，成为人民空军的缔造者之一，是他，为反对十年浩劫中的倒行逆施而英勇献身，成为光荣的革命烈士。

我们深深怀念这位一生像无畏的雄鹰般始终追寻光明的好同志。

（一）

刘善本 1915 年出生在山东省昌乐县农村，后考入北京的北大附中。1935 年，日本帝国主义加紧对华侵略，中国面临亡国的危险。刘善本愤恨日寇入侵，矢志从军报国，在"航空救国"思潮的影响下，考入杭州笕桥航空学校。毕业后分配到国民党空军八大队——当时国民党唯一的远程轰炸机部队。可是，这支部队不仅没有杀向抗战第一线，反而一退再退，躲到了远离前线的大西北。

刘善本开始对自己的选择产生怀疑，为了抗日救国，他曾通过好朋友找到八路军驻兰州办事处代表伍修权。伍修权顾全到国共合作的大局，并考虑他们的人身安全，劝他们继续留在国民党空军，等待为抗战效力的机会。

1943年，国民党空军派刘善本等人赴美国高级航空学校学习。

1945年春，刘善本等人驾驶美国援华的36架B-24型轰炸机，取道印度回国。此刻，正值中国人民抗日战争接近胜利的最后阶段。刘善本壮怀激烈，希望能以满腔热血和一身本领为抗战的最后胜利做出自己的贡献。然而，他又一次地失望了——在卡拉奇，他们接到"上司"的命令：就地整休待命。而且，一"待"就是六个月，直到日本投降后才被准予回国。而回国后交给他们的"紧急任务"竟是：赶运军火去进攻八年来坚持浴血抗战的中国共产党及其领导下的人民。

内战迫在眉睫，毛泽东主席于1946年6月22日发表声明，反对美国政府军事援蒋。两天以后，在南京发生了十万群众反对内战向国民党政府请愿却遭到残酷镇压的"下关惨案"。刘善本彻底惊醒了！他曾阅读过《红星照耀中国》（即《西行漫记》）和《新民主主义论》，毛泽东在该书中开宗明义的第一句话"中国向何处去"引导着刘善本思考过许多问题。现在，他又亲眼目睹了在中国这片土地上，光明与黑暗两种命运、两条道路的激烈斗争。他再也不能迟疑了，绝不能用自己的手，屠杀血肉同胞！

1946年6月26日，正当国民党政府不顾抗战胜利后全国人民要求实现和平民主建国的愿望，发动全面内战，扬言要"在三个月内消灭共产党"的时候，时任国民党空军八大队上尉飞行员的刘善本，不顾个人安危，经过周密计划，在气象条件十分恶劣而又受到严密控制的情况下，冒着生命危险，冲破重重阻力，毅然驾机起义，飞向延安。一路上，他巧妙地与机上其他十人周旋，终于驾驶530号B-24型轰炸机，飞到了党和人民的怀抱中。同机组的张受益、唐世耀、唐玉文三人也和刘善本一起留在延安，参加了革命队伍。

刘善本驾机起义到延安在当时引起了很大的震动。因为，这一义举发生在那样一种特定的历史条件下，其意义已经远不是单纯的个人行为了。它"标志着全国人民争取和平、民主、独立的新高潮。"（朱德总司令语）正如当时一位诗人所写："这是一声响亮的信号"，它宣告"人民不朽，正义不朽，在黎明的号角里，一切魔怪要退掉！"

在延安，刘善本受到了党和人民的热情欢迎。当时报上曾刊登过延安商界联合慰问刘善本等起义人员的新闻，他们赠送的"厚礼"也不过是"香烟一条，饼干五包"。但是刘善本却为自己终于能"真正生活在人民中间"而感到满足。1946年8月14日，他以"这里的人情充满了温暖"为题，在新华广播电台发表了纪念"八·一四"（国民党空军节）的广播讲话，表明了他决心同党和人民一道战胜困难、迎向更加美好未来的坚定信念。

刘善本的起义，为蒋军官兵特别是国民党空军中反对内战分裂、追求光明的有识之士树立了一面旗帜。在他之后，国民党空军有200余人驾驶145架飞机弃暗投明先后光荣地起义归来。

（二）

1949年9月24日，毛泽东主席在宴请包括刘善本在内的原国民党重要起义人员时指出："由于国民党军中一部分爱国军人举行起义，不但加速了国民党残余军事力量的瓦解，而且使我们有了迅速增强的空军和海军。"

刘善本起义后，先后担任过延安总部航空教员、东北老航校副校长、第一航空学校校长、华东空军混成四旅副旅长、空十师师长、空军军训部副部长、空军学院副教育长等职，为人民空军的组建创立、成长壮大，做出了重要贡献。

1946年9月，刘善本等受总部委派，同我党从新疆营救出来的部分同志一道告别了延安，赴东北参加我军创办的第一所航空学校（即后来人们所说的"老航校"）的工作。当时，华北及东北的重要城镇均被国民党占领，刘善本一行取道山西、河北、山东，出海经朝鲜平壤进入我黑龙江省，于1947年1月底到达设在密山县东安镇的老航校。刘善本任副校长。

当时，一方面是十分残酷的战争环境，经常有敌机前来轰炸骚扰，航校曾几次因敌军疯狂进攻而转移地址。另一方面是艰苦的生活和教学条件，从校长到飞行、地勤人员一律吃高粱米、小米，还要开荒种地解决所需蔬菜的来源。尤其令人头痛的是作为飞行学校所必需的各种飞机、器材和油料都极度匮乏，人们常常只能用"拆东墙补西墙"的办法，拼凑起几架勉强能飞的教练机以应教学与训练之需，用自己烧制出来的酒精来代替汽油充当飞机燃料。

三年解放战争期间，老航校就在这样难以想象的困难条件下，为人民空军的初建培养了大批骨干，积累了丰富的经验。许多后来担负了空军各级机关、部队和院校领导职务的同志都是当年老航校的学员，老航校不愧为人民空军的摇篮。而刘善本在这项伟大事业中所做出的贡献同样是令人难忘的，他不仅像我们党内的同志一样以高度的乐观精神经受住了艰苦环境的严峻考验，而且还积极主动地去做后来陆续加入我军行列的其他起义人员的思想工作，帮助他们尽快适应变化了的环境、地位，端正思想作风，把自己的知识和专业技术竭尽全力、无代价地奉献给人民空军的创建工作。他自己更是兢兢业业、埋头苦干，在由他主要负责的教学工作中倾注了巨大的心血。

1949 年 2 月，经中共中央批准，刘善本同志实现了自己美好的愿望，光荣地加入了中国共产党。1949 年 9 月刘善本当选为第一届全国政治协商会议的代表。

1949 年 10 月 1 日，毛泽东主席向全世界庄严宣布：中华人民共和国中央人民政府成立了！就在这举世瞩目的开国大典上，刘善本亲自担任运输机群的领队长机，率领着新中国空军第一支空中编队，威武雄壮地通过天安门上空，接受毛主席和刚刚站起来的全中国人民的检阅。它预示着年轻的人民空军将伴随着伟大祖国前进的豪迈步伐茁壮成长。机声隆隆，万众欢腾——此情此景，也是党和人民对刘善本历史功绩的最高奖赏！

刘善本是一位有勇有谋的优秀指挥员。抗美援朝战争中，他作为空十师师长率部参战，曾经成功地组织指挥了对美李（承晚）军战略要地大和岛的夜袭轰炸，开创了我人民空军夜袭作战的先例，并在战斗中首次组织使用了电子对抗技术和照明轰炸战法。这在当时我军的技术装备条件下，几乎是难以想象的。一些外国军事专家也无论如何不肯相信这是年轻的中国空军所为，曾惊恐地推断："可能是苏军参战了。"

刘善本任师长时，部队每次改飞新机种或试飞新科目，他总是第一个登机升空。这种身先士卒的模范行动赢得了指战员们的信赖和尊重。

刘善本不仅"艺高胆大"，具有高超的飞行技术和丰富的经验，而且勤于动脑、刻苦钻研飞行理论和部队在作战训练中出现的新问题。五十年代，轰炸机部队训练时飞机出现进入螺旋事故造成机毁人亡，飞行员训练时造成紧张因素，刘善本和机务主任查找问题原因亲自对飞机进行性能飞行，清楚了解飞机的全部性能，总结出一套改出螺旋的技术方法，并在锦州办训练班，在空军轰炸机部队普遍推广，有效的杜绝了飞行事故的发生。六十年代初，我歼击机部队由于对某型飞机在高速飞行中，有时会出现一种叫"螺旋"的状况而又缺少正确有效的"改出"方法，一度影响了部队情绪。时任空军军训部副部长的刘善本不怕担风险，不顾别人给他戴上"单纯技术观点"的帽子，积极负责地领导了在某航校进行的歼击机"螺旋改出"的试飞工作，并亲自组织军以上机务主任集训，到各部队去推广经验。使飞行员们解除了思想顾虑，增强了飞行信心。他在五六十年代提出的许多有关飞行的理论观点和意见，至今对部队的训练教育和飞行安全保障工作仍具有很高的参考价值。例如1982年的《航空杂志》就曾因某部队发生了一起严重飞行事故而重新刊登了刘善本二十四年前的一篇遗作。"编者按"指出："为了不使历史教训重演，希望读者重温刘善本同志的文章，从中领会飞行条令的科学性、严肃性……"

刘善本既具有一往无前、坚毅果敢的典型军人气质，又富有严谨求实、勤于思考的学者风范。而作为一个活生生的人，他又是"色彩"丰富的——他豪爽、热情，具有多方面的兴趣和爱好。他总是平等地对待每一个人，凡是和他共过事，或者仅仅见过一面的人，几乎都会为他那热情健谈而又谦逊厚道、见博识广而又平易近人的性格所深深吸引，留下难以忘怀的印象。

作为一名将军，他对部队的要求是严格的，特别是在组织部队飞行训练方面，容不得任何一点疏忽和懈怠。因为他坚信这不仅关系到飞行员自身的安全，而且直接关系着部队的战斗力、国家的安全和人民的生命财产。他这种严密组织、严格要求的思想和作风，对部队的影响很大。他曾担任第一任师长五年的空十师后来因连续保证安全飞行八年、十年而先后被国防部授予集体一等功和"飞行安全红旗师"的光荣称号。这与他当年致力于培养部队的严细作风分不开。

刘善本将军的"严"，绝不仅仅表现在他对工作，对他人的要求上。他的"严"，更多地还是对自己，特别是在对待自己的思想改造和党性锻炼方面。他那种从不自满的精神十分难能可贵。尽管事实上他早已入了党，成为我党我军的一名高级干部，但他却始终自觉地把自己摆在一个新党员的位置上，严于解剖自己、勇于自我批评，不断用一个真正共产主义者的标准挖掘和清理自己思想言行中尚存的"尘埃"。从他生前留下的政治学习笔记和历年的思想小结中，人们可以清楚地看到他在怎样顽强地同自己头脑中各种非无产阶级思想的羁绊作斗争。正是这种"在改造客观世界的同时努力改造自己的主观世界"的不断努力，使他成长为一名坚定的共产党人。

人们在这位将军的身上找不到一点儿"官架子"。谁也没有见过他板着面孔训斥下级，却有许多人至今还津津乐道地回忆刘善本和干部战士们一块儿打球、狩猎、聊家常的动人情景。

他懂得爱。在妻子和孩子的心目中，他永远是令人尊敬和慈祥可亲的。然而他又总是把这种对亲人的爱同对党和人民的爱紧紧地连在一起。1950年初，在党组织的帮助下，他和起义时留在白区的妻子团聚了。按照当时军委的规定，起义人员的家属参军即可享受排职干部的待遇，刘善本却问妻子周叔璜："你知道什么人才能享受干部待遇吗？那些同志都是为人民打过仗流过血的。你刚刚参加革命，什么贡献都没有，还是从战士开始锻炼吧。"周叔璜点头同意，同刚入伍的战士一样去吃大灶、拿津贴、出早操。

他爱孩子。不仅深爱着自己的七个子女，而且还是周围邻居家孩子们最热心的"大朋友"。繁忙的工作之余，他尽量挤时间给孩子们讲故事或带他们远足、爬山、划船、游泳。他从不允许自己的孩子有一丝一毫的特权思想，从不用公家配给他专用的小轿车接送孩子，从不准孩子们在升学考试、安排工作等问题上打着自己的旗号去找关系走后门。他经常教育孩子在学校要多和工农子弟接近，不要老是跟干部子女在一起"扎堆儿"。使孩子们从小养成自理自立、平等待人的品格。

三年经济困难时期，他一再告诫家人不要看见别人排队抢购东西就往前凑，要体谅国家的困难，并经常带孩子们去挖野菜回来做菜团子、熬菜粥。孩子们深受父亲这种爱党爱国爱人民的思想影响，当学校发起自报粮食定量、节约粮食支援灾区的活动时，他们都主动把自己的口粮标准压到最低。

刘善本在我们党同林彪、"四人帮"展开的那场生死搏斗中，献出了宝贵的生命。从当年不满国民党内战，毅然驾机起义，到最后不肯屈服林彪、"四人帮"的淫威而英勇献身。刘善本走过的是一条不畏强暴、不避艰险，始终追求并坚持真理的光荣道路。正如他44年为自己定夺的人生目标，也是为这个目标他付出自己的一生："今后，无论做什么事情，都要把力量用在推动社会进化，促进人类文明这方面来。"

刘善本是一位热爱党、热爱祖国、热爱人民而又具有很高科学文化水平和丰富专业技术知识的优秀人才。在我们今天为加速实现革命军队的现代化、正规化而奋斗的伟大事业中，他本来是完全可以做出更大贡献的。

刘善本又是一位在海内外、特别是在台湾国民党空军高级将领中有着广泛影响的人物。在我们为争取台湾早日回归祖国、实现民族统一的神圣大业中，他本来是完全可以发挥更多的作用的。

然而，由于林彪、"四人帮"所犯下的不可饶恕的罪行，他被过早地夺去了为党和人民做更多工作的机会。

这是一个令人痛心的损失！

（三）

在回忆和纪念刘善本将军的时候，我们想起了党和刘善本之间充满深厚情谊的许多往事。它生动体现了毛泽东同志早年说过的话：只要谁在人民还有困难的时候确实帮了忙，做了好事，人民是不会把他忘掉的。

刘善本在党和人民还处于十分困难的时候，驾机起义，为人民的解放事业做出了自己的贡献。党和人民从他参加革命的第一天起，就给了他热情的欢迎和亲切的关怀。

刘善本刚到延安就提出，希望尽快安排他向国民党官兵发表广播讲话，动员他们像自己一样，认清光明与黑暗，跳出内战的漩涡。但是，为了保障他尚未脱离蒋管区的妻室儿女的安全，毛泽东主席亲自找他谈话做劝说解释工作。而营救和接济刘善本家属的工作，则是在周恩来副主席的直接领导下进行的。当时我们党的许多地下工作者，如廖承志、潘汉年、史良、沈雁冰（茅盾）、夏衍等同志，以及曾因刺杀反动军阀孙传芳而闻名于世的女中豪杰施剑翘等，都曾冒着生命危险闯进被军警特务包围监视的国民党空军宿舍区，给刘善本家属传递情报或接济物品、生活费。经过千折百回的努力，终于使刘善本一家得以在全国解放后重新团聚。刘善本生前常对人谈起这段真实感人而又富有传奇色彩的往事，每一次都发自内心地充满感激。

全国解放后，刘善本先后当选为中国人民政治协商会议第一届全体会议代表；第一、二、三届全国人民代表大会代表；第一、二、三届国防委员会委员，经常与党和国家领导人一起开会，共商国家大事。会间休息时，党和国家领导人常常找到刘善本，关心询问他各方面的情况，回忆当年在延安共同生活时富有情趣的交往。

建国初期，一些地方时常发生残余的美蒋特务制造的爆炸、暗杀事件，刘善本的安全也曾几次受到威胁。党组织十分重视对刘善本的保卫，每次他去飞夜航，都专门派出一个班的战士沿途设岗，以防不测。周恩来总理还曾多次叮嘱刘善本的警卫员：“一定要好好保卫刘善本同志的安全，可千万不要出事哟！”同样地，刘善本也始终把保卫中央领导人的安全看作是自己义不容辞的职责。六十年代，他从报纸上看到一些国家的政府要员由于飞机失事而遇难的消息后，便向有关方面提出建议：在中央首长的专机上增设安全设备。他认为，中央领导同志的安全，关系着国家和人民的根本利益，出了任何问题，都是对党和人民的犯罪。

1964年2月，经毛泽东主席亲自提名，由国务院总理周恩来下令，授予刘善本中国人民解放军空军少将军衔。这是通常只有那些身经百战、功勋卓著的老红军才有资格获得的，表明了党对刘善本的信任，也是对他在为人民革命事业中所做贡献的高度评价。

当那场给我们整个民族造成了深重灾难的"文化大革命"的风暴袭来的时候，刘善本作为全国人大代表、国防委员、党的重要统战对象，本来是完全可以受政策保护，采取"超脱"的态度而幸免于难的。但是此刻的刘善本已经完全把自己溶注到党的肌体中了。当他看到林彪、"四人帮"一伙疯狂推行"怀疑一切，打倒一切"的反革命路线，使成千上万的老干部、老党员、老一辈无产阶级革命家惨遭迫害的情景时，他的心碎了！他再也忍耐不住，宁愿以一个普通党员的身份站出来，与党和人民一道去承受和抗御这场灾难。当时，刘善本是空军学院的副教育长，这里是林彪反党集团花了很大气力妄图建立"可靠基地"的地方。刘善本目睹他们所犯下的累累罪行，不顾个人安危，公开提出不同意见。继而又在受到秘密关押和非法审讯，形势十分险恶的情况下，奋笔上书，想通过邓颖超同志向周恩来总理反映有关林彪、吴法宪一伙在空军学院乃至整个空军推行反革命路线，镇压群众、残害干部的罪行。但是，这些信件被非法扣压，落入了林彪、吴法宪一伙手中。于是，他们便视刘善本为眼中钉、肉中刺，以种种莫须有的罪名，疯狂地对刘善本施行法西斯式的残酷迫害，使刘善本于1968年3月10日被迫害致死，终年五十三岁。

1975年，邓小平同志重新出来主持中央日常工作。为了纠正"文化大革命"的错误，他以一个无产阶级革命家的伟大胆略和气魄，在极端困难的条件下，领导开展了包括为一大批受打击迫害的无产阶级革命家和党政军干部平反昭雪在内的各项工作。为刘善本平反、恢复名誉的工作也是当时在邓小平同志亲自过问和多次批示下进行的。1975年10月，邓小平同志又当面向空军党委负责同志交代：刘善本同志追认烈士，骨灰要放在八宝山革命公墓第一室，对其家属子女要照顾好，空军党委要做一个决定发给部队，把平反昭雪工作抓紧，要快搞，不要拖。

　　联想到事隔不久，邓小平同志本人就在"四人帮"掀起的所谓"批邓反击右倾翻案风"的恶浪中又一次受到诬陷和打击，人们更可以看出，邓小平同志在处理刘善本冤案中所表现出来的迫切心情与巨大勇气。它是党对刘善本的真挚感情和深切关怀的生动体现，空军党委根据邓小平同志的指示，分别为刘善本举行了隆重的平反昭雪大会和骨灰安放仪式，并对刘善本的家属子女做了妥善的安置和照顾。

　　粉碎"四人帮"以后，特别是自党的十一届三中全会以来，曾一度受到破坏的党的统战工作得到了恢复和加强，党对起义人员的政策得到了进一步落实。刘善本夫人周叔璜担任了第六、七、八届全国政协委员，参政议政，不遗余力地做出自己的贡献。

　　人民不会忘记他！

《人民日报》1984年2月5日第5版

怒向云天索光明　甘为真理捐忠骨

——回忆刘善本同志

作者：沈启贤、周兆平、陈熙、杨卫群

1946年6月26日，正当国民党政府不顾抗战胜利后全国人民要求和平民主建国的一致愿望，在美帝国主义的支持下，悍然发动全面内战，扬言"要在三个月内消灭共产党"的时候，原国民党空军八大队上尉飞行员刘善本，不顾个人安危，毅然驾机起义，飞向延安，距今已经三十七年多了。刘善本同志在同林彪反革命集团斗争中惨遭迫害、不幸逝世，也已经十五年多了。我们这些曾在刘善本起义后的不同时期与之共过事的人，深深怀念这位好同志。

一

刘善本同志于1915年出生在山东省昌乐县农村。1935年，刘善本在"航空救国"思想的影响下，考入了杭州笕桥航空学校。他毕业后被分配到国民党空军八大队。这支远程轰炸机部队的爱国将士，在抗日战争的最初几年，也曾奋起为民族做出过壮烈的牺牲。但是，由于国民党政府推行"不抵抗主义"，八大队在撤至河西走廊、兰州一线后，便再也没有飞向抗日前线。

刘善本开始对自己的选择产生了怀疑。他和密友李鑫淼等曾打算去找当时八路军驻兰州办事处，探寻抗日救国的正确道路，但未能如愿。于是，他便团结一部分飞行员，坚持锻炼身体，刻苦学习技术，等待为抗战效力的机会。

1943年，刘善本等二十四个机组人员被送往美国学习，并于1945年春驾驶一批美国制造的B-24型轰炸机，取道印度回国。当时，抗日战争已露出胜利的曙光。刘善本壮怀激烈，一心要在对日寇的最后一战中献上自己的满腔热血，但他又一次地失望了——在卡拉奇，他们突然接到了"就地待命"的命令，而且一"待"就是六个多月。直到日本投降之后，才被准予回国。原来，一向主张"攘外必先安内"的国民党当局所关心的，并不是早日把日本侵略者赶出去，而是要保存实力，消灭共产党。刘善本等人回国后便被派去赶运军火。内战迫在眉睫！国民党政府的当权者们一心只想着"在三个月内消灭共产党"，竟然连湖南一带发生严重水灾，三百万人流离失所都置之不顾了。

早在美国学习和在卡拉奇"待命"期间，刘善本就曾私下阅读过英文版的《红星照耀着中国》（即《西行漫记》）。后来，他又得到了一本《新民主主义论》。毛泽东同志在该书中的第一句话"中国向何处去？"曾引导他思考过许多问题。现在，他亲眼看到了在中国这片土地上，正在进行的光明与黑暗两种命运两条道路的殊死斗争。刘善本彻底惊醒了，他深深地感到：自己再也不能迟疑、不能沉默了！

1946年6月22日，毛泽东主席发表严正声明，反对美国政府军事援蒋，挑起中国内战。第二天，在南京发生了十万群众向国民党政府请愿，要求停止内战、民主建国，却遭到残酷镇压。当时叫做"下关惨案"。出于对全国人民正义愿望的支持和对国民党政府倒行逆施的抗议，6月26日，刘善本利用由昆明往成都运送军火的机会，巧妙地摆脱了地面控制，在同机组人员张受益、唐世耀、唐玉文等同志的配合下，冒着生命危险，驾驶530号B-24型轰炸机安全飞抵延安，完成了"标志着全国人民争取和平、民主、独立的新高潮"（朱德总司令语）的伟大义举。

在当时的国民党军队中，空军被称为"天之骄子"，飞行员的生活是很优裕的。刘善本又素以学习成绩优异、飞行技术超群而负盛名，在一般人眼里，他更是"仕途"坦荡、令人羡慕的佼佼者。然而，刘善本却视荣华富贵如粪土，宁肯同当时还处于弱小一方的解放区军民一道，钻山沟、住窑洞，献身于中国人民的解放事业。

在延安，刘善本及其机组人员受到了党和人民的热情欢迎——毛泽东、朱德同志亲临欢迎大会，朱总司令还把他们请到自己窑洞里作客。那时的解放区还不可能象我们今天对待驾机起义的同志那样，给予优厚的物质待遇，连延安商界联合赠送给刘善本等人的那份"厚礼"，也不过只是"香烟一条、饼干五包"而已。然而，刘善本却为自己能生活在人民之中而感到了真正的满足。8月14日，他以"这里的人情充满了温暖"为题，发表了热情洋溢的广播讲话，表达了他决心同党和人民一道战胜困难、迎接美好未来的坚定信念。

刘善本的起义，发生在那样一种特定的历史条件下，已经远不再是单纯个人的行为了。正如当时一位诗人所写的："这是一声响亮的信号"，它宣告"人民不朽，正义不朽，在黎明的号角里，一切魔怪都要退掉！"它极大地鼓舞了正在为保卫抗战胜利果实而战斗的各解放区军民，也促使国民党军队中具有爱国之心的广大官兵重新思考和选择自己的道路。在他之后，国民党空军先后有42架飞机、100余人起义。单是刘善本原先所在的第八航空大队，从1948年到1954年的七年间，就有杨培光、俞渤、谭汉洲、谢派芬、阎磊、刘焕绕、徐骏英、张雨农、毛履武、唐宛体等十数人先后驾驶飞机回到人民的怀抱中来。所以，周恩来总理生前曾多次称"刘善本同志是国民党空军起义的带头人"。

时隔三十多年，一位1948年驾机起义的同志，回忆往事，仍十分动情地指出："刘善本同志是我们这些从国民党空军中起义过来的人所景仰的先驱，是一面正义者的旗帜。他引导了我们不少的爱国志士飞向人民的怀抱，走上了不平坦的社会主义光明大道！"

二

1949年9月24日，毛泽东主席在宴请包括傅作义、刘善本、邓兆祥在内的原国民党重要起义人员时，指出："由于国民党军中一部分爱国军人举行起义，不但加速了国民党残余军事力量的瓦解，而且使我们有了迅速增强的空军和海军。"

刘善本同志参加革命后，历任延安总部航空教员、东北老航校副校长、第一航校校长、华东空军混成四旅副旅长、航空兵某师师长、空军军训部副部长、空军学院副教育长等职。他为人民空军的创建、成长和壮大，做出了十分可贵的贡献。

1946 年 9 月，刘善本等同志受总部委派，同我党从新疆营救出狱的学习航空的同志一道，告别延安，赴东北参加我党创办第一所航空学校（即后来人们所说的"老航校"）的工作。刘善本被任命为该校副校长。

当时，一方面是残酷的战争环境，经常有敌机来轰炸骚扰，航校曾多次因敌军疯狂进攻而转移校址。另一方面是十分艰苦的生活和教学条件：从校长到飞行、地勤人员一律吃高粱米和小米，还要开荒种地解决蔬菜的来源。连飞行员升空都只能多穿几件旧军装以代替飞行服御寒。加之各种飞机、器材和油料极度匮乏，人们常常只能用"拆东墙补西墙"的办法，拼凑起几架勉强能飞的教练机以应飞行训练之需。1948 年冬天，锦州前线缴获了一架 C-46 型运输机。虽然飞机在敌人撤逃前已遭损坏，连座舱的挡风玻璃都砸碎了，但刘善本为了要在老航校里开设 C-46 飞机训练大队，硬是冒着生命危险，顶着刺骨寒风驾驶这架飞机飞回了老航校。当这架没有挡风玻璃的飞机安全降落时，人们看到刘善本冻青了的脸上，眼泪和鼻涕都已结成了冰霜！

三年解放战争期间，老航校就是在这种难以想象的困难条件下，为人民空军的初建培养了大批骨干，积累了丰富的经验。现在担负着空军各级机关、部队、院校领导职务的同志中，有不少就是当年老航校的学员。他们忆起当年在老航校这个"人民空军的摇篮"里生活、学习和战斗的日日夜夜，都会情不自禁地为刘善本同志兢兢业业、埋头苦干、无私地奉献自己的知识和技术的精神所感动。

1949 年 2 月，经中共中央批准，刘善本同志光荣地加入了中国共产党。

1949 年 10 月 1 日，在举世瞩目的开国大典中，刘善本、邢海帆、杨培光、阎磊、谭汉洲以及后来在抗美援朝战争中光荣牺牲的赵大海等起义同志和我们党自己培养出来的第一代飞行员驾驶着战鹰，威武雄壮地列阵飞过天安门广场上空，接受毛泽东等党和国家领导人的检阅。

在抗美援朝战争中，刘善本同志作为志愿军航空兵某师师长率部参战，曾经组织过我人民空军的首例夜袭作战，并在这次战斗中首次使用了电子对抗和照明轰炸的战法。这在当时我军的技术装备条件下，几乎是难以想象的。连一些外国军事专家也无论如何不肯相信这是年轻的中国空军所为。

刘善本同志不但具有高超的飞行技术和丰富的实践经验，而且勤于动脑，刻苦钻研飞行理论，解决部队在作战训练中出现的新问题。他在五六十年代提出的许多理论观点和意见，至今仍具有很高的参考价值。

刘善本同志既有那种一往无前、坚毅果敢的军人气质，又富有严谨求实、勤于思考的学者风度。而作为一个活生生的人，他又是"色彩"丰富的——豪爽、热情、诙谐，有着多方面的兴趣和爱好。凡是和他共过事，或者仅仅见过一面的人，几乎都会为他那种热情健谈而又谦逊厚道、见多识广而又平易近人的风度所深深吸引，留下难以忘怀的印象。

他懂得爱。在妻子和儿女们的心目中，他永远是令人尊敬和慈祥可亲的丈夫和父亲。然而他又总是把这种对亲人的爱同对党和人民的爱紧紧地联系在一起。当必须在这两者中间有所选择的时候，他首先想到的是党和人民。全国大陆解放后，他和当初起义时留在蒋管区的妻子团聚了。按照当时的规定，驾机起义人员的家属一参加工作即可享受排职干部的待遇。刘善本问妻子："知道什么人才能享受干部待遇吗？那些同志都是为人民打过仗流过血的，我们刚刚参加革命，什么贡献都没有，还是从战士开始锻炼吧！"妻子点头同意，叫勤务员把享受干部待遇的通知退回去。可是，业务部门的同志说，这是军委的规定，"到底是听军委的还是听你的？"刘善本说："小同志，原则问题当然要听军委的，可有关我家属的问题，还是听我的吧！"硬是说服了有关同志，安排自己的妻子象刚入伍的战士一样去吃大灶、拿津贴，从头干起。

刘善本不仅对工作、对亲人要求严，对自己更严。尽管他早已入了党，成了我军的一名高级干部，但他始终自觉地把自己摆在一个新同志、新党员的位置，严于解剖自己，勇于自我批评。从他生前留下的学习笔记和思想小结中，人们可以清楚地看到他在怎样顽强地同自己头脑中各种非无产阶级思想的羁绊作斗争。正是这种"在改造客观世界的同时努力改造自己的主观世界"的不断努力，使他迅速成长为一名坚定的共产党人。

三

在回忆和纪念刘善本同志的时候，我们想起了党和刘善本同志之间充满了深厚情谊的许多往事。它生动体现了毛泽东同志早年说过的话：只要谁在人民还有困难的时候确实帮了忙，做了好事，人民是不会把他忘掉的。

刘善本同志刚到延安，就要求尽快安排他向国民党官兵发表广播讲话。但是，为了保障他的尚未脱离蒋管区的妻室儿女的安全，毛泽东同志曾亲自找他谈话，做劝说解释工作。而营救和接济刘善本同志家属的工作，则是在周恩来同志的直接关怀下进行的。当时我们党的许多地下工作者，如廖承志、夏衍等同志以及因击毙反动军阀孙传芳而闻名于世的女英雄施剑翘等，都曾冒着生命危险给刘善本同志家属传递消息或接济物品。刘善本生前常谈起这段真实感人、而又富有传奇色彩的往事，每一次都禁不住流下感激的热泪。

解放后，刘善本同志先后当选为第一、二、三届全国人大代表和政协全国委员会委员、国防委员会委员，经常与党和国家领导人一起开会，共商国家大事。会间闲暇，党和国家领导人常常找到刘善本同志，询问他生活工作情况，回忆当年在延安共同生活时那些富有情趣的交往。

1964 年 2 月，经毛泽东主席亲自提名，由国务院总理周恩来下令，授予刘善本同志中国人民解放军空军少将军衔。它表明了党对刘善本同志的信任，也是党对刘善本同志为人民革命事业所做贡献的高度评价。

历史证明了：刘善本同志没有辜负老一辈无产阶级革命家和人民对他的信任。

当那场给我们整个民族造成了深重灾难的风暴袭来的时候，刘善本同志作为全国人大代表、国防委员会委员，本来是完全可以采取"超脱"的态度而幸免于难的。但是此刻的刘善本已经完全把自己溶注到整个党的肌体之中了。当他看到林彪、江青一伙推行"怀疑一切，打倒一切"的反革命路线，使成千上万的老干部、老党员、老一辈无产阶级革命家惨遭迫害的情景时，他的心碎了！他再也忍耐不住了。他宁愿以一个已经具有近二十年党龄的普通党员的身份站出来，与党和人民一道去承受和抗御这场灾难。于是，他便不顾个人安危，挺身而出进行了针锋相对的斗争。甚至在受到秘密关押和非法审讯，形势十分险恶的情况下，他仍奋笔上书，想通过邓颖超同志向周总理反映有关林彪、吴法宪一伙在空军学院乃至整个空军镇压群众、残害干部的罪行。但是，这些信件被非法扣压，落入了林彪、吴法宪一伙手中。于是，他们便更加疯狂地对刘善本同志施行法西斯式的残酷迫害，致使刘善本同志于1968年3月10日不幸逝世，终年53岁。

1975年，邓小平同志主持中央日常工作时，为了纠正"文化大革命"的错误，以一个无产阶级革命家的伟大胆略和气魄，在极端困难的条件下，领导开展了包括为一大批受打击迫害的无产阶级革命家和党政军干部平反昭雪在内的一系列整顿工作。为刘善本同志平反、恢复名誉的工作，就是当时在邓小平同志亲自过问和多次批示下进行的。1975年10月，小平同志又当面向空军党委负责同志交待：刘善本同志的骨灰盒要放在八宝山革命公墓第一室，对其家属子女要照顾好，空军党委要做一个决定发给部队。把平反昭雪工作抓紧，要快搞，不要拖。

联想到时隔不久，小平同志本人就在所谓"反击右倾翻案风"的恶浪中又一次受到诬陷和打击，人们更可以看出小平同志在处理刘善本同志冤案时的迫切心情。它是党对刘善本同志的真挚感情和深切关怀的生动体现。空军党委根据小平同志的指示，先后为刘善本同志举行了隆重的平反昭雪大会和骨灰安放仪式，并对刘善本同志的家属子女做了妥善的安置和照顾。

粉碎"四人帮"以后，特别是自党的十一届三中全会以来，我们党重新确立了马克思主义的正确路线。党对起义同志的正确政策也得到了恢复和落实。虽然刘善本同志已经逝世多年，但党对刘善本同志及其遗属的感情依然如故。胡耀邦同志近两年里就曾多次在一系列与刘善本同志有关的文件材料上做过批语。甚至当某些文艺作品中出现了有可能损害刘善本同志形象，因而引起了刘善本同志亲友及其他起义同志理所当然的不满时，胡耀邦同志都亲自过问处理，批评了在文艺创作中不顾历史、迎合低级趣味的商品化倾向。

从当年不满于国民党的内战政策，毅然驾机起义，到最后不肯屈服于林彪、江青反革命集团的淫威而英勇献身，刘善本走过的是一条不畏强暴、不避艰险，始终追求并坚持真理的光荣道路。

刘善本同志是一位热爱党、热爱祖国、热爱社会主义而又具有较高科学文化水平和丰富的专业技术知识的优秀人才。在我们今天为加速实现革命军队的现代化、正规化而奋斗的伟大事业中，他本来是完全可以做出更大贡献的。

刘善本同志又是一位在海内外、特别是在台湾国民党空军高级将领中有着广泛影响的人物。在我们为争取台湾早日回归祖国、实现国家统一的神圣大业中，他本来是完全可以发挥更多的作用的。

虽然，由于林彪、江青反革命集团所犯下的不可饶恕的罪行，刘善本同志过早地离开了我们，但他那爱国主义、共产主义的正气，将继续伴随着我们前进。

刘善本同志的爱人周叔璜同志被选为政协六届全国委员会委员。她将如刘善本同志生前一样，参与共商振兴中华、实现四化的宏伟大业。

刘善本技术性遗作目录

1.《航空发动机混合气浓度表》，《航空杂志》1941 年十卷二期。

2.《战时机场起飞着陆夜间设备及其使用详解》，《航空杂志》1941 年十卷七期。

3.《天体运行与夜间轰炸》，《航空杂志》1941 年十卷八期。

4.《进行飞机教育必须贯彻理论与实际结合的方针》，《人民空军》1952 年 11 月 30 日第 56 期。

5.《飞行技术上也可以展开百家争鸣》，《人民空军》1957 年第 178 期。

6.《从飞行条令 562 条谈起》，《航空杂志》1958 年第 7 期。

7.《用唯物辩证法的观点，破除迷信钻研飞行技术，改进训练》，《航空杂志》1958 年 8-9 期。

8.《反对单纯技术观点，埋葬教条主义，保证飞行安全》，《人民空军》1958 年 12 月 25 日第 239 期。

9.《理论和实际结合是飞行训练的一个指导原则》，《航空杂志》1959 年第 9 期。

10.《从积极的方面着手，确保飞行安全——论"干"和"稳"的关系》，《空军报》1960 年 1 月 22 日。

11.《对当前射击、轰炸训练的一些认识》，《航空杂志》1961 年第 5 期。

12.《多发活塞式飞机空中单发故障处理》,《航空杂志》1962 年第 11–12 期。

13. 参与编写：《空军条令》，1962 年，内部发行。

14. 编写：《兵团领航战术教科书》，1962 年，内部发行。

15.《单座机飞行员简易综合航法》，《航空杂志》1964 年第 12 期。

纪念刘善本将军的书报杂志

　　谨以《蓝天忠魂》一书献给在刘善本将军离开我们的那些年里，一直在书籍、杂志、报纸和网络上发表纪念、回忆他的文章的作者们，并致以深深的感谢！感谢对刘善本将军人品的敬重和缅怀！

　　这近半个世纪以来在书籍、杂志、报纸上发表过的文章有：

　　书籍、刊物：

　　1. 柳椽：《国民党空军起义的带头人刘善本》，《中国空军》1986 年第 2 期。

　　2. 空军政治部组织部编：《空军革命烈士传》，解放军出版社 1989 年版。

　　3. 刘善心：《将军哥哥·你在哪里》，中国文史出版社 1990 年版。

　　4. 军委史料丛书审查小组：《国民党军起义投诚》，解放军出版社 1992 年版。

　　5. 中国人民解放军历史资料丛书：《解放战争国民党起义投城——空军》解放军出版社 1995 年。

　　6. 李传根：《飞将军刘善本》，党史出版社 1996 年版。

　　7. 刘炳圣：《汶阳娇子》，潍坊市新闻出版局 2001 年版。

　　8. 马海廷、郭少英：《刘善本——反对内战驾机起义的"领头雁"》，《中国空军》2002 年第 4 期。

　　9. 萧邦振：《飞向新中国》，解放军出版社 2004 年版。

10.《"心系蓝天、未雨绸缪"刘善本驾机起义，引起国民党阵营极度惊慌》，《中国天军》中华传奇 2005 年 6 月号总第 193 期，中华传奇杂志社。

11. 刘天鹏：《从泊庄走出的将军》，中国戏剧出版社 2006 年版。

12. 萧邦振：《"首举义旗飞向延安—纪念刘善本起义 60 周年》，《环球飞行》2006 年总第 62 期。

13. 李增发：《"尊严是打出来的——二炸大小和岛》，《环球飞行》2006 年总第 63 期。

14. 赵一平：《"国民党空军起义第一人——刘善本架机起义始末"》，《军事历史》2006 年第 9 期。

15. 李凌：我的两个同事：刘善本、周宇驰——《纵横》2008 年 09 期

16. 王铁政：《夕拾集》，小康信息研究院 2009 年版（内部出版）。

报纸刊登的回忆纪念文章：

17. 沈为农：《二七三零部队节余了大量燃油》，《人民空军》1953 年年 11 月 7 日。

18. 刘善本遗作：《飞向延安》，《空军报》1979 年 9 月 8 日第 4 版连载

19. 刘善本遗作：《飞向延安》，《空军报》1980 年 4 月 12 日第 4 版连载。

20. 本报评论员：《惩治罪犯，严正国法》，《空军报》1980 年 12 月 23 日。

21. 杜道时：《终生难忘的亲切教诲》《空军报》1981 年 3 月 20 日。

22. 本报记者：《当年的延安机场》，《空军报》1983 年 5 月 10 日第 1 版。

23. 沈启贤、周兆平、陈熙、杨卫群：《"怒向云天索光明，甘为真理捐忠骨"——回忆刘善本同志》，《人民日报》1984 年 2 月 5 日第 5 版。

24. 白凤昆：《刘善本驾机起义飞向延安》，《空军报》1986 年 6 月 3 日第 2 版。

25. 本报记者：《空军指挥学院召开座谈会纪念刘善本机组驾机起义 40 周年》，《空军报》1986 年 6 月 5 日第 3 版。

26. 赵秀勤、乔林生：《纪念刘善本驾机起义四十周年——空军司令员王海赞他是党的忠诚战士》，《解放军报》1986 年 6 月 28 日。

27. 林玉华：《开国阅兵揭秘》，《北京青年报》青年周末专栏 1993 年 1 月 16 日第 16 版。

28. 张军温：《银发老人的希冀——访全国政协委员刘善本夫人周叔璜》，《空军报》1993 年 3 月 23 日第 3 版。

29. 黄汉儒、白景芳：《吸收国民党和汪伪空军起义人员》，《空军报》1994 年 9 月 17 日第 3 版。

30. 李传根：《周恩来与刘善本》，《作家文摘》1995 年 2 月 10 日第 1 版。

31. 马巧云：《功过有评说——读"飞将军刘善本"有感》《解放军报》，1996 年 1 月 25 日第 7 版。

32. 杨荣：《空军指挥学院举行座谈会，纪念刘善本机组起义 50 周年》，《空军报》1996 年 7 月 4 日第 3 版。

33. 本报记者：《碧血丹心垂青史——纪念刘善本机组起义五十周年》，《解放军报》1996 年 7 月 8 日第 7 版。

34. 郭凯：《"喜报"挂蓝天——空一师四次通过天安门上空受阅纪事》，《空军报》2001 年 2 月 24 日。

35. 彭谦：《"夜航能手"》：《空军报》2001 年 12 月 22 日第 3 版。

36. 本报记者：《"回望光荣历程——纪念东北老航校成立 55 周年》，《空军报》2001 年 6 月 5 日第 4 版。

37. 王松山、刘炳圣：《刘善本：人民空军的创始功臣》，《中国老年报》2006 年 6 月 9 日"名人轶事"栏目。

38. 贾晓明：《从分别到重聚的那段日子——刘善本将军夫人周叔璜老人的回忆》，《人民政协报》2009 年 3 月 19 日。

39. 贾晓明：《从分别到重聚的那段日子——刘善本将军夫人周叔璜老人的回忆》，《作家文摘》2009 年 4 月 10 日第 11 版全文转载。

40. 本报记者：《驾机起第一人遗孀回忆——周总理派人送来生活费》，"北京广播电视报社"《人物周刊》2009 年 4 月 27 日第 17 期第 15 版。

41. 萧邦振：《飞过天安门——寻访新中国开国大典受阅飞行员》，第一章节"毛主席对刘善本驾机起义给于高度评价"《北京青年报》每日连载栏目 2009 年 7 月 28 日、7 月 29 日 C7 版连载。

42. 程刚、杨春源：《开国大典，中国战机携弹亮相》，《环球时报》2009 年 8 月 10 日"史海回眸"栏目。

43. 朱彬占：《飞将军刘善本》，《潍坊晚报》2012 年 7 月 30 日。

44. 刘善本子女：《闪耀蓝天的碧血丹心——怀念父亲刘善本》《解放军报》2015 年 2 月 12 日第 7 版。

45. 白韧：《正义者的旗帜——我院第一任校长刘善本同志生平》，《光荣史册》（空军第一航校内部刊物）。

46. 宋德生：《国民党空军驾机起义第一人》，《南京晨报》特别阅读栏目 2015 年 12 月 6 日 A12 版。

47. 曹漫：《刘善本：从笕桥航校走出来的飞将军》，《浙江老年报》往事栏目 2016 年 4 月 29 日第 6 版

电视台节目：

48. 1988 年 6 月 26 日，中央电视台 1 频道《历史上的今天》：《刘善本驾机起义第一人飞向延安》。

49. 2009 年 11 月 13 日，凤凰卫视《凤凰大视野》：《东北老航校风云往事：国民党飞行员为何选择共产党——驾机起义第一人刘善本》

50. 中央人民广播电台：1965 年陈铎在中央人民广播电台播诵刘善本作品《飞向延安》

51. 2010 年 12 月 30 日，中央人民广播电台建台 70 周年《声震长空》特别节目：《吃水不忘打井人》，"驾机起义第一人刘善本为延安广播电台捐献大功率的电台，

使延安的声音可以向全国播出"。在中国之声、经济之声、中华之声、神州之声等频道同时播出。

52. 2011年7月21日,中央人民广播电台《中国广播·党旗下的风采》第三篇:《人民广播,召唤我们向真理飞行》介绍刘善本将军事迹。

53. 2012年5月1日,北京电视台《非常说明》栏目:《飞将军刘善本——刘江平讲父亲》。

网络媒体纪念刘善本将军如下:

54. 中国共产党新闻网:《驾机起义飞向光明的刘善本将军》。

56. 中国政协新闻网:《刘善本将军夫人的回忆》。

56. 搜狐军事网:《军事专题驾机起义的刘善本将军》。

57. 搜狐网军事频道:《驾机起义飞向光明的刘善本将军,死因竟如此蹊跷》。

58. 搜狐视频频道:《飞将军刘善本》。

59. 中红网:《刘善本将军夫人周叔璜逝世享年95岁》;

60. 中红网:《人民不会忘记他——纪念刘善本将军百年》。

61. 人民网党史频道:《国民党空军驾机起义第一人刘善本将军夫人访谈》。

62. 铁血社区网:《驾机起义飞向光明的刘善本将军——空军论坛》。

63. 新浪博客:《罗援将军"向往光明的扑焰者——纪念刘善本将军,学习刘善本将军"》。

64. 中国青年网:《刘善本将军夫人周叔璜同志逝世享年95岁》。

65. 中国网:《史海回眸国民党驾机起义第一人刘善本》。

66. 凤凰网:《妻子回忆驾国民党机起义第一人刘善本》;

67.《刘善本将军夫人的逝世》。

68. 中国作家网:《从分别到重聚的日子,刘善本夫人周叔璜老人的回忆》。

69. 小说阅读网:龚定中:《一次未成功的营救工作——营救刘善本家属的一场惊险战斗》。

70. —红潮历史网：《刘善本将军首批投奔中共的国民党飞行员》。

71. 红潮人物——红潮军人生活：《白云文革中打死刘善本，激怒了毛泽东》。

72. 新浪网博客：千秋雪、平阿公：《他们的诬陷抹不掉刘善本将军的光辉》。

73. 共识网：《我所知道的刘善本和周宇驰》——在大革命时代寻找共识

74. 新良网博客：雨落山人：《做客刘善本将军家》。

75. 吾喜杂志网：《空军史上的一颗明星刘善本起义后的片段》。

76. 网易博客：《听刘善本将军后代讲军旅生活回忆》。

77. 文本库：《飞将军刘善本的传奇人生》。

78. 互联网学校电子图书馆：《飞将军刘善本》。

79. 维普网：《驾机起义飞向光明的刘善本将军》。

80. 道客巴巴："人物传记"《飞将军刘善本》。

81. 求索天地间：《我所知道的刘善本与周宇驰》

82. 知网空间：《刘善本将军传略》。

83. 两弹一星网：《毛主席批准夜航训练，刘善本指挥夜袭大和岛》。

84. 土豆高清视频在线看：《飞将军刘善本》。

85. 优酷网高清视频：《飞将军女儿讲父亲》。

86. 悠悠书吧：《飞将军刘善本》。

87. 刘善本纪念馆、刘善本天堂纪念馆：《刘善本将军百年祭奠》。

88. 中国共产党新闻网：《内站中首先驾机起义的刘善本为何被迫害致死？》

89. 密山微网：《密山记忆刘善本在东北老航校》

90. 手机微网2016年6月26日："1946年6月26日刘善本驾机起义——手机历史的今天"